中国社会科学院　学者文选

刘克明集

中国社会科学院科研局组织编选

中国社会科学出版社

图书在版编目（CIP）数据

刘克明集／中国社会科学院科研局组织编选. —北京：中国社会科学出版社，1999.7（2018.8 重印）

（中国社会科学院学者文选）

ISBN 978-7-5004-2507-6

Ⅰ.①刘… Ⅱ.①中… Ⅲ.①苏联—研究—文集 Ⅳ.①D751.2

中国版本图书馆 CIP 数据核字（1999）第 24632 号

出 版 人	赵剑英
责任编辑	周兴泉
责任校对	林福国
责任印制	王 超

出 版	中国社会科学出版社
社 址	北京鼓楼西大街甲 158 号
邮 编	100720
网 址	http：//www.csspw.cn
发 行 部	010-84083685
门 市 部	010-84029450
经 销	新华书店及其他书店

印刷装订	北京市十月印刷有限公司
版 次	1999 年 7 月第 1 版
印 次	2018 年 8 月第 2 次印刷

开 本	880×1230 1/32
印 张	12.5
字 数	298 千字
定 价	79.00 元

作者像

出 版 说 明

一、《中国社会科学院学者文选》是根据李铁映院长的倡议和院务会议的决定，由科研局组织编选的大型学术性丛书。它的出版，旨在积累本院学者的重要学术成果，展示他们具有代表性的学术成就。

二、《文选》的作者都是中国社会科学院具有正高级专业技术职称的资深专家、学者。他们在长期的学术生涯中，对于人文社会科学的发展作出了贡献。

三、《文选》中所收学术论文，以作者在社科院工作期间的作品为主，同时也兼顾了作者在院外工作期间的代表作；对少数在建国前成名的学者，文章选收的时间范围更宽。

中国社会科学院

科研局

1999 年 11 月 14 日

目　录

编 者 的 话

刘克明先生，1919年7月28日生于辽宁省昌图县。今年7月28日是他的80岁生日。为弘扬刘克明先生孜孜不倦的治学精神，为鼓励年轻的科研人员自觉地献身学术事业，为了贯彻中国社会科学院"多出人才，多出成果"的目标，东欧中亚研究所所务会决定，在刘克明先生80寿辰之际，出版他的文选。研究所还将举行庄重的仪式为他过80岁生日。

刘克明先生长期从事理论教学、工会工作、党的外事工作和学术研究活动，是一位著名的东欧中亚（苏联东欧）问题专家。他早年在晋察冀边区华北联合大学任马列主义、哲学理论课教员，解放后担任过地方领导工作，50年代以后从事党的对外联络事务，80年代以后从事学术研究工作。刘克明先生是我国东欧中亚（苏联东欧）学科奠基人之一，是中国社会科学院苏联东欧研究所（现在的东欧中亚研究所）创办人之一。他是中国社会科学院东欧中亚研究所研究员、中国社会科学院研究生院教授、博士研究生导师、北京大学兼职教授、外交学院兼职教授。他是中国苏联东欧学会（现东欧中亚学会）副会长，任中国苏联东欧史研究会顾问和当代国外社会主义研究会顾问。他还任世界经济学会理事、中国国际交流协会理事。

刘克明先生具有深厚的马克思列宁主义理论功底，对世界经济进行过较长时间的研究，对东欧中亚（苏联东欧）国家的政治、经济、外交和思想文化诸方面有精深的造诣。他通过自学，掌握了英、俄和法语，都已用于工作。这与他勤于钻研是分不开的。他在不同工作岗位上能结合实际工作对国内和国际问题进行多方面的探索。

80 年代以后他的科研工作有了重要的拓展。这期间，他同金挥同志一起主编了《苏联政治经济体制七十年》，该书是国家"六五"计划的重点社科项目，全书近 60 万字，是我国苏联问题学者对苏联问题进行系统性综合性研究的力作。他还与吴仁彰研究员共同主编了《从列宁到戈尔巴乔夫：苏联社会主义理论的演变》一书，全面阐述了苏联 70 多年来社会主义理论的演变轨迹及其教训。他还在一系列杂志上发表了许多颇有见地的论文，如《苏联落后于时代的教训和邓小平理论的时代精神》、《战后新时代和苏联由盛转衰的时代根源》、《赫鲁晓夫执政时期苏联社会主义的几个问题》、《苏联农业落后的原因及前景》、《关于中苏关系问题》、《浅析苏联霸权主义根源》等等。这一期间他多次做过学术报告。

刘克明先生的学术研究方向是苏联东欧问题，着重研究苏联政治经济情况、中苏关系、苏联社会主义理论、政治、经济体制改革以及苏联社会发展中的各种问题及其历史经验等，中心是探讨苏联 70 多年来在社会主义理论和实践方面的重要经验教训，分析苏联解体的深层次原因，供我国建设有中国特色社会主义国家借鉴。

刘克明先生的最主要学术观点和学术贡献是：

第一，探讨苏联剧变和解体的深层次原因。他认为，苏联发生剧变，是多种原因综合作用的结果。从总的原因来说，是传统的社会主义模式长期不进行改革，日趋僵化，日益同战后新时代要求相背离的结果。这个新的时代论为解决战后各种社会矛盾提供了新的思路和方法。不注意研究战后新时代呈现出来的新特征，仍抱着陈旧的时代观不放，以至从政治、经济、对外政策等方面不能适应新时代的要求，甚至与新时代背道而驰，这是战后时期苏联陷于衰落和停滞的时代根源。为什么苏联社会主义模式僵化的趋向在斯大林之后，经过几代领导人，还是得不到纠正？其根本原因在于，在高度中央集权的苏联社会主义模式中已经形成一个拥有巨大权力而又不受监督的官僚特权阶层。

第二，探讨60年代大论战和探讨中苏两党关系恶化直至破裂的原因和教训。作者对两国的这段历史颇为熟悉，既有感性认识，也有理论的思索。这是作者学术的重点领域。

第三，80年代初期，在探讨苏联社会制度演变和霸权主义根源时，作者提出苏联是一种变形的，即在若干重大原则问题上背离科学社会主义原则的社会主义，从学术的角度论证了苏联不是社会帝国主义。

第四，对赫鲁晓夫执政时期苏联改革和内外政策进行了全面评价，并对这一时期苏联改革的矛盾性作了深入剖析。刘克明先生充分肯定了赫鲁晓夫时期体制改革的创新意义和开创性的贡献。同时作者分析了赫鲁晓夫改革中矛盾性产生的原因，认为根本原因在于，没有深入反思和改革斯大林模式。

第五，对苏联70年的发展历程进行了深入的总结，强调指出苏联改革的必然性、迫切性，以及改革的长期性和复杂性。

第六，苏联粗放经营、优先发展重工业的经济发展战略，早已不适应苏联社会发展的现实，势在必改。

第七，提出要认真研究苏联社会主义超越阶段的历史教训。为了有成效地进行体制改革，必须重新深入认识和思考传统的社会主义理论概念。

刘克明先生的学术地位和学术贡献得到了国内外同行的广泛承认。他曾先后赴美国、日本、苏联、保加利亚等国参加学术活动，在1979年举行的中美学者讨论会上，刘克明先生《关于中苏关系问题》的学术论文得到与会者的高度评价。刘克明先生在我国东欧中亚（苏联东欧）学界很有影响，他经常接受邀请到各地讲学、参加学术讨论。他长期担任中联部苏联研究所和社科院苏东所所长职务，对推进我国的东欧中亚学（苏联东欧学）研究做出了重要贡献。中国苏联东欧学会成立后，他担任副会长，组织和协调全国的苏联东欧学的学术活动，并积极同国外同行加强联系。

刘克明先生治学态度十分严谨。他始终把马克思主义作为自己研究的指导思想。苏联东欧学是比较特别的研究领域，它时常受到政治、国家关系等诸方面因素的制约，不论国际上和国家关系发生什么变化，根据过去多年的经验教训，他始终坚持科研工作中的实事求是原则和对科学锐意探索的精神。刘克明先生在这方面积累了可贵的治学经验。刘克明先生治学勤奋严谨，为人正派耿直。他心无旁骛，埋头学问。

刘克明先生不仅埋头治学，还教书育人。他培养了多名硕士和博士研究生，为国家、为东欧中亚学界输送了有用的人才。

1999年5月31日

前　言

　　奉献读者面前的这部文集，是 1979～1999 年 20 年间，我从事苏联问题研究的主要文章汇集。这些文章，大致反映了在这个时期我对苏联问题研究的发展历程。

　　70～80 年代的几篇文章，主要是论述苏联对内对外理论和政策的文章。90 年代以来，在苏联发生剧变之后，则主要是反思、回顾、重新认识苏联的若干重要问题，并在这个基础上，研究和总结苏联剧变的原因和历史教训，故而我的研究领域不能不随之而扩大。研究涉及的问题主要有：战后新时代问题，邓小平建设有中国特色社会主义理论问题，中苏两党关系恶化直至破裂的原因和教训问题，斯大林社会主义模式的深入探讨问题，而苏联剧变的原因和历史教训则成为这一时期研究的主要问题。

　　这些文章按其内容，可粗略地分为三大类。

　　第一类主要讨论战后新时代与社会主义问题。主要是讨论邓小平时代理论的重要意义，战后出现的新时代与当代社会主义运动的关系以及邓小平社会主义理论的时代精神。

　　第一，这些文章指出，邓小平的以和平与发展为主题的战后时代理论，是邓小平深刻观察战后历史条件变化得出来的理论结论，是邓小平理论的重要组成部分，是列宁在本世纪初制定的战争与革命时代理论在战后不同历史条件下的新发展。

第二，这个新的时代论为解决战后各种社会矛盾提供了新的思路和方法。不注意研究战后新时代呈现出来的新特征，仍抱着陈旧的时代观不放，以致从政治、经济、对外政策等方面，不能适应新时代的要求，甚至与新时代背道而驰，这是战后时期苏联陷于衰落和停滞的时代根源。而中国共产党以邓小平建设有中国特色社会主义的理论为指导，密切结合本国的实际，时刻研究战后新时代的变化，在改革开放中，紧紧追随战后新时代的步伐，时刻与时代同步，不断突破苏联社会主义建设理论的条条框框，则成为我国社会主义建设 20 年来取得世人瞩目的辉煌成就的动力源泉。

第三，邓小平理论结合中国实际、结合当代实际，回答了社会主义在现时代实践中的迫切理论问题，抓住什么是社会主义，怎样建设社会主义这个根本问题，指明了在国际大变化的新格局下，中国如何抓住机遇加速建设有中国特色社会主义的主要方向。以邓小平理论为指导的中国社会主义的兴起，标志着世界社会主义的历史发展进入了一个新的阶段，与传统社会主义有根本区别的一个现代社会主义蓬勃发展的历史新时期正在到来。以邓小平理论为指导的有中国特色的社会主义，反映了战后新时代社会主义发展的要求。

（一）有中国特色的社会主义，是把科学技术作为第一生产力，尊重知识，尊重人才的社会主义。

（二）有中国特色的社会主义是以经济建设为中心任务的社会主义，把发展生产力作为根本任务，而发展生产力，不是一般地发展，而要依靠高科技来发展。

（三）有中国特色的社会主义，是改革开放的社会主义。邓小平指出："中国的发展离不开世界。"① "我们要赶上时代，这是改革要达到的目的。"②

（四）有中国特色的社会主义，是把确立社会主义市场经济体制作为改革目标的社会主义。我们正处在社会主义与资本主义竞争共处的新时代，我们必须学会如何在国际市场上进行竞争。

（五）有中国特色的社会主义，是奉行和平共处五项原则对外政策的社会主义。战后新时代是和平与发展为主题的新时代。但维护和平与发展的环境要有斗争，为了维护和平环境，就要反对霸权主义，反对强权政治。

第二类是苏联对外政策有关的文章。这些文章着重论述了苏联霸权主义政策以及苏联霸权主义的历史、思想理论和社会经济几个方面的根源。

第三类文章，主要是与苏联剧变的原因与教训有关的文章。除一两篇苏联剧变后不久写的综合性分析苏联剧变的直接原因与历史原因的文章外，其他则或从苏联落后于战后新时代角度去分析苏联剧变的时代根源；或从一个侧面，如从苏联经济军事化去分析苏联剧变的经济根源；或从指导思想的错误去分析苏共失败的根本原因。探索苏联这个世界上第一个社会主义国家的剧变、解体的原因和教训，这是个有重大理论和现实意义的大课题。真正搞清楚这个问题，还有待于从事这个问题研究的学者们的共同努力。现在这方面的成果已不少，在探讨苏联剧变或解体的原因和教训方面，已出现了不少深刻的见解，其中不乏真知灼见，正在把这个问题的研究推向深入。一些同志现在已不满足于一般综述苏联剧变原因，而是向探讨苏联剧变深层次原因的方向发展。我不揣浅陋，也愿把自己近两年有关苏联剧变深层原因问题的思

①　《邓小平文选》第3卷，第356页，人民出版社1993年10月第1版。
②　同上书，第90页。

考，作一简要介绍，供有志于探讨这个问题的同志们参考。

关于苏联剧变深层次的原因，我的看法如下：

（一）苏联发生剧变，是多种原因综合作用的结果。从总的原因来说，是传统的社会主义模式长期不进行改革，日趋僵化，日益同战后新时代要求相背离的结果。

苏联传统的社会主义模式，即斯大林时期确立起来的社会主义模式，其主要特点是：在实行广泛国有化基础上，在政治、经济、理论文化思想各方面实行中央高度集权全面管制的备战型行政命令体制；从政治方面说，是中央高度集权，党政不分，以党代政，集权于党，集权于领袖个人；从经济方面说，在生产资料的国家所有制基础上，实行高度集中的全面的指令性计划管理，侧重发展重工业和军事工业；从理论文化思想方面说，理论的发明和解释权高度集中，以党的最高领导的言论为马列主义的准绳，以行政手段实行严密的思想控制和舆论控制。

这个模式基本上适应了第二次世界大战前的时代，即战争与革命时代的要求。在战前苏联工业化建设中，在反法西斯战争中，在战后恢复中，曾经起过重大的积极作用。战后一段时间内，苏联作为战胜国，成为可与美国并驾齐驱的世界强国，苏联支持的一批社会主义国家在东欧兴起，社会主义苏联的国际威望和影响曾经达到高峰；斯大林个人的威望和国内的个人崇拜也达到了顶峰。虽然刚从战争中恢复过来，但这是苏联作为社会主义国家的极盛时期。

但从战后40年代后期起，到50年代初，斯大林执政时期最后几年，由于斯大林的骄傲自满，他不再研究战后的新变化，他把战前适应于战争与革命时代要求的社会主义模式绝对化，他把苏联这些经验上升为理论，并认为是社会主义建设的惟一正确的道路。在他执政末期，不但不进行任何改革，而且反对任何改革。

个人崇拜极大发展，"左"的教条主义泛滥一时。苏联社会主义，从政治体制到经济体制，从思想理论到对外关系，各方面都走上了以"左"的理论和政策为主要特征的僵化的道路。

这中间经历了赫鲁晓夫不成功的改革，经历了勃列日涅夫时期对斯大林体制的修补和改良，总的说来，这个传统的中央高度集权的模式和"左"的僵化理论和政策仍然继续保持下来。

在反法西斯世界大战胜利的影响下，战后民族解放运动的高潮不断，欧亚两洲社会主义事业取得了新的胜利，中国革命取得了伟大胜利并成立了中华人民共和国，苏联这个社会主义大国拥有了核武器，战后新科技革命蓬勃发展，西方国家为缓和国内矛盾实行经济调整和改进了对工人的社会福利政策，世界爱好和平国家和人民维护世界和平越来越成为强大的力量——这些因素综合作用的结果，一个新的时代，以和平与发展为主题的新时代，在战后时期出现了。然而，苏联在战后时期长期延续下来的"左"的僵化理论和政策，同这个新时代的要求恰恰是背道而驰。新时代要求和平，僵化政策却是加紧备战和军备竞赛；新时代要求发展经济，改善人民生活，僵化政策则继续侧重发展重工业、军事工业；新时代要求改革体制以适应迅速发展的科技革命，僵化政策则对新科技革命视而不见或议而不决，根本不进行体制改革；新时代要求社会主义国家独立自主发展，僵化政策则坚持必须照搬传统模式，动辄对社会主义兄弟国家内政进行干涉；新时代要求在新的世界经济形势下，社会主义国家应对外开放，逐步过渡到实行市场经济体制，僵化政策则从两个平行市场理论出发，仍坚持中央集中的计划经济体制，对外实行封闭政策；新时代要求同西方国家实行长期的和平共处政策，僵化政策则仍然奉行同西方的对抗政策，仍坚持世界革命的理论和路线。由于"左"的僵化的理论和政策严重背离新时代的要求，严重脱离实际，不能不陷入内外碰壁的困境。到勃列日涅夫执政后期，随着这个僵化模式不适应时代要求的矛盾更为尖锐化，在政治、经济、理论和对外政策各方面的停滞和衰落都全面暴露出来。

政治方面的停滞和衰落，主要表现在：在勃列日涅夫执政后期，苏联领导层干部都严重老化，许多重大问题议而不决，决而不行；行政机构空前膨胀，办事拖拉，互相扯皮，空谈盛行，不干实事；官僚主义、形式主义、文牍主义更为泛滥；行贿受贿之风和上下之间送礼之风盛行。各地方甚至设立专门的礼品仓库。领导干部贪污腐化，在人民群众中造成极为恶劣的影响。

在经济方面的停滞和衰落，集中表现在勃列日涅夫执政后期经济发展的停滞上。苏联 1976～1980 年国民收入平均年增长率只有 1%，1981～1985 年则降为 0.6%。

理论上的停滞和衰落，主要表现在"左"的僵化的教条主义理论，严重落后于国内和国际发展的实际，而又坚持不改。其中两大理论危害最大，一是超越历史阶段的向共产主义过渡的理论，二是世界资本主义总危机论。这两大理论严重脱离苏联国内外实际，极大妨碍了苏联自己的改革与开放，而且这种理论同现实的巨大反差，不能不使苏共广大党员干部和人民群众对马克思主义、对社会主义的信念发生怀疑与动摇。

在对外政策方面的僵化和失败，主要表现在，苏联这个在反法西斯战争中取得伟大胜利，作为欧洲人民的解放者受到世界崇敬的社会主义国家，在战后却逐步沦落为一个凭借武力肆意干涉他国、他党内政，并同另一个超级大国搞军备对抗的霸权主义国家。出兵阿富汗，更使苏联陷于极端孤立。

苏联在政治、经济、理论和对外政策这几个方面由僵化发展为停滞和衰落的消极变化，经过几代领导，越来越严重。这种消极变化动摇了广大党员和群众对马列主义、社会主义的信念，侵蚀了这个超级大国多民族国家民族间的凝聚力，逐渐失去了人民群众对苏共、苏联政府的信任，逐渐形成了政治、经济、社会和党的日益加深的危机，各种各样的西方思潮乘虚而入，这就为苏联剧变准备了客观条件。

（二）为什么苏联社会主义模式僵化的趋向在斯大林之后，经过几代领导人，还是得不到纠正？其根本原因在于，在高度中央集权的苏联社会主义模式中已经形成一个拥有巨大权力而又不受监督的官僚特权阶层。

斯大林模式虽然可分为政治体制、经济体制、理论文化思想体制等几个方面，但其中党政不分、以党代政、集权于党、集权于领袖个人的这种党政合一的领导体制，是这个模式的核心。

党政不分、以党代政的这种情况，在苏联建国初期就已存在。列宁时期已出现党干预行政过多的情况。对党与苏维埃的关系，列宁确定了原则，指出"必须十分明确地划分党和苏维埃政权的职责"，"党的任务是对所有国家机关工作进行总的领导，不是像目前那样进行……琐碎的干预"。但是由于国内战争环境，国家机关中有大量留用人员，干部缺乏，实际上党还是包揽了许多政务。如何在操作上解决党与苏维埃的关系，需要在实践中去探索，但列宁已来不及去解决这个问题。斯大林执政后，不但没有解决这个问题，反而把以党代政、党政合一的实践制度化了。斯大林虽然口头上也说党的领导是方针政策的领导、干部人事上的领导和监督检查，但又强调，苏维埃组织和其他群众组织，没有党的指示，就不会决定任何一个重要政治问题或组织问题，这个事实应当认为是党的领导作用的最高表现。在联共（布）十八大报告中说："党的干部是党的指挥人员，而由于我们是执政的党，所以他们也就是国家机关的指挥人员。"这些提法，实际上把党和国家混为一体，也成了党政不分的理论根据。在实践上，30年代以来，苏联的州以上党委开始设立负责生产业务的部门，苏共中央设工业、农业、运输、计划、财政、贸易等与国家行政部门相应的部门。因此，可以说，把以党代政、党政合一制度化，是从斯大林时期开始的，这是斯大林模式的特点之一。

赫鲁晓夫时期虽然进行了某些改革，但在个人高度集权、党政不分、以党代政的党政领导体制上，没有什么改变。而且到1962年11月全会，他强调"党的领导作用无比增长"，需要党"内行地、经常地和具体地"领导生产，全会作出了在州和边疆区建立平行的工业党、农业党组织的决定，以党代政的现象更为发展了。勃列日涅夫一上任就把工业党农业党合并，但以党代政、党政不分的实践没有什么改变。在勃列日涅夫执政期间，苏共中央经济部门不断增加，最多达24个部，其中11个部与政府重复。1977年6月，勃列日涅夫兼任最高苏维埃主席团主席后说：这是"党的领导作用不断增长的表现"，又说，"这反映了我们的日常实践。在我们的日常工作中，中央政治局许多成员都直接处理国家的内政、外交事务"。最高层领导也搞党政合一，并认为是理所当然，个人高度集权、党政不分制度就更为定型化了。

这种个人高度集权、党政合一的制度造成的严重后果之一，就是在这种制度下逐渐形成了一个拥有巨大权力而不受任何监督的官僚特权阶层。由于他们的特殊地位，他们凌驾于党和国家政府与群众组织之上，不受任何监督。政府照例有个名义上的监督机构，如检察部门、各级苏维埃，但这个党政合一体制，是以党的名义出现的，政府、检察机构、苏维埃等机构并无权力去监督党的领导机构，相反，要受中央政治局和各级党委的领导。党的中央政治局成为超政府的、超苏维埃的实际上的最高权力机关。党虽然也有监督机构，但从斯大林时期起，就把监委变成同级党委的下属机构。政治局作出的任何决定，它都无法监督，而且越到上层，官越大，越难监督。苏共中央政治局、各共和国及地方的各级党委，拥有超越国家、苏维埃的大权，而又缺乏监督，就必然产生滥用权力和腐败。这种滥用权力和腐败现象，到勃列日涅夫后期达到了顶峰。勃列日涅夫取消了干部轮换制，强调领导干部继承性，在干部制度上又照顾到地方关系，因而官僚特权阶层在勃列日涅夫时期加速形成并稳定化。因而，这里用的"特权"一词，包含两层意思：一是特权待遇，二是更主要的，即拥有特殊的、实际不受监督的权力。在个人高度集权、党政合一的体制下，在战后斯大林时期，已对领导干部采用了各种特权待遇制度，后来赫鲁晓夫时期进行了某些改革，并实行了干部轮换制，但为期甚短。勃列日涅夫上台后，又改了回来。因而这种官僚特权阶层，虽不那么稳定，但实际上早已出现。

正是这个官僚特权阶层的存在，成为苏联社会主义模式的长期僵化趋向难以改变，搞点改革都半途而废的根本原因。

这个官僚特权阶层，受"左"的教条主义理论影响甚深，同时又是苏联长期奉行"左"的理论和政策的僵化模式中的受益者，是既得利益集团。因此，从其利益出发，他们支持收缩经济体制改革，反对市场经济，支持超越阶段的理论和路线，支持扩军备战和对外扩张的霸权主义政策，他们对新科技革命，除与军事的有关技术外，其余都漠不关心，这些都反映了这个阶层的"左"的实质上是保守主义的立场。

但是，这批人并没有真正的坚定的自己的信念。他们的根本"信念"不过是以各种手段维护自身的利益。当最高领导有新的变化时，他们之中大多数可以随之而改变，从长期的"左"的立场转换到右的能保持自身利益的立场上去。

（三）如前所述，苏联的个人高度集权、党政合一的党政领导制度，孕育出一个官僚特权阶层，从而使苏联社会主义长期得不到改革，导致政治、经济趋于停滞和衰落，为苏联剧变准备了客观条件；另一方面，同样这个个人高度集权、党政合一的党政领导体制，又为苏联发生剧变准备了主观条件。这里是指，这个个人高度集权、个人崇拜成风的体制，在斯大林之后，再也培育不出一个像样的领导人，而且实质上是一代不如一代。在个人专权的体制之下，领袖既专权又无能，只能把国家搞得愈来愈糟。戈尔巴乔夫是一个水平低下、品质不佳、政治不坚定、好名贪利之徒。他利用这个个人高度集权模式所赋予的巨大权力，打着改革旗号，接受西方价值观，大谈所谓"新思维"，任意胡为，终于把一个伟大国家引向瓦解和毁灭。

这个个人高度集权、党政合一的党政领导体制，长期伴随着的是干部委任制和领导干部终身制。干部委任制在苏联长期普遍存在。在这种制度下，在干部上下级之间逐渐形成了某种个人依附关系，以至在地方和部门形成某种集团甚至帮派。干部的升迁，主要靠上级的赏识与评价，而与一般干部和人民群众如何评价无关，这使得一些干部，包括那些名义上选举产生的"代表"、"委员"，为求升迁，只在上级面前讨好邀功，而忽视一般干部和人民群众的看法和意见，这就很难通过竞争方式，通过人民群众认可的方式，把比较优秀的新生力量吸收到领导层中来。领导干部终身制，则使一些人为保持自己的领导职务和待遇，不求有功，但求无过，逐渐陷入无所作为的境地。其结果是，年老庸碌无能之辈长期留在领导岗位上，不但使领导层变得老年化，而且变得平庸化、暮气化。这种个人高度集权制加上干部委任制和领导干部终身制，使得苏共干部长期陷于俯首听命、唯上级之命是从的地步。在这种体制下，最容易出现的，而且常常得势的，是看上级眼色行事的奉承拍马者，唯唯诺诺的官僚主义者，照章办事、不动脑筋的执行者，而很难出现敢于独立思考问题、从实际出发、有创新见解的干部。这样，在领袖个人高度集权、长期笼罩着个人崇拜阴影的党政领导体制之下，整个苏共领导集团水平低下。斯大林之后，从赫鲁晓夫到勃列日涅夫，再到短期的安德罗波夫、契尔年科，直到戈尔巴乔夫上台，几十年苏共领导前后任交替的历史表明，苏共领导集团从来没有形成一个水平较高、有威望的群体。阿尔巴托夫在《苏联的政治内幕》一书中写道："在领导层中极其缺乏有才能和机敏活跃的人，这是斯大林现象的自然后果。而且具有长期的影响。"他对赫鲁晓夫、勃列日涅夫周围的领导人的评价，认为除个别者外，都是"平庸"、"绝对的平庸"。

最高领导人的最后确定，就是在这个低水平领导圈子内部，在保密情况下，有时还要经过勾心斗角的争夺，确定下来的。这样低水平的领导集团，只能推举出符合这个集团低水平的领导人，而且常常在"矮子"里也不是选拔最高的，这个领导集团中许多人首先考虑的是选出的人对自己是否有利或无害。例如，推选勃列日涅夫继任，并非因他有能力、有水平，而是因为，在领导层一些人看来，勃列日涅夫是"对谁也不构成任何危害的那种靠得住的人。"①推举契尔年科为总书记，只是因为他一直没有担任过实际领导职务，最多是担任副手，因此，"他就不可能对人发号施令，这就是全部关键之所在"②。

因此，正是这种个人高度集权、党政合一的体制，导致苏共领导人庸才辈出，而且在政治领导水平、理论修养、文化素质、工作能力等方面，总的说来，是一代不如一代。

这是苏共党的真正的深刻危机。

这种党的危机同社会、经济危机相结合，到戈尔巴乔夫上台前夕，更加深化，发展到了一个新的阶段。

戈尔巴乔夫得以上台，是由于在领导职务终身制之下，领导层同步老化，在不到两年半期间，三个高龄总书记（勃列日涅夫、安德罗波夫、契尔年科）相继去世，除去选一个年纪较轻的戈尔巴乔夫上来，已无选择余地。至于戈尔巴乔夫短期管过一个州的工作，在中央只管过一个部门，缺乏治国经验等等不足之处，已难以顾及了。因此，戈上台不过是这个僵化的政治模式在危机中走向末路的一种无可奈何的选择。

这个由苏联个人高度集权体制造成的一代不如一代的继承人危机，在戈尔巴乔夫身上得到了淋漓尽致的表现。这位末代领袖的治国能力、立场、品格、为人的形象，可简要描绘如下：

第一，在重大问题上，轻率决定，急于求成。戈上台后，急于显示政绩，在几个重大问题上，轻率决定，急于求成。如1985年开始禁酒运动，同年提出"加速战略"，1987年又开始从企业改革入手的经济改革，都因为轻率决定，急躁冒进，考虑不周，因而连遭失败。

第二，迷信个人权力，独揽党政大权，借口所谓政治体制改革，宣布"全部政权归苏维埃"，又宣布党再不能向政府机关、经济机关下达有关工作指示，实际上取消了党的领导，后来戈又当选为最高苏维埃主席团主席。这就把党政大权集中到一人手里。

第三，排除异己，而又言而无信。戈尔巴乔夫认为停滞时期当权的人都极为保守，使自己的威信和地位受到威胁，他利用老党员的组织性、纪律性，动员110名中央委员、候补委员、检查委员联名自愿提出辞职。戈讲话表示感谢，还允诺保持他们原有各种福利待遇。但没过多久，这些人被赶出了别墅，其他待遇也被取消。

第四，独断专行，个人决定一切。戈尔巴乔夫口称民主化，实际是个人独断专行。他根据自己的好恶，决定苏共二十八大中委和政治局组成、各共和国、各州、边疆区第一书记人选；他多次同国外政治活动家谈判，却从不向安全会议和最高苏维埃通报谈判结果，也不传阅记录；有关东欧国家形势动荡的情报，只有戈尔巴乔夫和外交部长两个人掌握，以致苏共领导层许多人对东欧局势变化所知甚少①。

第五，优柔寡断，胆小怕事，回避"热点"地区。处理改革中的民族纠纷和反共反社会主义分子闹事问题，因为要考虑西方的反应，看西方的眼色，因而戈尔巴乔夫总是优柔寡断，摇摇摆摆，实际是对所发生的事件放任自流；同时，他又胆小怕事，怕负责任，因而尽力回避"热点"地区。雷日科夫在《动荡的10年》中写道：凡是出事的"热点"地区，他都不愿去。

第六，不顾苏联实际，贸然提出"民主化"、"公开性"口号，刺激了长期掩盖的民族矛盾和社会矛盾的发展，加剧了政治局势的动荡。

第七，爱好虚荣，喜人奉承，既好名又好利。戈尔巴乔夫作为苏联最高领导人，把出国访问同西方国家首脑交往，看做提高自己威望的手段。他陶醉于西方媒体对他的赞扬和奉承，对西方国家塞给他的各种奖金、奖章、荣誉称号，都照收不误。

第八，迎合讨好西方，接受西方价值观，拼凑"新思维"理论。

戈尔巴乔夫理论水平不高，长期生活在封闭的苏联模式里，受的是教条主义熏陶。对当代世界的新变化，缺乏思想理论的准备。骤然被提为最高领导人之后，正值苏联面临内外困境，党员干部和人民群众对马列主义、社会主义信念发生了动摇，西方价值观、民主原则等思潮早就在知识分子中形成暗流，这些不能不

---

① ［俄］瓦·博尔金：《戈尔巴乔夫沉浮录》，第175页，中央编译出版社1996年第1版。

对他发生影响。他在上台之初，急于有所作为，在对外关系理论上，更急于有所表现。当西方思潮大举涌入之际，既缺乏理论准备，又缺乏选择力的戈尔巴乔夫，为迎合讨好西方，很快接受了西方价值观，在虚幻的"全人类利益高于一切"的口号下，构成自己"新思维"理论。

在"新思维"理论出台之后，在同西方领导人和媒体接触中，这些人投其所好，对戈的"新思维"赞不绝口，百般奉承，帮助戈出书、宣传、吹嘘，竭力推动戈走上西方需要的道路。这些奉承、吹捧，加上连哄带骗的对苏联改革的所谓"援助"承诺，特别是对戈尔巴乔夫本人发放的各种形式的奖金、馈赠、稿酬，这些都使得他这个俄罗斯农村土生土长、未见过大世面的领导人，在西方对手不断变换花样的意识形态进攻面前，变得手足无措。他不仅欣赏这些赞扬和奉承，而且轻易相信对方。在同西方打交道中，为迎合讨好西方，一再妥协和退让，愈是国内改革形势发展对他不利、其威望受挫时，他就越乞灵于西方的支持。

因此，戈尔巴乔夫思想发展历程表明，"新思维"及其具体运用的人道的民主的社会主义理论，表面上看是同传统的"左"的教条主义是对立的，但如深入其实质，探索其发展历程，就可发现，"新思维"这一套，实际上不过是苏联僵化的传统社会主义模式和"左"的教条主义理论破产的一种反动，归根结底，仍然是这个"左"的传统模式和路线的产物。

以上八点，虽不完全，但可反映出这个由苏联个人高度集权体制下培育出来的末代领袖戈尔巴乔夫的大致形象。

正是这位末代领袖，治国能力低下，却掌握了个人高度集权体制赋予的巨大权力，他不顾苏联国情，急躁冒进，乱提口号，把苏联经济搞得一团糟，把苏联政治局势引向不断动荡；他迷信个人权力，独揽党政大权，取消党的领导；他排斥异己，不讲信义，独断专行，个人决定一切；他爱好虚荣、贪名好利，迎合讨好西方，接受西方价值观，提出"新思维"和"人道的民主的社会主义"理论，并以此为指针，改组了共产党，终于把苏联这个社会主义国家引上了剧变的道路。

回顾苏联社会主义战后40多年来由盛而衰直到发生剧变的历史，为了探索苏联发生剧变的原因，必须认真看待和研究这个中央高度集权的模式的核心，即个人高度集权、党政合一的党政领导体制的双重的消极作用。一方面，它孕育出一个阻碍改革、维持社会主义模式僵化趋势的社会政治力量——官僚特权阶层，从而使苏联政治经济各方面逐步走向停滞和衰落。到勃列日涅夫执政后期，已发展为深刻的经济、社会、政治和党的危机，这就成为苏联剧变的客观条件；另一方面，在这个个人高度集权、党政合一的体制之下，在斯大林之后，再也培养不出一个像样的领导人，而且实质上一代不如一代。党的领袖拥有这个体制给以的巨大权力，而在面临经济政治社会危机时，又无能治国，从而使苏联发生剧变不可避免，这就构成了苏联发生剧变的主观条件。

综合苏联发生剧变的主客观条件，总结苏联剧变的历史教训，可以说，苏联这个个人高度集权、党政合一、不受监督的党政领导体制就是导致苏联发生剧变的深层次原因。

邓小平同志在谈到斯大林严重破坏社会主义法制和中国"文化大革命"10年浩劫时，指出："不是说个人没有责任，而是说领导制度、组织制度问题带有根本性、全局性、稳定性和长期性，这种制度问题，关系到党和国家是否改变颜色，必须引起全党的高度重视。"① 这是小平同志对苏联和我国历史教训的深刻总结。联系苏联长期实行个人高度集权，实质上不受任何监督的党政领

---

① 《邓小平文选》第2卷，第333页，人民出版社1994年10月第2版。

导体制最后竟导致发生剧变的严重教训，小平同志的这段话，是更值得再三思考了。

　　这部文集的出版，是与中国社会科学院东欧中亚研究所所长李静杰、副所长张森以及其他领导的支持分不开的，在此表示诚挚的感谢。该文集的出版也得到了吴仁彰研究员和我的几位学生的大力支持，尤其是邢广程博士对本文集的出版做了很多工作。我的夫人俞芝平不顾年迈体弱，为我誊写了很多稿件。在此一并表示深深的谢意。

刘克明

1999 年 5 月 5 日

苏联剧变研究

苏联剧变的直接原因和历史原因

　　1991 年 8 月中旬以来，苏联国内政局发生急剧变化。1991 年 8 月 19 日的事变是一个转折点，这次事变遭到失败更加快了苏联各方面演变的进程。事变失败以后，右翼势力在戈尔巴乔夫配合下，不顾苏联宪法和有关法律，掀起反共反社会主义的浪潮，全面夺取政权。在短短的时间里，苏联面目全非。总的形势是，执政 70 多年的苏联共产党被停止活动，已处于解体状态；苏联政权已被反共反社会主义力量篡夺；原来的苏维埃联盟已最终瓦解。这是苏联 70 多年历史上一次根本性的变化，也是苏联社会主义最严重的挫折。

　　为什么苏联局势发生这种急剧变化？为什么执政 70 多年的苏联共产党一下子落到这种地步？原因何在？

　　苏联发生剧变的主要原因在于国内。在这种变化中自然有西方资本主义国家搞和平演变的影响，但这些还只是外因，不是主要的，国内原因才是主要的。

　　国内原因可分两个层次来谈。

　　第一个层次，是戈尔巴乔夫在改革问题上的几大错误，这可说是造成苏联剧变的直接的、近期的原因。就是说，戈尔巴乔夫发起的所谓改革，从理论到政策，是背离马列主义、科学社会主义的，正是这种方向错误的"改革"，导致苏联社会在思想、政治、经济、民族各领域发生深刻危机，导致苏共的性质、作用和地位发生根本变化，导致反共反社会主义势力日益得势，导致联盟的解体。

第二个层次是苏联历史上的原因。这就是说，苏联在长期历史发展中，在理论、政治、经济、民族、党建等方面，都积累了许多问题，出现了不少矛盾。由于长期不进行改革，这些矛盾和问题积累得愈来愈多。如果戈尔巴乔夫改革的方针是正确的，路子是对头的，那么，这些矛盾和问题本来可以得到缓解，可以逐步得到解决。但戈尔巴乔夫的所谓改革，方针是错误的，背离了马列主义和科学社会主义，在这种错误方针推动下，苏联历史上积累已久的问题和矛盾就突出暴露出来，甚至爆发出来，更为严重化，更为尖锐化，形成后来的全面危机，严重动荡局面，反共反社会主义右翼势力趁势夺取权力，苏共的解体和联盟的瓦解，也就不可避免。

一、苏联剧变的直接原因

第一，戈尔巴乔夫改革的指导思想是错误的。

作为改革的指导思想，新政治思维和人道的民主的社会主义理论，是在1987年末和1988年中先后提出的。这些思想的提出，反映了戈尔巴乔夫改革指导思想的根本性的变化。如果说，在这以前，比如在苏共二十七大，谈国际形势还要突出两种社会制度和两种意识形态之间的矛盾，谈改革还只是改进和完善过去的政治与经济制度，那么，在提出这些理论论点以后，在国际上，则强调要排除两大体系的对抗性，"从对抗转向合作"；在国内，不再是完善原有的社会制度，而是"从经济基础到上层建筑"都要进行"更新"和"根本改造"，用"人道的民主的社会主义"代替所谓"扭曲变形的社会主义"。从此以后，苏联内外出现了一系列消极变化，反共反社会主义的右翼势力日益猖狂得势，苏共日益陷于困境，苏联在意识形态、政治、经济、民族关系等方面陷于全面危机。这些实际上都同新政治思维和人道的民主的社会主义理论这种错误指导思想的宣扬和贯彻有着密切关系。

新政治思维和人道的民主的社会主义理论背离马列主义的实质，是把全人类利益同工人阶级的阶级利益对立起来，片面强调全人类的利益、全社会的利益，否认当前在苏联国内外实际存在着的阶级斗争。

戈尔巴乔夫说："新思维的核心是承认全人类价值高于一切，更确切地说，是承认人类的生存高于一切。"其根据是，出现了大规模毁灭性武器，全人类共同利益是挽救人类免于毁灭。新政治思维理论的宣传者、阐发者扎格拉金（苏共中央国际部第一副部长）甚至说：苏联的新思维"已开始变成全世界的新思维了"。"因此，对外方针从过去以阶级利益为主，转为现在以全世界人类利益为主"，而且设想："各国的安全保障将越来越取决于政治，取决于在履行国际事务中法的、全人类道德的主要作用，而不是各方之间军事潜力对比。"①

苏联领导根据新政治思维理论采取了一系列新的外交行动，在争取为苏联改革创造一个缓和的国际环境方面，在改革初期得到些成就。如苏美关系得到很大改善；与整个西欧关系也得到缓和，西欧国家已开始为苏联提供一些资金、技术援助；苏美间军备竞赛势头得到控制，采取了某些实际裁军步骤；同中国实现了

---

① ［苏］瓦·扎格拉金：《纵然荆棘丛生，也要奋勇前进》，载《国际生活》杂志1988 年第 8 期。

关系正常化；同日本关系得到改进；苏联军队完全撤离阿富汗，等等。但是，由于理论上背离马克思主义，从主观愿望出发，而又急于短期见效，戈尔巴乔夫在同西方对手进行"对话"、"磋商"中，常常出现退让、迁就和自保，因而在取得某些成就的同时，也出现了不少的消极后果。如苏联领导人由于过分热心追求苏美合作和同西欧的合作，导致处理任何事情，包括处理国内政治、经济、民族问题，都要考虑西方的反应，对美国及其他西方国家对苏联的内政干涉和施加压力，都缺乏有力表示；再如，由于担心西方反对和民族利己主义的思想，对东欧局势的变化和执政党困难处境，采取了不负责任的旁观态度，以致东欧国家社会主义制度很快被颠覆，东西德以苏联自己不愿看到的方式实现了统一；再如，从主观愿望出发，过早宣布放弃集团政策，导致华约崩溃和经互会瓦解。其结果是，苏联作为超级大国的作用大大削弱，在一些国际重大事件的活动中，苏联实际已降到美国的小伙伴地位。

从戈尔巴乔夫改革初期对外关系的这些消极后果来看，所谓"新思维开始成为全世界的思维"，"各国安全保障取决于全人类道德的主要作用"云云，都只是一厢情愿。因为没有从客观的阶级利益分析出发，就只能变成毫无根据的空想。至于苏联改革初期在外交方面同西方国家关系取得的某些"成就"，毋宁说更多地是西方国家从本身利益出发采取行动的结果。至于同中国恢复正常关系，从阿富汗撤军等，这是好事，但这都是一个社会主义国家根据对外关系原则所应采取的政策，很难算到"新政治思维"的账上。

那么，戈尔巴乔夫提出的人道的民主的社会主义理论究竟要搞什么？看一看他最近的言论和几年来实践的发展，就可以得到答案。戈尔巴乔夫在1991年4月中央全会上反对有些人主张对反社会主义势力采取强硬措施，他强调"要以民主方式走向我们社会的人道化"，"应该把社会利益无条件地置于狭隘的党派利益之上"，"不是以对抗为基础，而是以和解为基础达到这一目的"。而且强调，"只有我们这样行动时，我们才有道义上的权利去要求所有别的人这样做"。这几段话清楚不过地勾划出戈主张的所谓人道的民主的社会主义道路的实质。如果再看看这几年为走向所谓人道的民主的社会主义所采取的实际措施，这个理论把苏联引向何方，就更为清楚了。这些措施主要是，修改宪法，取消苏共的法定领导地位；实行多党制，实行三权分立和议会民主；在苏共纲领性声明中提出"排除任何阶级、政党、集团、官僚管理体制的独裁专政"；苏共放弃"垄断主义"，起议会党的作用；"坚决反对以任何形式对舆论工具进行垄断"，等等。由于戈尔巴乔夫无视苏联社会仍存在着阶级斗争这个最重要的实际，这些言论和行动，不但没有导致在苏联出现戈所设想的什么社会主义，而且造成了更大的混乱。按照苏联目前社会上各种反共反社会主义的嚣张活动情况，显然那里存在着阶级斗争，存在着一股反对社会主义、力图把苏联社会引向资本主义方向的势力。由于戈尔巴乔夫理论上的错误，他否认阶级斗争，鼓吹全社会利益"无条件地"高于党派利益，鼓吹"以和解为基础"，"用民主方式"来达到目的，而且幻想反社会主义的敌对势力也会采取相应的"民主方式"来回报苏共的行动。然而，实际的发展完全与戈的期望相反。戈的否认阶级斗争，片面宣扬"和解"的论点，他的超阶级的民主化、公开性、人道主义化的论点，以及苏共退出执政党地位、放弃垄断等的实际行动，恰恰迎合了反社会主义势力的需要，正好为那些反社会主义势力所利用。他们有恃无恐，反共反社会主义组织纷纷涌现，反共反社会主义的宣传和活动更为猖狂。这不但搞乱了人们的思想，而且民族矛盾冲突加剧，联盟逐步解体，社会动荡，经济混乱，人民生活受到极大影响，作为执政党的苏共陷于分裂和瓦解，在许多共和国和城市，反社会主义的右翼势力趁机上台夺权，更谈不上什么社会主义了。戈尔巴乔夫以鼓吹新思维和推行人道的民主的社会主义开始，最后以苏联社会主义成果完全丧失告终。这就是戈尔巴乔夫在苏联推行"人道的民主的社会主义"的客观逻辑。

第二，进一步全面否定斯大林，造成严重后果。

苏联理论界和报刊在戈尔巴乔夫的公开性和民主化的号召下，从全面否定斯大林发展到否定马列主义，否定苏联革命历史，反共反社会主义论调十分嚣张，造成严重后果。

批斯大林是戈尔巴乔夫带头发起并逐步加码的。1987年苏共中央1月全会，开始明确提出批判斯大林。戈尔巴乔夫在1月全会报告中，批判了社会主义理论上的教条主义及其根源，认为苏联现在关于社会主义理论概念很大程度上停留在30～40年代水平上，即斯大林时期。"这一时期实践中形成的社会组织形式被绝对化"，等同于社会主义，"并被奉为教条"，还认为一系列的列宁关于社会主义理论观念，在这一时期被简单化或被歪曲，由此产生了实际工作中种种不良影响。这些问题无疑是存在的，指出来也是需要的，问题是任凭批判自发发展，实际上导向了错误方向。

到十月革命70周年前夕（1987年11月），戈尔巴乔夫在会见舆论宣传界领导人的一次讲话中指出，在历史和文章中不应有被遗忘的名字和空白点，"应该让所有的东西各就各位"。戈笼统提出"历史上不留空白点"的方针，是错误的。因为历史问题常常是很复杂的，有些问题宜粗不宜细，绝不应让人们去纠缠历史上的一些细节问题，特别是抓住某些带有煽惑性的题目大做文章。这样做，实际上是进一步往错误导向方面推动批判斯大林运动的发展。从1983年起，对斯大林的批判更进了一步。在1988年6

月召开的苏共党的代表会议上，戈尔巴乔夫批评斯大林时期形成的行政命令管理方法对苏联"社会的各方面发展产生了有害的影响"。他强调"现在我们遇到的许多困难，其根源可以追溯到斯大林体制"。此后，对斯大林各种批评更为广泛展开，对斯大林模式及其根源的评论大为增多。不少文章完全否定了斯大林时期社会主义的理论与实践，有些甚至强辞夺理，并对斯大林进行人身攻击。对斯大林评价的片面否定倾向，越来越厉害了。

戈尔巴乔夫作为领导人，在开始时期，如在十月革命70周年报告中，还讲"站在历史真实的立场上"，"应该看到斯大林在争取社会主义、捍卫其成果方面有无可怀疑的贡献"。但在两年之后，在1989年11月26日他发表于《真理报》的《社会主义思想与革命性改革》文章中，就谴责起"斯大林主义"来了，他称斯大林时期的体制为"专制的官僚主义制度"，"专制的官僚主义行政命令制度"，并且认为，赫鲁晓夫时期反斯大林反的还不够，认为赫和后来的勃列日涅夫，主要问题是保留了这个官僚主义制度。这就是以主要领导人身份出面，不但从理论思想方面而且从体制方面来全面否定斯大林了。

在全面否定斯大林方面，戈尔巴乔夫时期远远超过赫鲁晓夫时期。这不但表现在批判的范围远比赫时期广泛，批判斯大林的内容涉及历史、政治、经济、军事、外交、国际共运各个领域，而且更重要的是，现在的批评不只限于揭露一些事实，不只限于批评斯大林破坏法制及其个人品质如何，而且更着重于对斯大林时期形成的社会主义政治与经济体制进行批判，并加以全面否定。甚至历来在评论斯大林时加以肯定的东西，这一次也否定了。例如斯大林时期工业化问题，历来都是肯定的。而这次却有不少"吹毛求疵"的否定评论。如有人认为，不搞斯大林时期的加速工业化，而是按新经济政策平稳地发展下去，也可以生产出卫国战争所需的钢铁，因为卫国战争不是靠1800万吨钢（1940年苏联钢产量），而是靠这个数字的一半打赢的，另一半在战争头几个月就损失殆尽了。也有人认为，加速工业化"为专制制度的发展，用官僚主义的中央集权制取代民主集中制创造了条件"。还有人认为，"建立强大工业基础"，是靠"牺牲了人的资源来实现的"，"实现的手段则是社会主义以前的，也就是半封建的手段"。

主张全面否定的论调中，苏学者A.布坚科见解有一定代表性。他认为，第一，斯大林不是马列主义者，虽然宣称忠于列宁主义，实际离列宁主义愈来愈远。很多方面修正了马列主义。他认为，斯大林除去在反托洛茨基斗争和论证苏联一国建设社会主义两件正确事情以外，其他都与马列主义毫无共同之处，连对外政策也不能说是真正列宁主义的。第二，斯大林模式是"社会主义倒退过程"，认为20～30年代之交是个分界线，那时期的国家行政社会主义模式开始一步步代替了列宁主义的理论和实践，从20年代末到40年代，这一社会主义倒退过程表现得很充分。第三，斯大林代表官僚势力篡夺了国家政权。按照这种观点，斯大林既不是马克思主义者，而他所建立的社会主义模式又是一种社会的倒退，这种全盘否定斯大林的论调同赫鲁晓夫时期相比，是远远超过了。

进一步全面否定斯大林，造成了严重后果。

一是思想混乱。全面否定斯大林导致怀疑马克思和列宁，怀疑社会主义、马列主义，以至怀疑十月革命道路，出现信仰危机、意识形态危机。斯大林"根本不是"马克思主义者，这就导致对斯大林领导的几十年的苏联社会主义的怀疑，导致对称之为"斯大林主义"的思想来源的列宁主义、马克思主义的怀疑。有的人追溯到列宁和马克思，从中找出产生斯大林错误的根据。如一位哲学博士写文章证明大量灾难的原因在于马克思主义学说本身，尤其是阶级原理，斯大林不过继承了这个原理。另一位作者则发表文章，攻击列宁为斯大林建立起中央集权警察国家和导致数百万苏联人死亡的全国政治恐怖运动铺平了道路。正如苏联《共产党人》杂志 1990 年第 4 期社论指出的："从对斯大林主义和斯大林现象的激烈批评变成批判性的分析，后来更变成对马克思、恩格斯、列宁的观点的攻击，变成对 72 年中所做的一切的全盘否定。"

其次是，各种思潮乘机而起，出现了大批非正式组织。在"公开性"、"民主化"口号下，过去长期以来，苏联被掩盖着的各种社会矛盾，特别是民族关系领域，都一下子迸发出来。一些非正式组织在批判斯大林和批判"专制社会主义"旗号下，全面否定苏联社会主义历史，否定无产阶级专政，否定苏联共产党。一些民族主义组织，则利用对斯大林的批判，煽动民族仇恨，把民族关系的某些矛盾引向公开对抗。

最后是，出现了反社会主义反共产党的逆流。例如，1990 年 2 月苏联 20 多个城市举行示威游行，群众喊出了"苏共中央下台"、"政治局下台，打倒共产党人垄断政权"的反共口号，提出"不要社会主义"，指责苏联"走了 70 年的死路"，出现"马列主义听够了"、"永别了，共产主义！"等反动口号。

虽然苏联目前复杂局势是多种原因形成的，但是，由于批判斯大林问题的片面性而引起的思想混乱，社会主义威信降低、党的威信降低，是其中主要原因之一。

第三，政治体制改革中的错误。

主要错误有以下几点：

（一）对原有体制采取了错误的全面否定的方针。这从戈尔巴乔夫对原有体制提法可以看出来。如称现有各级领导干部里"不断繁衍"的是"各级官僚阶层"，称之为"专制的官僚主义行政命令制度"或"专制的官僚主义制度"、"官僚专制制度",对这种体制,戈宣称要"打碎"旧的体制,旧的一切"应当予以炸毁"。

这种否定一切的态度,这种打倒一切的方针,是完全错误的。原来的党政机构毕竟是经历多年实践的产物。有些领导人,过去在这种机构中的确犯过不少错误,也有一些人应该在改革中撤换下来,但总的说,只能逐步进行改革。至于"各级官僚阶层"的提法,也是片面的。原有干部,在原来体制下,还是做了工作的,不能笼统地叫做"官僚阶层",一概成为革命对象。那里有许多愿为社会主义而奋斗的干部,尽管机构中有些人思想觉悟不高,但主要应该是争取转变的对象。同时,这个提法也不策略,实际上是"打击一大片"。根据我们自己的经验,后果总是不好的。戈尔巴乔夫后来在许多讲话中,动辄指责各级党政领导人是"阻力",使各级党政领导人威信降低,难以工作,而且实际上助长了反共反社会主义力量的声势。

(二)对反共反社会主义非官方组织和党派采取纵容态度。戈尔巴乔夫为了推进改革,打破改革的阻碍,提出民主化、公开性、政治多元化口号,但是,缺乏阶级分析,缺乏引导,而且对一些组织的反共反社会主义倾向,一再退让,以致不少非官方组织、全国性政党反共反社会主义的气焰十分嚣张。

近年来苏联成立的非正式组织有6万多个,全国性政党有20多个,共和国一级的政党500多个,这些党派大多声明反共反社会主义:"俄罗斯民主论坛"扬言要"把苏共赶出政治舞台","没收苏共财产";"乌克兰共和党"声称要"取缔当地共产党";"俄罗斯民主党"对列宁采取否定态度,不赞成苏共的奋斗目标;波罗的海三国"独立"共产党和"格鲁吉亚民族独立党"都提出恢复本共和国主权,实现本民族独立。以戈尔巴乔夫为首的苏共领导,对新成立的各党的反共反社会主义言论,最多只在报纸上进行一些批驳，对少数非正式组织中的破坏分子，苏领导也说要进行"坚决反击"，但实际上反击并不得力。在苏共二十八大通过的苏共行动纲领中写明："在法制国家中排除任何阶级政党……的独裁专政。"戈尔巴乔夫本人强调："不能接受这样的建议和意见，即我们需要专政，认为只有某种专政才能拯救我们。"

（三）妥协退让的后果是共产党丧失政权。这些反共反社会主义势力最终目的是夺取政权，他们的策略是通过合法斗争，由地方到中央，步步紧逼，迫使共产党交权。而共产党在民主化过程中，由于过去习惯于发号施令，对突如其来的选举运动，缺乏准备。在1989年3月的人民代表选举活动中，全国1/3的原市长落选；参加人民代表竞选的有20％党员落选。

在波罗的海三国，"人民阵线"积极开展竞选，使共产党人落选，取得议会多数，夺取了政权。在俄罗斯联邦，1990年5月叶利钦当选人民代表并被选为最高苏维埃主席。1991年6月叶利钦当选俄罗斯联邦总统。亚美尼亚、格鲁吉亚、摩尔多瓦一些共和国政权也落入反对派之手。"八·一九"事件之前，在15个加盟共和国中，苏共已在7个共和国和莫斯科、列宁格勒及一些城市中成为在野党。

第四，民族关系问题上的错误。

改革以来，苏联民族关系日益紧张，民族冲突和动乱不断扩大，这同戈尔巴乔夫几年来在民族问题上的错误政策有密切关系。戈尔巴乔夫上台初期，对国内民族问题的严重性和复杂性估计不足，曾乐观地认为是解决得比较好的问题。在处理共和国事务时，对民族因素也考虑得不够。1986年撤换哈萨克第一书记库纳耶夫职务，委派俄罗斯人接替，由于考虑不周，闹得大学生上街游行、抗议。对民族地区的一些非正式组织，如波罗的海沿岸三国的"人民阵线"，开始时只看到他们支持改革的一面，采取怂恿的态度，而忽视了他们谋求分立的一面。

更重要的是戈尔巴乔夫的新思维和公开性、民主化、多元化的口号的推行，为民族问题的总爆发提供了条件和刺激。波罗的海三国民族分立主义势力就是打着支持拥护改革的旗号起事的。在亚美尼亚、阿塞拜疆民族骚乱中，许多人举着标语牌写着"支持戈尔巴乔夫的公开性"。戈尔巴乔夫主张的"政治多元化"、"意识形态多元化"以及"多党制"，都为各共和国民族主义争取独立运动的产生和发展起了鼓励作用。而戈尔巴乔夫为了维护改革与民主化的旗帜，在民族分立主义势力进攻面前，步步退让，客观上又助长了民族矛盾进一步激化和发展。

苏目前民族矛盾和冲突规模之大，持续时间之长，涉及面之广，性质之严重，在苏联历史上从未有过。据不完全统计，1989～1990年有较大反响的民族冲突流血事件达几十次之多。除土库曼外，其他 14 个加盟共和国都相继出现较大的民族骚乱，有的甚至有"内战"性质。近两年中，因民族动乱而死亡的达数千人，伤近万人，另有几十万难民无家可归。造成的经济损失更为严重。

戈尔巴乔夫与苏联当局曾采取了各种手段来缓解民族问题的危机，但收效很小。民族矛盾冲突的发展，使得各方面工作都无法正常进行。在没有任何团结、凝聚的力量（以前靠党组织、靠对马列主义的共同信仰）情况下，它的发展前景，只能是各家独立，使联盟解体。

第五，"革新"党的错误路线，使党的性质、地位和作用发生根本变化。

戈尔巴乔夫为了实现他所设想的人道的民主的社会主义的目标，对苏联共产党进行了一系列的"根本性改革"，通过这些改革，苏共的性质、地位和作用发生了根本变化。

戈尔巴乔夫为了实现他所设想的人道的民主的社会主义的

目标,对苏联共产党进行了一系列的"根本性改革",通过这些改革,苏共的性质、地位和作用发生了根本变化。苏共成为缺乏明确目标,思想混乱,组织散漫,完全丧失战斗力,近似社会民主党类型的党。苏共这种思想上组织上的混乱和涣散状况,在"八·一九"事件前,已经预示出苏共终于将被瓦解的前景。

党的性质、作用的根本变化,首先表现为党的指导思想的多元化倾向,不单提马克思列宁主义理论为指导思想。过去党纲和党章都明确规定苏共是以"马克思主义列宁主义理论武装"的党,党的全部活动"遵循马克思列宁主义学说"。二十八大的党章则改为"它创造性地发展马克思、恩格斯、列宁的思想,利用进步的社会思想成果"。这里,不直截了当地提以马克思列宁主义学说为指导,而是讲什么"创造性发展",就为不遵循马列主义基本原理开了路,而"利用进步思想成果",又为形形色色资产阶级思想混进来充当指导思想开了门。后来的发展,其指导思想多元化的倾向更明显了。在1991年7月苏共中央全会通过的苏共纲领草案提出:"我们在恢复和发展马克思、恩格斯、列宁学说的起始的人道主义原则的同时,也把本国和世界社会主义与民主思想的全部财富纳入我们的思想宝库中。"在全会讨论苏共新党纲草案时,戈尔巴乔夫讲得更为明确:"苏共应把本国及世界的社会主义和民主思想的全部财富,而不单是马列主义做为自己的思想基础。"

党的性质、作用的根本变化之二,表现在党的奋斗目标,变得模糊不清起来。本来为共产主义而奋斗是很明确清楚的目标,现在则改为以"全人类价值和共产主义理想为基础","建立人道的民主的社会主义、保证人人自由发展"为自己的奋斗目标(苏共二十八大党章)。或者"苏共是社会主义选择和共产主义前景的党"(党的纲领性声明),而新党纲草案则把社会主义选择和共产主义前景提法都删掉了。虽仍提"忠于社会主义理想",却一再强调民主和社会主义不可分割，说明所指的社会主义就是"人道的民主的社会主义"，虽然也说"没有理由放弃共产主义思想"，但戈尔巴乔夫在全会报告中却强调共产主义是不现实的，认为"我们的经验，而且不仅我们的经验，没有提供认为这一目的在可预见的未来能够成为现实的理由"。

党的性质、作用的根本变化之三是，共产党不再成为苏联社会的领导力量。1977年的苏联宪法第6条规定："苏联共产党是苏联社会的领导力量和指导力量，是苏联社会政治制度以及国家和社会组织的核心。"戈尔巴乔夫则认为，苏共地位不能用宪法条文"强加于人"。1990年第三次人民代表大会通过决定，修改了苏联宪法第6条。修改后的苏联宪法规定："苏共、其他政党以及工会、共青团等社会团体和群众运动，通过自己被选入人民代表、苏维埃的代表及其他形式，参与制定苏维埃国家的政策、管理国家和社会事务。"这种规定，加上1988年6月第十九次党代表会议之后，根据会议精神早就实行的党政职能分开，党不再向行政部门指示工作，一切权力归苏维埃，苏联的权力中心由苏共中央、政治局转移到苏维埃和新设立的人民代表大会和总统委员会，苏共就完全失去了对国家和政府的实际领导权。

党的性质、作用根本变化表现之四，是取消了党的民主集中制原则。苏共二十八大经过激烈争论，在党章中，虽然勉强保留了"民主集中制"的字眼，但加上不少限制，实际取消了民主集中制。如"苏共在思想一致和党的同志式关系以及保证党内生活自我管理、党的利益同个别共产党员利益相结合、普通党员权利和自觉纪律相结合的民主集中制原则基础上生活和活动"，其核心思想就是不要对党员个人限制过多。因此，虽保留了这几个字眼，但党章又允许在制定决议时，少数人有权在各种会议上，在党的舆论工具上，捍卫自己的立场；全党服从中央的原则已无效，因党章规定："各加盟共和国是独立的"，各加盟共和国中央不赞成苏共中央政治局决议，可以"有权不执行这一决议"；党章第 2 章第 7 节又规定："所有苏共组织，从基层组织开始"，"在安排自己内部生活和活动方面是独立的"。因之，民主集中制只是形式上保留，但实质已变。苏共新党纲草案，根本不提民主集中制，连这种形式上的保留也没有了。这种情况，为党内争论不休、反党活动以及分裂活动开了方便之门。苏共党内原已派别林立，这些规定更加剧了这种状况。到"八·一九"事件前，党已不能有什么战斗力了。

第六，经济改革不断出现错误，人民未能从改革中得到实惠。

戈尔巴乔夫上台后，提出对经济要进行"激进改革"，在 1988 年中以前，其目标还是要完善社会主义制度，而在 1988 年 6 月苏共第十九次党代会后，指导思想发生了重要变化，改革目标是建立人道的民主的社会主义，经济改革也相应出现了向着非国有化、私有化和市场经济方向发展的变化。但不论前一时期或后一时期，在经济改革的指导思想和做法上，都暴露出以戈尔巴乔夫为首的苏联领导那种急于求成，情况了解差，严重官僚主义和主观主义的毛病。

（一）"加速战略"使不合理的经济结构更为畸形，加剧了市场紧张。

1985 年 4 月苏共中央全会提出了"加速社会经济发展战略"的目标，1986 年 3 月苏共二十七大肯定这一方针，并作出具体规划。规定在 1986～2000 年 15 年中，在生产转向集约化和大大提高劳动生产率的基础上，使国民收入翻一番，年均增长为 4.7%。这个方针是针对勃列日涅夫时期的经济增长速度不断下降而提出的。但这个方针忽略了苏联长期以来生产资料生产（重工业和军事工业）占工业生产总值 75%，消费品生产只占 25% 的情况；也未认真考虑苏联长期以来农业落后的情况。虽也提过要调整结构，要面向社会和人民生活，但没有多少实际措施。1988 年分配工业投资时，90％资金投向重工业（包括军工），食品工业、消费品工业总共只占 10％。1986～1989 年间，对消费品生产工业投资只占工业总投资 11.9％，比 1981～1985 年的水平（12％）还要低；因而生产资料生产在整个工业生产中的比重一直居高不下，几年来，一直占 75％左右，消费资料生产则只占 25％左右。但苏联工业中消费品生产，虽然公布统计占 25％，而实际要少得多，因消费品价格定得偏高，且是按零售价格计算的，因此，有的经济学家估计，消费品生产实际只占工业生产的 15％。

这种状况，不能不反映到市场供应上。改革后居民货币收入增加，而消费品生产停滞不前，消费品市场供应立即呈现紧张状态。从 1989 年春天起，供应全面紧张。

（二）改革企业经济机制，但宏观改革措施没有跟上，经济生活陷于混乱。

1987 年苏共中央 6 月全会确定从企业改革入手，自下而上推行改革。全会通过《根本改革经济管理的基本原则》指导改革的纲领性文件，接着最高苏维埃又通过《国营企业法》。苏共中央部长会议又制订了有关计划、价格、财政、银行以及物资技术供应体制改革等 11 个决议，并决定于 1988 年 1 月 1 日起在全国分批实施。

企业经营机制改革的目标，是使企业成为自主经营、自负盈亏的社会主义商品生产者。因此，取消对企业的指令性计划，国家主要通过控制数字、长期稳定的经济定额、国家订货和限额来控制企业和引导企业的生产经营活动。但由于缺乏有效的价格、财政、税收等客观约束机制，企业在自主权扩大之后，就出现"集团利己主义"现象，停止或减少生产那些对人民生活必不可少但赢利低的产品，以致若干种生活必需品，如洗衣粉、牙膏、卫生巾、火柴等经常脱销。企业收益分配权扩大后，许多企业在生产增长不多甚至不增长情况下，不断增发职工的工资和奖金，导致消费基金失控。《企业法》实施第一年，1988年已出现工资增长过高的苗头。1989年，消费品生产（包括酒类）只增长7%，而居民货币收入比上一年增长12.9%；1990年，生产出现负增长，生产较上年减少1.2%，国民生产总值下降2%，劳动生产率下降3%，国民收入下降4%，而居民货币收入又比上一年增长16.9%。这进一步导致原已紧张的供应形势更为加剧，消费市场由严重紧张发展到全面短缺。1990年以来，在1200种消费品中，95%以上商品供应经常断档缺货；在211种食品中，188种不能自由购买。目前几乎所有大中城市都实行凭票供应制度。

（三）政治改革超前并且失控，导致政局动荡，经济改革难以进行下去，经济危机大为加剧。

在经济改革进行一段时间、遇到阻力之后，戈尔巴乔夫在指导思想上发生变化，实际上认为原有的党政机构是改革的阻力，因此，要进行政治改革，以推进经济改革。1988年6月，第十九次党代表会议正式决定把政治改革提到首位，并提出《人道的民主的社会主义》概念。以后，在"民主化"、"公开性"、"多元化"的口号下，推出一系列政治改革措施，实行"一切政权归苏维埃"，党政职能分开，实行多党制，总统制，等等。各种政治活动，也十分频繁。从1989年5月到1990年11月，仅苏联人民代表大会就开了4次，开了多次的最高苏维埃、各种委员会会议，各加盟共和国的大小会，更是不计其数。政治过热，各级领导精力都集中于政治方面，经济改革实际"停摆"，无人过问。

不但政治过热，同时政治失控也日益加剧。在全国范围内，无政府状态日益蔓延，罢工此伏彼起。民族分立活动愈演愈烈。

经济刑事犯罪也日益严重。共产党威信大大下降，国家机构运转不灵。动荡的政局从根本上破坏了进行经济改革所必需的政治稳定，也加剧了经济危机。

（四）"向市场经济过渡"的经济改革方案只提原则方针，难以贯彻。

在动荡混乱的政治经济形势中，苏联又提出"向市场经济过渡"的新的经济改革方案。1990 年 5 月 24 日，部长会议主席雷日科夫向议会提出《关于国家经济形势和向可调节市场经济过渡的设想》的报告。与这个政府计划相结合，经济学家沙塔林受戈尔巴乔夫和叶利钦委托，搞了一个向市场经济过渡的 500 天计划。之后，戈尔巴乔夫又委托经济学家阿甘别吉扬综合上述两方案提出一个总统方案。

1990 年 9 月，苏最高苏维埃第四次会议讨论经济改革方案时，沙塔林、阿甘别吉扬和雷日科夫三派观点争论激烈，没有形成统一方案。根据会议决定，会后在总统领导下，吸收不同方案代表和加盟共和国的代表参加，共同研究提出统一改革方案，即《稳定国民经济和向市场经济过渡的基本方针》，其宗旨是向市场经济过渡，核心是放开价格和实现私有化。但这个文件只讲了一些原则性的东西。文件指出，考虑到各加盟共和国的意愿和利益，本文件仅提出经济改革的基本方针，每个加盟共和国都可以根据各自的条件，制定和实施各自的改革纲要。

至于 1991 年 6 月苏联政府提出的反危机纲领，虽有 10 个共和国政府总理联合签字，但是这个应急性纲领"是建议不是法律"，在各共和国各行其是的局势下，是难以贯彻的。

（五）苏联农业一直不佳，从 60 年代中开始，苏联农业投资长期占国民经济投资总额 27% 左右，但并没有使农业振兴。1986～1990 年，粮食平均产量为 1.9 亿吨，比前一年减产幅度很大，需进口粮食更多。据苏联跨共和国经济委员会主席西拉耶夫说，进口将达 4870 万吨。

现在苏联经济状况愈来愈糟。1991 年头 9 个月工业生产比去年同期下降 6.4％，食品下降 8.3％，而居民货币收入却增长 69％。通货膨胀加剧，1991 年仅 8 月份，发行货币已等于 1990 年全年发行量。在这种情况下，人民在改革中不但未得到实惠，而且苏联人民实际生活水平在下降。生活在贫困线以下的居民人数，随着人均家庭收入的指数的提高而大大增加。前几年，按人均家庭收入 81 卢布为最低标准计算，生活在贫困线以下的居民为 4100 万人，占全苏人口总数 1/7；后来提高到 120 卢布，为 8000 万人，占人口 28％；现在提高到 130 卢布，为 1 亿人，占总人口数的 1/3。而苏联世界经济与国际关系研究所所长马丁诺夫则认为，"苏联居民有 40％～50％达到贫困界限"。据叶利钦宣布：俄罗斯家庭 55％处于贫困线以下。

二、苏联剧变的历史原因

现在让我们从苏联历史发展的若干方面来探讨苏联发生剧变的更深层次原因。

第一，关于苏联领导长期以来理论思想的僵化和停滞问题。

这个问题要从斯大林时期说起，列宁时期不存在这个问题。列宁时刻观察问题，观察周围的变化。他的思想灵活而实际。像从战时共产主义转为新经济政策，作出那样历史性的伟大转折，显示出列宁是实事求是的典范，是运用辩证法的典范。在列宁那里，没有教条主义，没有思想僵化。在探索中前进的社会主义事业生气勃勃。到了斯大林领导时期，初期还较好，到斯大林取得党内斗争胜利之后，打败了所有对手，权力高度集中到斯大林手中，个人崇拜逐渐形成，斯大林骄傲了，不谨慎了，开始迷信个人的智慧和权威，不肯认真调查研究和倾听群众意见，他的思想方法开始离开辩证唯物主义，陷入主观主义和形而上学。

斯大林在 1936 年 11 月 25 日宪法报告中说："所有的剥削阶级都消灭了，"只剩下工人阶级、农民阶级、知识分子；"工人阶级和农民中间，以及这两个阶级和知识分子中间的界线正在消除"；"这些社会集团间的经济矛盾正在缩小，在消失"。"这些社会集团间的政治矛盾也在缩小，也在消失"。"苏联各族人民的面貌已经根本改变，他们中间互不信任心理已经消失，而相互友爱的感情已经发展，因而建立了各族人民在统一的联盟国家体系中真正兄弟合作的关系。"

1939 年 3 月 10 日联共党第十八次代表大会报告中也说："现在苏联社会的特点就在于，在苏联社会中再没有对抗的敌对阶级了，剥削阶级已经消灭了。而构成苏联社会的工人、农民和知识分子是在友爱合作的基础上生活的工作的。……在这种共同性的基础上，像苏联社会在道义上和政治上的一致，苏联各族人民的友谊以及苏维埃爱国主义这样一些动力也得到了发展。"

斯大林在《联共党史简明教程》第 4 章中提出："苏联的社会主义国民经济是生产关系完全适合生产力性质的例子，这里的生产资料的公有制同生产过程的社会性完全适合，因此在苏联没有经济危机，也没有生产力破坏的情形。"

在《马克思主义语言学问题》一文中斯大林提出："最近 30 年来，俄国消灭了旧的资本主义的基础，建立了新的社会主义的基础。与此相适应，消灭了资本主义基础的上层建筑，创立了同社会主义基础相适应的新的上层建筑。这就是说，旧的政治、法律等设施已经被新的社会主义设施代替了。"

斯大林这些提法，把当时苏联社会现象都说成是绝对的、静止的、孤立的，只看到向好的方向变化，而看不到向另外的方向变化。根本问题是，认为苏联社会没有矛盾。生产关系完全适合生产力的发展，上层建筑也与基础相适应，苏联人民内部完全一致，道义上、政治上完全一致；各族人民互不信任心理也已消失，是真正兄弟合作；不是矛盾成为发展动力，而是完全一致成为推动苏联向前发展的动力——所有这些都是形而上学的东西，即以孤立的、静止的、绝对的、片面的眼光来观察事物，好就全好，坏就全坏。从这种观点出发，就谈不上改革，既然一切都好，还改什么？所以在斯大林领导的战后时期，有些地方搞农业生产小组承包，挨了批评，有关领导人被撤职。从这种观点出发，就容易粉饰太平。例如，苏联当时农业很困难，民族关系方面也存在问题，在干部群众关系上也有些不正常现象，但对这些矛盾、问题都视而不见。最大的问题，是自以为天下太平，看不到消极面，看不到消极面发展会影响无产阶级的"天下"。毛泽东说过："斯大林有许多形而上学，并且教会许多人搞形而上学。""他以为他那个天下稳固了。我们不要以为天下稳固了，它又稳固又不稳固。"①

　　斯大林时期牵涉到全局的另一个思想方法问题是在个人崇拜气氛下，教条主义盛行。教条主义是形而上学观点的产物。用形而上学的观点来看待马克思主义，把马克思主义看成是僵死的东西，就产生教条主义。斯大林的片言只语都被当成经典来对待，斯大林发表一篇文章或讲话，就会出来一大批文章来吹嘘，是什么"天才地创造性地发展了马列主义"，是"马列主义顶峰"，等等。有关社会科学的文章，充满了马、恩、列特别是斯大林的引语，文章实际成了这些引语的注解，而不去研究这些论点提出的

---

　　①　《毛泽东选集》第5卷，第376、385页，人民出版社1977年第1版。

历史条件，不去研究苏联社会经济的实际和如何把这些论点运用于苏联。在这种主观主义的学风之下，马列主义活生生的理论被凝固化、僵化成为教条。斯大林作为最高领导人，僵化的、教条主义的东西就不少。例如，把马克思主义关于共产主义发展的两阶段理论简单化，不考虑苏联实际情况，过早宣布苏联已建成社会主义并向共产主义过渡；把苏联建设初期备战条件下中央高度集权、指令性计划、行政命令方法指挥生产的经济管理体制和优先发展重工业的经济结构绝对化，上升为社会主义建设必须遵循的规律，在社会主义国家关系上，不顾东欧社会主义国家的具体情况，硬要它们奉行苏联的社会主义模式，否则就斥为"异端"；在国际共运中，不顾中国革命的实际，在中国推行王明路线，而王明路线看不到"九·一八"事变后阶级关系的巨大变化，把中间派别断定为所谓"最危险的敌人"；不了解中国社会和中国革命的特点，低估军事斗争特别是农民游击战争和农村根据地的重要性，反对所谓"枪杆子主义"，梦想发动城市的武装起义；错误地以城市观点来指导第五次反"围剿"的军事行动，等等。这条路线脱离中国社会和中国革命的实际，教条主义地搬弄斯大林"中间力量最危险"的论点，搬弄革命胜利首先要靠工人阶级城市起义的论点来指导中国革命，给中国革命造成非常严重的损失。

斯大林的形而上学、教条主义、唯心主义的东西，对苏联后来的影响也是很深的，大概影响了几代领导人。

就拿教条主义来说，在斯大林之后，赫鲁晓夫当政初期，曾反过一阵子。反对"书呆子习气"，也批评过曾流行一时但是错误的斯大林的某些论点，但教条主义并未真正被反掉。教条主义经常不断以新的形式出现。

一种情况是，教条主义是同"最高领导说了算"这种唯心主义相联系的，谁是最高领导，谁就掌握真理。赫鲁晓夫在击败

"反党集团"之后，个人崇拜又开始出现，赫鲁晓夫作为最高领导人，说的话都是正确的，批评不得。勃列日涅夫取代了赫鲁晓夫之后，也充当起最高的真理裁判者的角色。70年代开始，引证勃列日涅夫的言论成为苏报刊发表文章的惯例。这就出现了新的教条。

另一种情况是，对马克思主义某些原理，没有能够深入研究，如何把这些原理同俄国不发达的实际情况相联系，也研究不够。例如，对斯大林时期宣布的建成了社会主义，逐渐向共产主义过渡的口号就是这样。"建成"的水平、标准当然有高有低，怎样算"建成"，本来已大可研究，但一下子提出"向共产主义过渡"的目标，显然是过高的，是不实际的。而赫鲁晓夫时期仍然继承了这个口号，提出"全面开展共产主义建设"，就更不实际了。勃列日涅夫时期改为"建成发达社会主义"，但仍然提向共产主义过渡。实际上，苏联社会远不够"发达"，从而"向共产主义过渡"也成了空想的东西。但是，围绕这几个时期苏联领导人提出的不实际的口号，苏联学者们不知写了多少书、发表了多少文章！领导人不知讲了多少话！苏共党不知作了多少决议！今天回头看，所谓"发达社会主义"、"建设共产主义"，都根本落空了。这种主观主义地制定纲领，也许可以在短期内取得一点实用主义效果，起点鼓舞人心的作用，但如果长期奋斗看不见结果，听到的只是大话、空话，人民群众热情就要消退，信心就难以保持下去。苏联长期搞教条主义，脱离实际说大话、空话，总不能兑现，其结果是干部、群众丧失信心，党员思想涣散，后果是十分严重的。

苏联由于长期把马列主义教条化，脱离实际，使很多人认为教条主义的东西就是马克思主义本身，就是社会主义事业本身，现在教条主义不灵了，仿佛就是马列主义不灵了，社会主义制度失败了，因而对马克思主义动摇，对社会主义事业动摇，甚至转向资本主义。苏联现在有一些学者，过去是长期宣传社会主义、共产主义的，现在却转向大谈资本主义优越性了，就是处于这种状态。

斯大林的形而上学思想方法，影响也是深远的。赫鲁晓夫虽然在某些问题上批了斯大林，但对斯大林有关苏联社会状况的估计却是一致的，所以，斯大林关于苏联社会都是相亲相爱的三个阶级、人民完全一致只有差别的论点，到了赫鲁晓夫时期就发展为全民国家、全民党的论点。同时赫鲁晓夫还宣布："资本主义包围已经不存在了"，"资本主义在苏联复辟的危险已经没有了。这意味着，社会主义不仅取得了完全的胜利，而且取得了彻底的胜利。"这些显然都是否认矛盾，只看到有利的、顺遂的一面的片面观点。

勃列日涅夫时期，在1977年通过的宪法中，鼓吹苏联社会"有真正的民主"，"以工人阶级为主导力量的苏联社会的社会一致与思想一致形成了"，"这个社会有成熟的社会主义社会关系，在一切阶级和社会阶层接近、一切民族在法律上和实际上平等、它们兄弟合作的基础上，产生了人的新的历史共同体——苏联人民"。这完全是粉饰太平，掩盖矛盾。这种否认矛盾的形而上学思想方法，正好是为勃列日涅夫时期党政机关盛行的形式主义、官僚主义作风服务的。

赫鲁晓夫、勃列日涅夫虽然各自都批评了前任，但没有更接近真理，因为没有提高到辩证唯物主义、提高到真正实事求是的原则高度去清理自己的思想。勃列日涅夫批赫鲁晓夫，虽扣了个"唯意志论"帽子，但这只是就个别工作方法而言（如大种玉米、乱改组等），而没有提高到党的领导的思想路线的高度。而勃列日涅夫后来在不少问题上任意性、主观主义劲头比起前任并不逊色。如修建贝阿铁路，开发非黑土地带，出兵阿富汗。

在斯大林之后这样长的时间内，根子很深的教条主义、形而上学的思想方法，不能不影响到戈尔巴乔夫和他周围的一批人。一方面，我们看到戈尔巴乔夫在改革中鼓吹超阶级的民主化、公开性，否认阶级斗争，在反共反社会主义势力进攻面前妥协退让，这实际上是赫鲁晓夫认为无产阶级专政已不必要，苏联已是全民国家那种思想的继续和发展，另一方面，戈尔巴乔夫和周围的一批人许多思想变化，又是苏联长期奉行教条主义的一种反动。他们或者把教条主义误认为是马列主义，教条主义不灵了，就认为是马列主义失败了；或者站在形而上学、片面的、绝对化的立场去批评过去，借批评斯大林的教条主义之名，否定过去的一切。这种教条主义式地理解过去或形而上学地批评过去，使得他们从一个极端跳到另一个极端，从阶级斗争扩大化跳到否定阶级斗争；从权力过于集中跳到政治多元化、多党制；从纯而又纯的公有制跳到全面恢复私有制；在对外政策方面，从过去只讲斗争不讲合作，跳到只讲合作、退让，放弃了斗争。总的来说，是从马列主义教条化，跳到放弃马列主义、放弃社会主义。这种跳跃式的变化表明，教条主义转变为放弃马克思主义是多么方便容易，显示出教条主义与反马克思主义之间的某种内在联系。同时，也表明把马列主义教条化会导致何等严重后果。

第二，在个人权力过分集中的领导体制下，苏共作为执政党，走上严重脱离人民群众，逐步发生蜕变的道路。

苏共陷入今天的困难地步，根本原因是，苏共作为执政党，在个人过分集权的领导体制下，指导方针不能正确反映群众利益，过"左"政策又长期损害群众利益，从上到下习惯了依靠行政命令办事，实际变成管理机构，党员干部只顾当官，不关心人民疾苦，一些人又作风不正，这些都使党严重地脱离了群众，走上蜕化的道路。

（一）党脱离群众，首先由于长期以来在政治路线和政策上有错误。苏共领导很早就提出了不切实际的战略目标，如建成社会主义，向共产主义过渡；接着又是全面开展共产主义建设，随后又是建成发达社会主义，向共产主义过渡，等等。这些"左"的口号，根本不符合苏联社会经济的实际情况。过"左"的经济政策又损害了群众的经济利益。对农民搞强制性的集体化，长期搞农产品低价高征购，为了限制私人副业，打击所谓"资本主义倾向"，不知耗费了多少精力，挫伤了多少农民的经营积极性，最后农业还是没有搞好。对工人阶级，长期实行平均主义的低工资制度，助长依赖性，纵容懒汉，多劳不多得，压制了优秀工人的积极性。长期耗费大量资金备战，备战经济愈搞愈大，尽管夸耀同美国可"平起平坐"，但人民生活愈来愈差。建设了70年，苏联人自己讲，成了欧洲（除阿尔巴尼亚外）生活最差的国家。这样，人民对党就逐渐失去信任，党逐渐脱离群众，得不到群众支持。

（二）个人过度集权，民主集中制度变成官僚主义的集中制，这种僵化的党的领导体制，使路线政策的错误长期得不到纠正。

斯大林领导时期，在党的建设学说方面，把列宁在地下党时期或十月革命胜利后初期有关加强纪律、加强集中的提法绝对化，片面强调集中，忽视发扬党内民主。后来又把党内意见分歧不适当地都同阶级斗争联系起来，到1937年3月中央全会，进一步宣称党内反对派是"垂死阶级反抗的反映"，是"阶级敌人代理人"，强调不能用旧方法，不能用辩论方法，而是用"新方法，连根拔除和粉碎的办法"，开除、流放，后来是判刑和肉体消灭。这种把对主要领导人持不同意见就说成是反党反革命的做法，后果是严重的。它窒息了民主，助长了一言堂和家长制，不仅阻塞了言路，而且败坏了党风。随着党内斗争中打败了所有反对派，个人权力过分集中的领导体制加速形成，对斯大林个人崇拜、个人吹捧也大大发展起来。党内生活越来越不正常，谈不上集体领导。党的代表大会第十八次与第十九次相距近14年，中间也没有召开过中央全会。在这种体制下，干部只是奉上级之命行事，对上唯唯诺诺，缺乏独立思考。赫鲁晓夫虽然批判过个人崇拜，但他最后仍然没有能解决党领导体制中个人集权过多的问题。勃列日涅夫时期，仍然继承了斯大林时期高度集权于个人的传统做法。在赫、勃时期尽管照章开了中央全会、代表大会，但实质上仍是一言堂、家长制。勃列日涅夫时期召开不少中央全会，但这仅是"时间很短、形式化的中央全会"。在这种中央高度集权、个人集权过多、缺乏党内民主的领导体制下，党的决定难以真正符合实际，难以真正反映人民群众的要求，难以避免错误。主要领导人犯了错误，甚至严重的、全局性的错误，也难以发现和及时纠正，因为在这种体制内部缺乏一种有效的监督和约束机制。因而，在这种体制下，对主要领导人进行实质性批评，往往是在这位领导人去世或下台后才能进行，以致在苏联出现一种"后任批前任"的特有现象。戈尔巴乔夫在改革6年中犯了很多错误，尤其是后几年对党的所谓"革新"，根本改变了苏共的性质、地位和作用，但广大党员、干部对他却无可奈何。所以形成这种局面，党内思想混乱，对戈尔巴乔夫的错误严重性质认识不足，自然有其影响，但主要原因还在于，这种传统的高度集中的僵化的缺乏制约机制的领导体制，在戈尔巴乔夫任职期间，还没有发生实质性的变化。

（三）在个人集权过多的领导体制下，长期以来，党的各级领导干部实行委派制，或形式上是选举，实质仍然是委派制。在这种干部制度下，干部的提升、去留，主要决定于上级领导如何看法，一般干部和群众难以参与，因而在工作中形成了一种只对上级负责而不顾群众利益的风气。许多干部为了保住职位，或希望得到提升，在汇报工作情况时，常常掩盖错误、夸大成绩，报喜不报忧，看上级脸色行事。通过这套系统，党的高级领导很难了解真实情况，也更难作出正确决策。在苏共历史上，这类例子很多。马林科夫在苏共第十九次代表大会上宣布，1952年苏联谷物产量为80亿普特（合1.31亿吨），说苏联谷物问题"已彻底而永远地解决了"，实际上，1952年的产量，据后来核实，只有9220万吨，这是夸大成绩的一例。再如，在赫鲁晓夫执政时期，为了要在肉类生产短期内按人口平均产量方面赶超美国，提出肉类生产的高指标，各地也纷纷提出更高的指标。俄罗斯联邦梁赞州因完成高指标任务，州委书记得了勋章，受到赫的赞扬。但后来发现，这个州竟是靠强迫农民大量宰杀母畜、幼畜来完成任务的，这不但严重损害了群众利益，而且下一年肉类任务再也无法完成。骗局暴露，州委书记自杀。这是地方领导干部只顾向上级邀功，而不顾人民死活的又一例子。这种体制使得高层领导人难以真正了解实情，斯大林可能直到去世前还认为苏联粮食问题"已经彻底而永远地解决了"。赫鲁晓夫在一个时期，也曾因为许多州纷纷响应肉类生产高指标而认为肉类生产可在短期内赶上或超过美国。党的领导依靠虚报情况来治理国家，党的干部则只顾邀功图赏，不顾人民死活，这样的党自然要脱离群众。

（四）在个人集权过多的领导体制下，长期来盛行以党代政，党包揽一切，以致党员领导干部长期陷于行政管理工作，党组织也依靠行政命令方法办事，思想政治工作徒具形式，显不出党组织的作用，逐渐丧失了与群众的密切联系。

斯大林时期曾经强调："党的干部是党的指挥人员，而由于我们党是执政党，所以他们也就是国家机关的指挥人员。"这样，党的干部就成为国家机关的指挥人员了。斯大林1929年4月还说过，党的口号"具有实际决定效力，具有法律效力，应当立即予以执行"。这些话后来被当做依据，宣传党的口号就是法律，这不但忽视了国家立法程序，损害了人民自己当家作主的权利，而且也把党的作用行政化了。在这种思想影响下，党日常工作常常都是行政工作，工作方法主要依靠行政命令，党组织实际变成某种管理机构。做政治思想工作常常是照本宣科，言不由衷，既不联系工作实际，也不联系思想实际，思想政治工作流于形式，这就看不出党的政治思想工作的作用，显示不出党员、党组织的作用。赫鲁晓夫时期曾把党组织划分为工业党和农业党，理由是这样可以更好地管理工业生产和农业生产，这种做法是完全错误的，但这实际上只不过是长期以来苏共党只搞行政工作这种状况的一种反映。后来虽然改回去了，更多是因为在党委工作中明确区分工业范围和农业范围很困难，造成许多不便，而没有人认真从党的性质和任务本身去批评这种做法的错误。当党组织只去指挥行政工作，依靠行政命令去工作的时候，显示不出党组织和党员本身的作用，长年如此，这样的党组织，在群众的心目中自然丧失了凝聚力，谈不上与群众的密切联系。

（五）在这种个人过分集权、党政不分、各级领导干部长期实行委派制的体制之下，高层领导干部大权在握，在群众和普通党员面前高人一等，有许多特权，群众对领导不敢批评，监督机制作用薄弱，这种环境助长了干部中贪污腐化、行贿受贿、以权谋私等现象。这类现象在苏联报刊上时有披露。在安德罗波夫到戈尔巴乔夫执政的前几年，苏联报刊披露得更多。而且值得注意的是，这类事情都是上下勾结，牵涉面很广，带有集团性质，难于解决。例如，《苏俄报》1983 年 3 月 14 日报道，在萨拉托夫州，许多企业、公司领导人利用国家的资金和人力，成片地建起讲究的私人别墅，有的人还用大宗公款从乡间别墅到伏尔加河岸修筑公路。作者说，这种事例很多，但并未引起反贪污盗窃局、检察机关、法院的注意。州党委的一位副部长因与别墅问题有牵连，

"缺乏原则态度"而被解职，但随即又被任命为州农业局局长。再如，同年6月《消息报》报道，许多企业、管理局竞相在伏尔加河两岸建筑豪华的桑拿浴室、阔气的钓鱼休养所，招待中央各部和州里来的出差人员，借以拉关系。记者说，如果你到陶里亚蒂市附近的库比罗夫岛一游，就可看到数也数不尽的这类建筑。在正式文件上，这类建筑的名称却是光明正大的，如"水法治疗疗养院"、"运动员康复中心"，等等。在这里用公款大吃大喝，出差人员到这里简直像过特殊假日一样。为了掩人耳目，有时象征性地收点费，一餐盛宴收1个卢布，还要找回6个戈比。再如，1986年《消息报》报道，莫斯科市破获商业系统贪污受贿案，款额300多万卢布，涉及100多人，从商业经理到市的区党委、区苏维埃、市商业总局、商业部以及检察机关、反贪污盗窃机关，等等。而且这种行为已持续了10年之久！高级干部因贪污受贿被审讯处理的，有勃列日涅夫的女婿（苏内务部第一副部长），只是在勃列日涅夫去世后才揭露处理的。格鲁吉亚第一书记姆日瓦纳泽，也是同贪污案有关而被撤职。但名义上只是退休，案情没有公开。在此前曾有人上告，但都不了了之。

领导干部不正之风终究是掩盖不住的，正如《消息报》记者所写："纸里包不住火。"人民看到了这一切，他们注意到了这一切，人民对他们的领导人就要失掉信心。

这种从各方面同人民群众都丧失联系，严重脱离群众的党，在反社会主义势力进攻面前，迅速陷于瓦解，这是不足为奇的。

第三，政治建设问题。苏联历史上长期积累下来的有两大问题，一是多年来没有真正的民主，苏维埃流于形式；二是在个人崇拜条件下，个人滥用权力，严重破坏法制，肃反扩大化，杀人太多。

先谈多年来没有真正的民主问题。前面已谈了个人崇拜、个人过分集权体制下苏共党的生活不正常问题。在这种党的领导体制影响下，也使苏联整个政治体制，都呈现出缺乏民主的特点。列宁在十月革命胜利后，非常重视人民参加国家管理问题，甚至曾设想由劳动人民直接管理国家。劳动人民不仅有选举权，还有罢免权，可以随时撤换一切公职人员。但是，"由于文化水平这样低"，苏维埃实际上"是通过无产阶级先进阶层来为劳动群众实行管理而不通过劳动群众来实行管理的机关"。列宁把当时的苏维埃国家称之为"带有官僚主义弊病的国家"。列宁曾下了很大精力研究如何防止苏维埃的官僚化，保证劳动人民能够真正当家作主。因列宁去世过早，不少设想未能实现。

斯大林时期，将人民参加国家管理的一套体制逐步定型化，1936年新宪法将苏联人民如何参加国家管理的途径、程序、做法定了下来。按照宪法，苏维埃是无产阶级专政的国家形式，是劳动人民行使国家权力的机关。1936年宪法对苏维埃体制作了许多重要规定，确立了苏维埃制（苏联最高苏维埃、共和国最高苏维埃、地方苏维埃）。规定最高苏维埃是苏联惟一立法机关，宪法确立了普遍、平等、直接、不记名的投票选举制，规定代表向选民报告工作，并可随时根据多数选民决定加以撤换。

从宪法规定上看，斯大林时期苏联劳动人民享有不少民主管理权利，但实际上受到很多限制，很难说是"最广泛的民主"。如果从苏维埃作用来看，总的趋势却是，苏维埃作为人民广泛参加管理的政权机关的作用却在削弱。第一，因为过去按产业、职业系统选举、现在改为按地区选举，选民和代表之间联系减弱了，选民监督代表比过去困难了；第二，候选人名单实际由上级提出，而且不搞差额选举，选民没有选择余地；第三，下级苏维埃不再选举上级苏维埃，监督高一级的能力也减弱了；第四，最高苏维埃讨论的法律草案及预算草案都来自党中央政治局和政府部门，最高苏维埃并不进行实质性研究和讨论，只是赞成通过；第五，地方苏维埃权力集中于执委会，一般只执行来自中央的指令，而缺乏主动积极性。以上种种，使得苏维埃逐渐流于形式。

苏维埃发展的实际经验证明，只在宪法中规定社会主义的根本制度和社会主义民主的基本原则是不够的。这种社会主义民主原则还必须具体化、制度化、法律化。1936年宪法规定，根据选民多数的决定依照法律规定程序罢免代表，但在斯大林时期并没有制定出这样的法律，宪法规定总检察长行使检察权，对各部及所属机关是否严守法律实行监督。但斯大林时期，国家安全机关的侦讯工作完全处于监督之外；也没有制定过有关监督检查的法律或条例。

从赫鲁晓夫到勃列日涅夫，近30年时间，对这个高度中央集权和缺乏民主的国家体制做了某些"完善"、"改进"、"改良"的工作，但进展有限，形式主义太多。例如，领导干部委任制或实质上的委任制，一直没有改变，名为选举，实为内定，各个时期领导人为了维持其领导地位，都有这种需要。再如，行政部门权力过大，人民代表难于进行监督，最高苏维埃代表一半以上是各方面领导干部担任的，管理者自己监督自己是困难的。这一时期设置的人民监督委员会名义是同级苏维埃选举，但实际是部长会议的下属机构，很难进行监督。再如，赫、勃时期都对某些重大问题进行过所谓"全民讨论"，但这种做法只是形式。葛罗米柯说，过去全民讨论是"形式主义的"、"多余地事先加以组织"，"材料也没有研究解决"。这种种形式，加上苏联领导干部独断专行，高人一等，群众不敢批评，等等，使得苏联的民主徒有其名，实际上人们仍只是在缺乏民主的行政命令体制下过活。

在苏联人民群众长期以来民主的素养还比较低的情况下，戈尔巴乔夫没有认真研究苏联的这种国情，没有认识到民主化应有一个发展过程。他急于求成，又把过去的体制否定过多，搞突如其来的"民主化"，一切权力归苏维埃，使党、苏维埃干部一时都手足无措，出现权力真空，一些别有用心的人则乘机利用，结果造成苏联政治上、思想上的大混乱。

再谈斯大林个人滥用权力，严重破坏法制，大清洗，杀人太多的问题。

斯大林大清洗最大的一次是 1936～1938 年，起因是基洛夫被刺案件。1934 年 12 月 1 日，基洛夫在列宁格勒办公室被刺杀，斯大林曾亲赴列宁格勒调查。经过一年半调查，认为党的一些高级干部与此有牵连，党政干部特别是高级干部成为这次肃反的重要对象（基案经调查已作出结论，与斯大林无关，但他利用了这个案件搞扩大化）。从各方面材料看，清洗规模是很大的。1937～1938 年大批逮捕和处决，先后审判和处决了布哈林、皮达科夫、拉狄克等人，军队有图哈切夫斯基等人，株连很广。联共十七大 70％的中央委员、候补中委被逮捕处决。十七大代表 1966 人，其中 1108 人被处决。据米高扬 1957 年 7 月到中国见毛主席时透露：1937 年 2 月到 1938 年 8 月一年半时间内，处决高级干部达 3.8 万多人。直到 1939 年初，这股"大清洗"劲头才开始减弱。战后还发生过 1948 年列宁格勒案件，1952 年医生暗害案件等。1938 年前后"大清洗"涉及面最广，牵连高级干部最多，在清洗过程中，社会主义法制遭到粗暴破坏。苏联法律规定，审判权只能由法院行使，但实际上许多案件并未经法院，国家保安机关就可以审判定罪。1937 年 9 月 14 日，苏联政府曾有决议，对阴谋恐怖案可即决裁判。而且在审讯中允许刑讯逼供，把刑讯看成是"正当的做法"。这就造成大批冤假错案。赫鲁晓夫时期只平反了一部分，1954 年以来，平反 7679 人。现在，戈尔巴乔夫时期又大批平反。

究竟死了多少人？有的说在镇压高潮的 1937～1938 年间，有

500万～700万人受到镇压，这是学者的估计。苏联克格勃副主席皮罗日科夫透露：1930～1953年，因反革命叛国罪，审判机关与非审判机关共判决和处决377.8234万人，其中，78.6098万人被处决。

导致严重破坏法制，根本上是因为个人崇拜现象严重，权力过分集中于个人，出现这种局面无其他力量能够纠正或制止这种现象，此外，还有政治体制上的问题以及理论指导思想上的原因。

政治体制问题之一是，苏联保安机构有特权地位，自成系统，不受地方党委监督。1936～1938年大清洗期间，制定了保安机构拥有审判定罪并执行权的法令，保安机构因而拥有更大权力，直到斯大林去世。这种制度强调利用特权，依靠这种机制，加上"逼供信"，促使斯大林作出许多错误决定。这种保安机构和保卫制度是社会主义只在一国胜利后又受资本主义包围情况下，苏联政治体制的一个畸形产物。同时也跟斯大林在理论上错误估计国际国内形势有关。斯大林夸大了敌情。1937年7月在联共（布）中央全会上，斯大林提出理论：我们进展愈大，胜利愈多，剥削阶级残余就愈加凶恶，愈要采用更尖锐的斗争形式危害苏维埃国家。斯大林一再强调全力加强无产阶级专政，加强国家政权才能使国家消亡的理论，强调要加强惩罚机关、侦察机关，"以对付资产阶级国家派遣间谍、杀人凶手、暗害分子"的行动。

斯大林滥用权力，严重破坏法制，杀人过多这件事，可以从各方面来分析其产生原因，吸取教训，但是，考虑到仅仅被害者亲友就有几百万，甚至上千万人，显而易见，苏联的这段历史对苏联党和群众关系产生的消极影响是很大的。但是，这毕竟不是社会主义制度本身的问题。这仅是社会主义还处在不成熟时期、制度还不完善的产物。带有时代的特点。正确的态度是总结经验，分析原因，吸取教训，把社会主义法制健全起来，而不是否定社会主义制度本身。然而斯大林的后继者没有全面总结这段经验教训。赫鲁晓夫没有这样做，勃列日涅夫也没有这样做。戈尔巴乔夫也没有这样做，而且跳向另一极端。戈尔巴乔夫由斯大林的阶级斗争扩大化一跳跳到了不承认有任何阶级斗争；由斯大林强调加强无产阶级专政，跳到了不谈任何专政；由较客观估计斯大林作用转而进一步全面否定斯大林——所有这些，都是同没有全面总结这个历史时期经验教训有重要关系。邓小平同志在《党和国家领导制度的改革》一文中提出非常重要的看法，他指出："斯大林严重破坏社会主义法制，毛泽东同志说过，这样的事件在英、法、美这样的西方国家不可能发生。"讲到破坏法制问题是同领导制度有关，即个人过分集权，家长制，并且指出："组织制度、工作制度方面的问题更重要"，"领导制度、组织制度问题更带有根本性、稳定性和长期性。这个制度问题关系到党和国家是否改变颜色，必须引起全党高度重视。"邓小平同志这段话，是我党在总结无产阶级专政历史经验问题上一个非常重要的新发展。

第四，大俄罗斯沙文主义统治下的苏联民族矛盾问题。

历史上沙皇俄国的民族问题就很严重，沙皇俄国是各族人民的监狱。十月革命后，成立了苏维埃社会主义共和国联盟。60多年来，苏联在发展各加盟共和国的经济和文化建设，解决历史上遗留的民族问题方面，做了大量工作，取得了一些成绩，但在民族关系上也出现了不少问题，有些问题还比较严重。其原因主要来自斯大林以来苏联领导人长期推行的大俄罗斯沙文主义政策。主要表现在如下几个方面：

（一）苏维埃联邦制基本原则未能贯彻，联邦制徒有其名，实际都是中央高度集权的以俄罗斯联邦共和国为中心的单一制国家。30年代中，斯大林巩固了个人集权地位之后，加强了对地方民族主义的斗争。1934年联共（布）十七大修改党章，原来享有一些自主权的加盟共和国的党组织变成绝对服从联共（布）中央的地方党组织，没有任何自主权；同时加盟共和国党政领导融为一体，共和国国家领导人都由党的主要领导人兼任。共和国党的领导人，要以共和国政权代表者身份，执行联盟中央政府的决议和绝对服从中央政府的领导。在这种领导体制下，加盟共和国的主权地位完全丧失。在这种联盟体制中，俄罗斯联邦占有特殊地位。各加盟共和国都有党中央、俄罗斯联邦共和国虽有国家权力机关和政府，但不设置共和国中央管理部门，实际上苏联中央政府管理部门也就成了俄罗斯联邦的政府管理部门。这样，苏联实质上成为以俄罗斯联邦为中心的单一制国家。赫鲁晓夫时期，扩大过加盟共和国的权力。勃列日涅夫时期，提过要发挥共和国的积极性，但都没有触动中央高度集权的领导体制，也没有触动俄罗斯联邦的特殊地位。在这种体制下，中央作出决定，往往强调全国利益，忽视地方要求，比较容易照顾俄罗斯的各种需要，而忽略其他共和国。

（二）在大清洗过程中，伤害了大批非俄罗斯民族干部和知识分子。1937～1938年，在南高加索和中亚地区各共和国，乌克兰和白俄罗斯共和国，大批十月革命后党培养起来的干部和知识分子，因观点不同或要求保护民族语言文化特点，都被视为"反动的资产阶级民族分裂主义"，"反对社会主义的阶级敌人"，遭受镇压。卫国战争前夕，西乌克兰以及刚加入苏联的波罗的海三国的许多干部和知识分子，也遭到清洗和迫害。在战后1949～1950年期间，对某些共和国的民族干部和知识分子的迫害还在继续。苏联学者认为，这种错误做法为多民族苏维埃国家建设和文化发展，造成"多年无法弥补的损失"，使各族人民对党和政府产生"怀疑和不信任情绪"，在苏联民族关系中埋下极大隐患。

（三）在卫国战争期间，强迫十几个小民族迁出家园，剥夺他们的民族自治权利。从 1941～1944 年，苏联当局借口德意志人、克里米亚鞑靼人和麦斯赫特土耳其人等 10 几个小民族中有少数人"同德国法西斯勾结"和"背叛祖国"，以武力强迫这些民族全体居民离开家园，迁移到中亚和西伯利亚地区，取消他们的民族自治权利。苏共中央 1989 年 9 月全会认为，斯大林的这种做法严重破坏了列宁保护少数民族的政策，是造成"民族关系尖锐化的一个重大原因"。

（四）苏联根据 1939 年 8 月同德国签订的《苏德互不侵犯条约》的秘密协议书，于 1940 年 9 月以武力强使立陶宛、爱沙尼亚、拉脱维亚 3 个共和国加入苏联。这种做法，不但完全违背了列宁主义关于不允许划分势力范围的对外政策原则，而且极大地伤害了这 3 国人民的民族感情。因而，3 国在战后到 70～80 年代，反抗大俄罗斯沙文主义统治的斗争一直不断。1972 年初，17 名拉脱维亚老共产党员写了关于勃列日涅夫时期在波罗的海 3 国推行大俄罗斯主义政策的"备忘录"，对俄罗斯军人和干部在 3 国定居、占据几乎所有重要领导岗位以及强迫使用俄语等，表示强烈不满，就是一个突出的例子。

（五）歧视非俄罗斯民族的语言、文化，强行推行俄语。以民族接近为名，实际推行俄罗斯化。苏联学者批评斯大林从 30 年代起，就背离了列宁的民族语言政策。1938 年 3 月，苏政府和联共（布）中央通过《关于在各民族共和国和州必须学习俄语》的专门决定，规定中学生在口头和书写方面能自如和正确地运用俄语，独立阅读一般俄文报刊，要求通过阅读俄文书刊来熟悉和了解俄罗斯文学。到赫鲁晓夫和勃列日涅夫时期，推行俄语更为加紧。许多共和国已从小学一年级开始就学俄语。在有些共和国，甚至规定在学龄前儿童保育机构也学俄语。苏联学者认为，这种做法使许多青少年掌握本民族语言的水平越来越低，以致不会使用本民族语言读书、书写和会话，造成老一代人与年轻一代人的语言隔阂。因此，民族语言问题，成为苏联民族关系危机一个重要症结。

与推行俄语的同时，苏联领导（如勃列日涅夫等人）还鼓吹苏联"各大小民族进一步接近"，反对"人为地加强民族特殊性"，"走社会主义各民族越来越密切接近"是"苏联发展民族关系的主要路线"，等等。

（六）以各种手段压制所谓非俄罗斯民族的资产阶级民族主义的各种表现，同时又竭力掩盖民族矛盾，粉饰太平。在勃列日涅夫执政期间，乌克兰党中央第一书记谢列斯特对有民族情绪的知识分子抱同情态度，主张在乌克兰实行"乌克兰化"，并写了一本名为《我们的乌克兰》一书。但遭到公开批评，官方指责这本书"过多地渲染了过去的乌克兰"，"激起民族主义的幻想和偏见"，"激起民族局限性和妄自尊大"，等等。联系到 1966 年初，乌克兰作家伊凡·久巴的系统揭露大俄罗斯沙文主义的《国际主义还是俄罗斯化》一书，曾为谢列斯特收阅，并在州委书记一级干部中传阅一事，可以看出在乌克兰反对大俄罗斯沙文主义的情绪是何等强烈。在勃列日涅夫时期，从苏联报刊透露的材料，特别是苏联领导授意的批评文章来看，这种反对大俄罗斯沙文主义的所谓资产阶级民族主义表现，事实上已遍及所有非俄罗斯的加盟共和国。但苏共领导从大俄罗斯沙文主义出发，对这些问题并不重视，硬是认为，民族问题已经解决。在 1972 年庆祝苏联 50 周年大会上，勃列日涅夫强调民族问题"已完全解决，已彻底和一劳永逸地解决了"，而且吹嘘说："这个成就完全可以同苏联在建设新社会方面取得的像工业化、集体化和文化革命这些胜利相提并论。"苏联领导人认为民族问题已解决，因而长期忽视民族问题、忽视民族关系的调整和改善，成为民族矛盾日益严重化并进而全面爆发的一个重要原因。

第五，高度集中的备战型经济体制，长期未能改革，以致经济发展停滞，人民生活水平低下。经历了 70 年，苏联经济还没有搞好，这是目前苏联社会出现各种危机的根本原因。

（一）苏联宣布建成社会主义同时也形成了备战型经济。

苏联的社会主义建设，是在资本主义包围、不断有战争威胁的环境中进行的。在第一、二、三个五年计划执行过程中，在进行社会主义经济建设的同时，联共（布）领导都不断强调了国防建设。在开始国家工业化时，斯大林就强调："工业化的中心，工业化的基础就是发展重工业（燃料、金属等等），归根结底，就是发展生产资料的生产，发展本国机器制造业。"以后他又几次强调为保证在资本主义包围情况下的苏联的独立，要为国防建立足够的工业基础。在制定第一个五年计划时，工业领导人古比雪夫就强调制定五个计划，"要使我国在最近期间进入充分的国防能力状态"，同时，要使一切民用工业和国民经济的建设"有可能在需要时用最短时间由和平建设转入反击资本主义世界的轨道"。实际上就是要求建立备战经济体制。

在第二、第三个五年计划中，由于国际环境日趋紧张，希特勒已在德国上台，两个五年计划都继续加速发展重工业、军事工业。第三个五年计划因战争危险迫近，更加快了重工业、军事工业的生产。三个五年计划中，对重工业的投资占总投资额的 85%～86%。"二五"期间，工业总值年增 17.1%，国防工业则年增 23.4%；"三五"期间（只三年左右），工业总值年增 13.2%，国防工业年平均增加 39%。

这样，经过三个五年计划，一直优先发展重工业、军事工业。到 30 年代末期，与宣布基本建成社会主义同时，在经济结构和体制都接近于战时经济的苏联备战型经济已基本形成。

（二）这种备战型经济的历史作用。

希特勒德国入侵苏联，卫国战争爆发，苏联经济转入战时轨道，虽然一开始遇到不少困难，如一部分工业区被占领，工业实行向东部迁移，因而工业生产力在战争初期缩减很大，但终于渡过难关。到战争第二、三年，这个高度集中的战时体制发挥了它的最大效率，大量军火、军事装备迅速生产出来，最后打败了德国，取得了卫国战争的胜利。

苏联在战时资源分配使用更为集中，一切服从于战争。全部工业大部分力量都用于军事工业生产。例如 1942 年军事工业各人民委员部的产量占整个工业产量的 70%~80%。

正是由于这样高度集中地使用资源和人力，尽管工业遭到战争破坏和迁移，还是大大增加了军备生产，满足了前线需要。整个战争期间，生产出飞机 13 万架，坦克 10.5 万辆，各种火炮 48.18 万门，迫击炮 34.8 万门，扭转了战争初期战场上武器的劣势，打赢了战争。这表明，苏联在资本主义包围下，为了保卫自己国家的安全与独立，建立某种战备型经济是必要的。苏联卫国战争的胜利，说明这种战备经济完成了它所担负的确保第一个社会主义国家生存的历史使命。但也有消极方面：追求速度，不保质量，不计消耗，高投入，低产出，比例严重失调，农业十分落后；过分压低消费，人民生活水平过低；过分集中的体制难以发挥企业生产积极性；自我封闭，不对外开放，等等。

（三）二次大战后，约近 40 年之久，这种备战型经济结构和体制，一直没有改革，不但保持下来，而且有新的发展，甚至经济畸形化更为严重。

推动备战型经济长期保持和不断发展，有以下几方面的因素：

首先是，苏联领导人在战后国际形势估计上，一直把帝国主义发动侵略战争的危险放在首位。斯大林在 1946 年 3 月同记者谈话中谴责丘吉尔的富尔敦演说是"新战争挑拨者"。同一年在另一次谈话中又指出，"新战争挑战者是对全世界和平的最严重的威胁"。两年后斯大林又强调"美国和英国现在的领导人的政策就是侵略的政策、发动新战争的政策"。这时 9 国共产党情报局关于国际形势的宣言，强调美帝国主义是帝国主义阵营的主导力量，帝国主义阵营的基本目的是建立美帝国主义的世界霸权。从此以后，苏联几代领导人都一直强调帝国主义国家，主要是美国发动侵略战争的危险。尽管在个别时期，例如，赫鲁晓夫在苏共二十大报告中，曾有过战争不是不可避免的提法，但同时又要强调，"只要帝国主义存在，就有发动侵略战争的土壤"。勃列日涅夫则更多地强调了帝国主义发动战争的危险性。在苏联领导人对国际形势的估计中，始终笼罩着帝国主义可能向苏联发动侵略战争的阴影。这种只要帝国主义存在，就有对苏联发动侵略战争危险的观点是根深蒂固的。正是这种看法，推动苏联备战经济的不断发展。

其次，苏联领导人逐渐发展起来的军备竞赛和争夺世界霸权思想，也推动了苏联备战经济的新发展。赫鲁晓夫执政初期，已拥有原子弹和氢弹，并很快拥有洲际导弹。赫鲁晓夫在苏共二十大提出战争并不是注定不可避免的新论点，这个论点的根据是"在目前情况已经根本改变"。所谓"根本改变"就是，"今天强大的社会力量和政治力量拥有实实在在的手段，不容许帝国主义者发动战争，如果他们真的发动战争，那就给侵略者以歼灭性的打击，粉碎他们的冒险计划。"这种所谓"实实在在的手段"，就是指苏联已拥有火箭核武器。因此，根据这种设想，苏联不断发展军备，特别是火箭核武器的生产，力争取得对西方军事优势。赫在 1960 年 1 月就强调："我们当然尽一切努力利用我们所赢得的时间来发展火箭核武器并且在这方面占领先地位。"赫鲁晓夫的建立在核武器取得优势基础上的战争可以避免论，实质上是苏联加

紧军备竞赛和争夺世界霸权的理论。这同后来赫鲁晓夫声称要
"苏美合作主宰世界"的思想是一致的。

勃列日涅夫时期是苏联备战型经济大发展的时期，也是争夺
世界霸权、对外扩张思想更突出的时期。勃列日涅夫的做法是依
靠已有的备战经济基础，坚持同美国军备竞赛，不只是力保同美
国的战略平衡，而且力争优势，以支持苏联的对外扩张活动。他
在1966年7月宣称："苏联军队现在拥有足够数量的最现代化的
军事技术装备，"并保持着对帝国主义国家军队的优势。

苏共中央国际宣传部长扎米亚金宣称："我们要不惜任何代价
来阻止美国获得优势，即使这要求我们在经济上作出牺牲也罢。"

与赫鲁晓夫时期主要强调核武器战争不同，勃列日涅夫时期
则强调既准备核战争，也要准备常规战争。

与赫鲁晓夫时期主要强调军队要保卫祖国不同，勃列日涅夫
时期的国防部长格列奇科则强调要在世界各地去"抵抗帝国主义
侵略"，"支持民族解放斗争"。

苏联明确提出："为了防止局部战争，向争取自由独立、反对
国际反动势力和帝国主义干涉的那些国家提供军事支援，苏联可
能需要机动的、训练有素和装备良好的部队。"在这种扩张主义思
想指导下，苏联的备战经济当然更为发展扩大了。

最后，是理论的意识形态因素的影响。斯大林在战后总结卫
国战争胜利的历史经验时，把许多实际是国家当时统治经济、集
中资源以利于争取战争胜利的各种实践都提升为社会主义建设中
的规律性的东西，加上苏联理论界的吹嘘，就成为不能动摇的理
论"定论"。例如，社会主义建设中优先发展重工业的规律问题。
在战前几个五年计划中，虽然重工业发展速度大大快于轻工业，
但没有把优先发展重工业作为社会主义建设的必然规律，没有提
出这个理论，而且在第二个五年计划时，还一度曾计划更快地发

展消费品工业，只是后来由于国际环境的影响，才修改计划，改为更快发展重工业。因此，战前优先发展重工业只是出于实际需要，为国际环境所迫，并非出于某种理论指导。但战后不同了。把优先发展重工业从理论上加以论证，提高成为社会主义建设的重要规律，始于斯大林1946年2月选民大会上的演说。他指出："苏维埃国家工业化的方法，与资本主义工业化方法根本不同。"他说：在资本主义国家工业化通常都是从轻工业开始，经过数十年之久，才能积累资金发展重工业，而苏联不能走这条路。因为"没有重工业，就无法保证国家的独立，没有重工业，苏维埃制度就会死亡"。因此，苏联共产党"拒绝了'通常的'工业化道路，而从发展重工业开始来实行国家的工业化"。苏联1954年出版的《政治经济学教科书》则把斯大林这个提法明确概括为：资本主义或社会主义的工业化道路问题。教科书写道："从发展重工业开始，是社会主义工业化的道路，而从发展轻工业开始，则是资本主义工业化的道路。"这样，就把苏联当时在特定历史条件下采取的政策变成一般规律了。到1952年，斯大林在《苏联社会主义经济问题》一书中，又强调"不把生产资料生产放在首要地位，就不能使国民经济不断增长"。苏联理论界又纷纷强调重工业优先发展是必然规律的论点。这个论点的不断宣传，推动了苏联备战经济的不断发展。

在赫鲁晓夫时期，正是根据这个理论，批判马林科夫主张在社会主义某一阶段轻工业可以比其他工业部门更快发展的观点，是"极端错误的"，"反马克思列宁主义的"，是"右倾的复活"，并宣称："党全力以赴的一个主要任务，过去是，现在仍然是，加强苏维埃国家的威力，因而也就是加速发展重工业。"

勃列日涅夫时期，在几次代表大会上，也一再强调要优先发展重工业。

这样，从赫鲁晓夫到勃列日涅夫，30 年之久，不管经济上怎样困难，资金如何紧张，人民生活怎样不好，然而重工业、国防工业无论如何也要上，一定要高速发展。在这里，最初保障社会主义国家独立的要求已经让位于超级大国苏联同美国保持战略平衡，以至取得优势的渴望，增强争夺世界霸权和对外扩张的实力，已经越来越成为苏联领导人的最主要的考虑。

这样，战后时期，工业生产中生产资料生产所占比重 1953 年增加到 69.2％；赫鲁晓夫时期，到 1964 年达到 74％；勃列日涅夫执政 18 年，大致都在 74％左右徘徊，1982 年勃列日涅夫执政最后一年，则达到 75.1％。工业生产中生产资料占 75％，这是很高的比重，已同苏联卫国战争期间的生产资料所占比重相当。实际上已经达到某种极限。勃列日涅夫时期军备生产规模更大，已同美国达到军事战略平衡。1979 年 6 月苏美两国签署《苏美关于限制进攻性武器的条约》，允许每一方拥有陆基洲际导弹发射器、潜射弹道导弹发射器和重型轰炸机总数为 2400 件，美国拥有总数为 2282 件，苏联为 2500 件，双方大致相当，而苏联在某些方面还略占优势。显然，勃列日涅夫时期战略经济要比赫鲁晓夫时期规模更大。

（四）苏联经济发展到勃列日涅夫时期，特别在后 10 年，各种矛盾日益尖锐化，经济困难增大。总的根源在于，50 多年日益发展的备战型经济，其结构与体制，在新的历史条件下越来越不能适应生产力发展的要求。简单地说，长期备战，把经济拖垮了。长期备战拖垮经济的具体表现是：

1. 经济发展速度降低，由低速转入停滞状态。苏联备战型经济在第二次世界大战期间完成了其历史使命。到了战后，尤其是勃列日涅夫时期，随着历史条件的变化，这个备战型经济，已经走到了历史的尽头。那些一度是强点，是优点的东西，现在走向了反面。第一，高度集中的指令性计划体制，虽可在某一项上集中资源，完成某些规定的任务，但在目前经济发展经济需求愈益多样化的今天，显得日益僵化、不灵活，再也不能适应战后和科技革命迅速发展和千变万化的要求。第二，片面优先发展重工业，虽在若干传统工业部门取得世界领先地位（煤、石油、天然气、钢、铁等），但在许多新兴工业部门，特别是跟高技术有关的工业部门（如电子工业），则大大落后。第三，集中力量增强国防，可以同美国并驾齐驱，取得了军事战略均势，但日益增长的庞大军费开支（1989 年为 752 亿卢布，占预算支出 16%），对国民收入只有美国一半左右的苏联，成为国民经济的沉重负担，成为改善人民生活的严重障碍。在不同时期，苏联的备战经济计划得以实施，曾伴随一些政治口号的宣传，如"建成社会主义，向共产主义过渡"等，这些口号一度也曾起过某些鼓动作用，使人们能忍耐一时的艰难困苦，为某种企望实现的目标而自我献身。但随着这些政治口号连续落空，随着人们改善生活愿望不能实现而耐心逐渐消失，人们的劳动热情就逐渐低落。特别是那种高度集中的行政命令体制，缺乏民主，劳动人民处于无权地位，难以唤起主人翁感。备战经济体制本来主要依靠行政命令加上政治动员来运转的。在这些手段逐渐失效情况下，消费品的匮乏，又使物质刺激也难以发挥作用，人们劳动积极性就不能不逐渐降低，因而，经济活动只能放慢下来。在 70 年代中期，苏联经济发展速度明显放慢，1966～1970 年平均国民收入年增长为 7.7%，1971～1975 年降为 5.7%，1976～1980 年降为 3.7%，1981 年降为 3.2%，1982 年再降为 2.6%。

2. 消费品缺乏成为经常现象。主要原因是，第一部类、生产资料生产（包括军工产品在内）在工业生产中比重过大。战后时期，1955 年已占 70%，在勃列日涅夫执政整个时期，都在 74%～

75％上下。这种情况，已是战时经济水准。而且据苏联学者讲，这只是官方的统计，实际情况是，生产资料作价较低，消费资料作价较高，如按实际价格测算，则生产资料生产实际高达85％。苏联学者说，没有一个西方国家的工业生产中生产资料有这样高的水平。如美国60年代初到70年代末，生产资料生产在工业中比重大致为63％～65％，联邦德国为69％～70％，日本为67％～72％。由于生产资料在工业生产中比重达85％，消费品生产在工业生产中只占15％，如按工业部门的生产来说，苏联轻工业和食品工业部门的产量还不到全部工业产品的10％，而在美国为25％～30％，且不说质量了。

消费与积累的比例也不正常。通常统计说是积累占25％，消费基金占75％，但苏学者认为不确切。据一些学者计算，苏联国民收入有一半左右用于积累。在主要资本主义国家则为15％～25％。

这是苏联消费品长期缺乏的根本原因。

3. 出现了为生产而生产的"自我消耗性经济"。备战型经济是以生产资料为主要部分的经济，这种经济不但使消费品长期缺乏，而且在粗放经营方式得不到改变的情况下，趋向于耗尽各种资源，使各种资源都处于经常缺乏之中。这种以重工业为主的经济愈发展，就愈是只为经济自我服务，为生产而生产，而不为人民生活服务。苏联学者称之为"自我消耗性经济"。赫鲁晓夫执政后期已出现了这种现象，苏刊称之为"重工业在很大程度处于自我服务状态"。因生产效率低，就要消耗更多生产资料（煤、铁、电力、石油等），而为保证增产速度，就不得不给生产资料部门（重工业部门）多投资，结果生产资料部门发展了，但排挤了消费品生产。勃列日涅夫时期，继续奉行粗放经营方针，虽口头说集约化，提高效益，但没有多少实际措施。勃列日涅夫后期，每年开采 6 亿多吨石油，而燃料还是不够。越开采越不够。因为不抓科技进步，不抓节约资源，出现了对不能再生资源的滥采和浪费。

苏联学者说，如不坚决制止这种自我消耗过程，"自我消耗性经济"必定使一个国家逐步衰败、灭亡。

4. 由于消费基金过低，长期采用低工资政策。这就使苏联的职工工资水平，长期处于在与苏联国力很不相称，与西方相比相差很大的低水平上。苏联专家有各种计算，有的说，苏联个人消费只有美国职工平均个人消费的 1/3。也有人说，加拿大的失业救济金很高，在卡尔加里市，工人的失业救济金比在那里工作的苏联专家的工资还高 1.5 倍。有的人用各种消费品来折算美元与卢布的比价，得出美国工人月平均工资为 8000～9000 卢布，远比苏工人工资为高（1989 年苏联工人月平均工资为 260 卢布）。这种折算，可能因卢布贬值过分夸大了差距，并不合理。但不管怎样计算，相形之下，苏联职工生活水平是很低的。一个苏联学者在把苏联经济实力与人民生活水平作比较之后写道，按已生产的国民产品总量计算，苏联占世界第 3 或第 4 位，按人均消费水平算，则占世界第 40 或 50 位。

（在广州农业部会议上的学术报告，1991 年 11 月 25 日）

新思维和戈尔巴乔夫改革道路的破产

戈尔巴乔夫执政 6 年的结局是：苏共丧失政权、苏联瓦解、苏共解体，戈本人也被迫下台。在短短 6 年中发生这样急剧的变化，一方面，这同苏联历史上长期执行"左"的理论和政策，各种矛盾积累下来不得解决有重要关系，而更为直接的原因，则是戈尔巴乔夫执政以来，在政治、经济改革中从理论到政策所犯的一系列重大错误。而其中起关键作用的，是新思维理论上的错误。

一、新思维理论的演变和戈尔巴乔夫 改革指导思想带有方向性的变化

戈尔巴乔夫的改革理论，或改革指导思想，就是以全人类价值高于一切的观点为核心的新思维的理论。虽然戈尔巴乔夫在 1986 年间，曾在不同场合提出过"新政治思维"的概念，[①] 但作为较为完整的理论，是在 1987 年 11 月出版的戈所著的《改革与

---

① 例如 1986 年 1 月 15 日《声明》呼吁停止"核竞赛"，提出"要采取新的大胆的态度，进行新政治思维"，同年 11 月戈访印期间与印度总理的《联合宣言》提出："在核时代，人类应当确立新政治思维。"

新思维》一书中提出的。戈在这本书中写道："新思维的核心是全人类价值高于一切"，"全人类利益高于阶级利益"。认为"在历史上第一次迫切需要把社会的道德伦理标准作为国际政治的基础，使国际关系人性化、人道主义化"。这个时期，新思维的论点不仅仅是同国际政治与对外政策相联系的。到了1988年，在第十九次党代表会议报告中，戈已把全人类利益高于阶级利益的原则，作为一种价值观，开始运用于国内改革。在这次党代会上，戈把政治改革放到首位，大谈公开性和民主化，提出改革的最终目标是实现人道的民主的社会主义，这实际上就是新思维的全人类利益高于阶级利益这一原则的运用。到1989年11月发表《社会主义思想与革命性改革》文章，戈进一步宣称"社会主义是一般民主和全人类的理想和价值观的体现者和捍卫者"，认为"现阶段确立的全人类价值观具有首要意义"。他称赞资本主义国家的"民主和自由是人类文明伟大的价值观"，社会主义革新实质上是在实行资本主义国家的"文明化的进程"。在1990年初《未来世界与社会主义》文章中，戈尔巴乔夫自己总结了这个演变过程，他写道："新思维最初仅仅是同我们的对外政策相联系的，然而，它现在已经成为我们这里实行改造的普遍哲学。"

从上述戈尔巴乔夫对新思维理论的前后阐述，人们不难从中看出新思维理论从仅同对外政策联系演变为苏联整个改革的指导理论的轨迹。同时，这个演变过程也展示了戈的改革理论逐步发生的方向性的变化。如果说，在前一时期，比如在苏共二十七大上的报告，谈国际形势还要突出两种社会制度和两种意识形态之间的矛盾，谈改革还只是改进和完善过去的政治与经济制度，那么，在新思维理论演变为苏联整个改革的指导理论之后，在改革问题上，不再完善原有的社会制度，而是强调"从经济基础到上层建筑"都要进行"根本改造"，用"人道的民主的社会主义"代替所谓"扭曲变形的社会主义";强调要经过民主的方法来实现社会主义目标;在国际上,则强调"要排除两大体系的对抗性","从对抗转向合作"。

同改革的指导思想上这种方向性变化相联系,苏联政治、经济局势出现了一系列消极变化。如果说,在 1986 年到 1987 年,苏联的经济状况比以前还有所改进,社会状况也比较稳定的话,而在理论指导思想出现方向性转折之后,苏联局势陷入日益严重的冲突和动荡之中。在公开化、多元化口号下,非官方组织大量涌现,民族矛盾和冲突空前激烈,经济状况日益恶化,苏共党内和社会上自由化思想泛滥,反共反社会主义势力活动猖狂,苏共日益陷入困境;在对外政策上,也相应出现了从战略收缩、不断向西方乞求援助到最后发展到倒向西方的变化。最后,苏联在政治、经济、社会、民族关系等方面危机,终于导致苏联发生苏共解体、苏联瓦解的剧变。

二、戈尔巴乔夫改革理论的
主要错误及其后果

新思维理论和人道的民主的社会主义理论的根本错误,是把全人类利益同工人阶级利益相对立,片面强调全人类利益,否认苏联国内外实际存在的阶级斗争。具体表现在以下几个方面:

(一)新思维和苏联对外政策的消极变化。

戈尔巴乔夫说:"新思维的核心是承认全人类价值高于一切,更确切地说,承认人类的生存高于一切。"其根据是:出现了大规模毁灭性武器,全人类的利益是挽救人类免于毁灭。戈又说:要"排除现代两大社会体系的对抗性",由于"人类面临的全球问题和危险性",要求"从对抗转入合作"。新思维理论的宣传者、阐发者扎格拉金（苏共中央国际部第一副部长）甚至说：戈尔巴乔夫提出的新思维"已开始变成全世界的新思维了"。"因此，对外方针从过去以阶级利益为主，转为现在以全世界人类利益为主"，而且设想，"各国的安全保障越来越取决于政治，取决于在履行国际事务中的、全人类道德的主要作用，而不是各方之间军事潜力对比。"① 戈尔巴乔夫也说过类似的话："20～21 世纪之交的世界将有下列趋势：逐步以军事化和使国际关系人道化，理智、知识和道德准则（而不是自私的欲望和成见）最终将推动各国解决世界上众多矛盾和取得利益均衡。从而承认各个国家都有自由选择的权利。"②

苏联领导根据新思维理论采取了一系列外交行动，在争取为苏联改革创造一个缓和的国际环境方面，在改革初期得到了一些成就。比如，苏美间军备竞赛势头得到控制，采取了某些实际裁军步骤；苏美关系得到较大改善；与西欧关系得到缓和，西欧国家已开始为苏联提供一些贷款；同中国实现了关系正常化；同日本关系得到改进；苏联军队完全撤离阿富汗，等等。但是，由于理论上把所谓全人类利益放在首位，不愿意承认在国际上实际还存在的阶级斗争，在同西方关系中只强调相同利益一面，只从主观愿望出发，急于短期见效，因而戈尔巴乔夫在西方对手面前，常常表现出无原则的退让、迁就和迎合，从而出现了不少消极东西。如，苏联领导人由于过分热心追求苏美合作和同西欧的合作，导致处理国内政治、经济和民族关系问题，都要考虑西方的反应，对美国及其他西方国家对苏联的内政干涉和施加压力，都缺乏有力表示；再如，由于担心西方反对和民族利己主义的思想，对东欧局势的变化和执政党的困难处境，采取了不负责任的旁观态度，

① 参见 ［苏］《国际生活》杂志 1988 年第 8 期。
② 在苏共第十九次党代表会议报告。

放弃了对社会主义的支持，以致东欧国家的社会主义制度很快被颠覆，东西德以苏联自己不愿看到的方式实现了统一；再如，从主观愿望出发，过早宣布放弃集团政策，导致华约崩溃和经互会的瓦解，而北约并没有什么相应变化；随着国内危机的深化，苏领导人把西方援助看做是渡过难关的依靠，不断乞求援助，而且力图以"变"求援，最后，一步步倒向西方。其结果是，苏联的大国地位和作用大大削弱，在一些国际重大事件活动中，苏联实际已降到美国的小伙伴地位。

从苏联对外关系的这些消极后果来看，所谓"新思维已开始成为全世界的思维"，"各国安全保障取决于全人类道德的主要作用"云云，都只是苏联单方面的一厢情愿。因为没有从国际关系中客观的阶级利益分析出发，就只能变成毫无根据的空想。在改革初期，在缓和国际局势方面超过某些积极作用的"新思维"，随着苏联改革的失败，政局的严重动荡，随着苏联日益降低为美国的小伙伴，这个理论的谬误实质，实际上屈服于西方利益的实质，暴露得越来越清楚了。

（二）新思维和西方民主。

戈尔巴乔夫从新思维的全人类价值观高于阶级观的立场出发，主张一般民主，主张超阶级民主，主张接受西方的全套民主原则。他把西方民主制度笼统地称之为"全人类的文明成就"，而社会主义改革就要接受和体现这种西方民主原则。他说："我们是人类文明的一部分，对维护文明负有责任。在对资本主义的直接对立中，我们对人类多少世纪以来的许多成就显然考虑不够。属于这些文明成就的不仅有简单的道德和正义标准，而且有形式权利的原则，即大家在法律面前平等，个人的权利和自由。"戈尔巴乔夫认为，苏联的改革就是实施西方的民主原则。他说："社会主义革新的许多进程，从实质上讲，是以某种形式在另一种社会土壤上发生的已普遍文明化的进程。"这就是说，西方国家的民主、自由、平等、个人权利等，都是在西方国家已经发生了的"普遍文明化进程"，而苏联的社会主义革新只不过是在干西方国家已经实现了的事情。他又说："社会主义是一般民主和全人类理想和价值观的体现者和捍卫者。因此，现阶段确立的全人类价值观具有重要意义。"这里表述得相当明显，戈尔巴乔夫所一再强调的"全人类价值观"其实就是西方的价值观，一般民主的价值观。

戈尔巴乔夫的另一位支持者，就全人类价值观同民主改革的关系，也解释说："宣布全人类价值观高于阶级观，……这恰恰就是真正的改革，即根本性的民主改革的开端，"其内容就是"人的权利和自由，多元化，对不同政见的容忍"。支持者说："真正的社会主义就是民主。这种民主的首要点是全人类的价值观。"这位作者强调说："这就是戈尔巴乔夫的战略方针，这是他的新思维的精华。"[①]

看来，正是由于这种把西方民主看成一般民主、超阶级的民主、等同于全人类价值观，所以，戈尔巴乔夫开始是提出超阶级的民主化、公开性、人道主义、多元化等口号，随后又把多党制、议会民主制、三权分立制等等一套搬到苏联来，而不顾这些制度的阶级实质，也不顾对苏联社会实际情况是否合适。当这种反共反社会主义势力利用民主化口号，攻击苏共，诬蔑社会主义时，苏联领导从来没有采取什么有力手段来限制和禁止，其根源也在这里。

也正是从这同一立场出发，戈尔巴乔夫在 1989 年 11 月 15 日回答大学生代表问题时，就表示：他不能接受"我们需要专政"的观点。他说："不诉诸武力、国内战争和流血，而是在民主改革

---

① ［苏］《莫斯科新闻》1989 年 11 月第 48 期。

政治进程和平心静气地进行讨论的基础上，讨论我们社会的一切主要问题。你们看，不是这里爆发了冲突，而且有人员伤亡。如果我们排除所有这种办法，而只使用政治办法，民主的办法，那么这本身就将是一大胜利。我坚决反对用暴力的方法解决我们业已成熟的问题。我不能接受下述建议和意见：即我们需要专政，只有某种专政才能拯救我们。不对，我们已经开始的这一进程才能拯救我们。"① 戈尔巴乔夫在白俄罗斯 1991 年 2 月一次讲话中，又主张："用新的原则来改造社会"，"提出革命的前景，但其基础不是让一部分人对抗另一部分人，不是对抗，更不是把对立的一方当做敌人，而是团结社会的绝大多数。""为了不使对抗进一步加剧，首先使每一个人都应该放弃按'谁战胜谁'的原则行事。"戈后来在苏共 4 月中央全会上，反对有些人主张对反对社会主义势力采取强硬措施时，又强调："要以民主方式走向我们社会的人道化"，"应该把社会利益无条件地置于狭窄的党派利益之上"，"不是以对抗为基础……而是以和解为基础达到这一目的。"而且强调："只有我们这样行动时，我们才有道义上的权利去要求所有别的人这样做。"这几段话清楚地暴露出戈尔巴乔夫所主张的所谓人道的民主的社会主义道路，实际是向反社会主义势力进攻屈服的实质。

戈尔巴乔夫根据这个立场，放弃所谓苏共的"垄断地位"，修改宪法，取消法定的苏共领导地位；发表党的纲领性声明，宣布反对任何独裁专政，坚决反对对舆论工具进行垄断等。戈尔巴乔夫期望反共反社会主义势力也会采取相应的"民主方式"来回报苏共的行动，然而实际的发展与他所期望的完全相反。他所宣扬的超阶级的民主化、公开化、多元化，以及取消苏共法定领导地

---

　　① 戈尔巴乔夫 1989 年 11 月 15 日在全苏大学生会上就一些国际国内问题答大学生代表问。

位等，正好为反动势力所利用，结果，导致政局进一步紧张、动荡，民族冲突加剧，政治经济危机加深，在一系列共和国和城市，反社会主义势力趁机夺权。戈尔巴乔夫鼓吹的高于一切的全人类价值观和人道的民主的社会主义，都一齐遭到了破产。

（三）新思维和对斯大林及传统的社会主义制度的全面否定。

新思维和人道的民主的社会主义目标模式，是建立在全面否定斯大林，全面否定传统的社会主义体制的基础之上的。

为了进行改革，对斯大林及其领导时期的政治和经济体制，内外政策，进行批评、反思，当然有其必要性。斯大林领导时期有些错误很严重，应当认真加以总结以利于今后的改革。但是，由于戈尔巴乔夫的指导思想不对头，他先是提出"历史上不留空白点"的错误主张，后来又强调"现在我们遇到很多困难，其根源可以追溯到斯大林体制"，从而把对斯大林的批评引导到对斯大林的全面否定，而且进而全面否定社会主义制度，否定十月革命以来的全部苏联历史。

随着对斯大林和传统体制批判的开展，随着苏联局势的变化，戈尔巴乔夫全面否定传统体制的思想越来越明确。在1989年11月他写的那篇文章中，明确提出：在改革初期只是"纠正社会机体的部分扭曲的现象"，"只是完善过去几十年间形成的已经完全定型的制度"，而现在，"必须根本改造我们的整个社会大厦：从经济基础到上层建筑。"在同一篇文章中，戈称传统体制为"专制的官僚主义行政命令制度"，或"专制的官僚主义制度"，或"官僚主义制度"。对待这种体制的办法，则是"打碎"、"摧毁"、"炸毁"。按戈尔巴乔夫于1990年1月一次讲话中的说法是：要"打碎这一体制"，"这一切应当予以炸毁"，还提出要像"当初摆在资产阶级和无产阶级面前的问题'谁战胜谁'一样的精神来摧毁这个体制"。还说："应当粉碎斯大林主义的意识形态与其有关的一切东西，其中包括行政命令主义制度。"

戈尔巴乔夫对敌对势力搞阶级利益调和论，而对传统体制，则绝不调和，把传统体制看成是敌对力量，是敌人，采取一切打倒、全面否定的方针。这是完全错误的。这种错误方针把苏联改革引上了邪路。

斯大林时期的苏联社会主义模式，是在 20 年代末 30 年代初形成的。中央高度集权、依靠指令性计划、行政命令来运转的那套制度，并不是某个人的偏好，而是当时历史条件的产物。这个体制的长处和短处，斯大林领导时期所取得的成绩和犯下的错误，都有其时代特点，是时代的产物，而且在当时具体历史条件下，还要承认这个体制有巨大的贡献。总的看来，在十月革命之后，苏联作为第一个社会主义国家，在一个相当长的历史时期内，起着推动世界历史前进的作用，这个历史功绩是绝不能抹煞的。即使是错误的东西，在今天，总结社会主义运动的历史教训，也是人类的一笔重要的财富。而且这些弊端是可以通过改革来消除的。社会主义社会是可以通过改革，在已有基础上一步步完善起来的。把传统的体制全部"炸毁"、"粉碎"，不分青红皂白，不管正确或错误，这只能使人们丧失方向，丧失信心，这种做法，根本不能称做什么社会主义改革，而是对社会主义改革原则的糟蹋与歪曲。

苏联多年来形成了以共产党为核心的从中央到各加盟共和国，通过政府机关、苏维埃、各人民团体来运转的政治和经济体制。这个体制有很多弊端，特别在 70 年代中后期，明显阻碍了生产力的发展。因此，需要改革。但是，这种改革必须有步骤地进行，要经历较长时期的过程，不能一蹴而就；而且必须围绕促进生产力发展，即改革的主要目标来进行。然而，戈尔巴乔夫没有这样做。他所坚持的对传统体制的"全面否定"论加以推行之后，造成局势极大混乱，根本谈不上什么促进生产力发展。比如，由于经济体制改革推不动，戈尔巴乔夫在 1988 年中，把改革重点转向政治体制改革，在第十九次党代表会议上，在没有进行任何典型试验的情况下，简单宣布党政职能分开，党再不能向政府机关、经济机关、群众团体下达有关工作的指示，全部权力归苏维埃，而所谓党实行政治领导，又没任何具体内容，实际上取消了党的领导。这就使运行多年的苏联以党为核心的政府和经济机构的机制突然失灵，出现了权力真空，这些机构的工作不能不陷于大混乱。可以说，对传统体制的"全面否定"论是苏联局势陷入混乱的一个重要原因。

（四）新思维和苏联共产党的"根本革新"。

同戈尔巴乔夫改革理论的根本变化相适应，对传统体制由进行"完善"转变为"根本改造"，对这个体制的核心力量苏联共产党的方针，也由开始时期"改善"党的领导，转变为对共产党进行"根本革新"。

戈尔巴乔夫认为："几十年来，苏共只是为官僚专制体制服务，这导致了党内关系的严重扭曲。"苏共二十八大通过的《纲领性声明》也指出："多年来作为行政命令体制的核心的党本身已经发生严重变形。"这就成为党要进行根本革新的依据。有人写文章解释戈尔巴乔夫改革政策的实质，说："这项政策的实质是在党的第十九次代表会议上揭示出来的，……这是政治体制改革，而最近已经明确，这也就是党的改革。"① 因此，戈尔巴乔夫的整个改革，归根到底，首先和主要的目标是"改革"共产党。

全人类价值观高于阶级观，戈尔巴乔夫批评"自上而下的革命"提法是"旧思维"，是斯大林主义反民主意识形态的反映。按照戈的"新思维"，改革则是"人民用民主方法实现的""革命过

① ［苏］《莫斯科新闻》1986 年 11 月第 48 期。

程"，而党表现出来积极性和历史性创议是它的先锋队作用的自然反映①。而并不是领导者。因此，按照戈尔巴乔夫的新思维，自然要排除党的领导作用。这与我国"文化大革命"中所谓"革命群众运动天然合理"论是十分类似的。为了实现所谓人道的民主的社会主义目标，为了使政党组织能适应戈尔巴乔夫实现其人道的民主的社会主义目标的要求，就必须改变党的原来性质、地位和作用。

直到 1990 年 7 月全会，基本完成了这个改组过程，其主要点是：

——实行多党制，修改宪法，取消党的领导地位，共产党不再成为苏联社会的领导力量；

——党的指导思想多元化，不再单独提马列主义为党的思想基础；

——党的奋斗目标是建立人道的民主的社会主义，不再明确提为共产主义而奋斗；

——党的组织原则——民主集中制被取消，共产党变成松散的、派别林立的政治组织。

经过这样一番改组，苏联共产党已经改组成为实际上同西方国家社会民主党相类似的社会党。这就实质上完成了戈尔巴乔夫所说的"摧毁"传统体制的工作。苏联共产党组织上高度集中而又缺乏有效制约机制，加上理论思想的混乱，使得戈尔巴乔夫得以一步步把苏共党演变为近似社会民主党类型的组织。

戈尔巴乔夫改组共产党，本来是为了适应自己策划的改革的需要，并加强自己的地位。但事与愿违，在共产党已丧失领导地位，已无权领导政府、经济机构及群众团体，并已成为一个松散

---

① 戈尔巴乔夫：《社会主义思想与革命性改革》，载［苏］《真理报》1989 年 11月 26 日。

组织之后，当马列主义、社会主义的信念从根本上受到动摇之后，维系各共和国与中央之间，各地区与中央之间的组织与思想纽带一下子断掉了，各共和国民族主义倾向迅速发展，各共和国分立的趋势，苏维埃联邦的瓦解趋势，就难以阻挡。戈尔巴乔夫作为总统的根基，也自然被抽掉，戈这位总统最后也只好被迫下台。可以说，戈是自己挖自己的墙脚，使自己垮台的。

三、为什么苏联会出现戈尔巴乔夫
这一套错误的改革理论?

在苏联出现以戈尔巴乔夫为代表的全部接受西方价值观、否定社会主义、马列主义的这一套错误理论，不是偶然的。在戈尔巴乔夫执政时，苏联面临严重困难，必须进行改革。而改革是否能沿着社会主义方向前进，取决于能否以实事求是态度正确认识和处理苏联改革中面临的几个重大问题。这些问题是：如何正确认识和对待苏联传统的社会主义模式；如何正确认识和对待现代资本主义；如何正确认识和处理以苏美核对峙为中心的国际关系；最后是，如何正确清理苏共历史上斯大林之后改革中的错误思想。戈尔巴乔夫执政后，从他的一些报告看，在执政初期，他看到了一些问题，也提出了某些比较正确的看法，但是，由于他没有自觉地清理斯大林以来根深蒂固的形而上学思想方法的影响，尽管讲了不少辩证法的词句，却没有做到真正实事求是地认识和处理有关现代资本主义、有关传统社会主义、有关美苏核竞赛以及有关斯大林之后改革中错误思想这几个重大问题。对这些问题的认识不正确，有偏差，就不能不导致改革理论上以及政策上的错误。

（一）这种错误理论首先是对苏联传统社会主义模式没有进行全面系统总结，而只是简单地、绝对化地加以全面否定的产物。

戈尔巴乔夫率先提出要批判斯大林问题，但没有加以引导，反而提出历史不留空白点的错误口号，以致后来批判斯大林，批判传统社会主义体制的片面性大发展，从全面否定斯大林，发展到否定十月革命，否定十月革命以来的全部社会主义历史，戈尔巴乔夫用形而上学的观点看待传统的社会主义体制，只看缺点、弊端，不及其余，把弊端夸大化；他脱离历史条件，抽象地观察无产阶级专政历史上所犯的错误，攻击斯大林时期的制度不符合人性和道德标准，从而得出对旧体制必须"根本改造"，加以"炸毁"、"粉碎"的结论。这种对斯大林和传统的社会主义体制的全面否定，只能导致对共产党领导的怀疑和不满，对社会主义、马列主义丧失信心。正是在这样的基础上，西方的价值观、西方的民主原则，得以逐渐占居上风。

（二）这种错误理论，又是以片面观点观察现代资本主义的产物。戈尔巴乔夫和他周围一批人，大都经历了战后发达资本主义国家较快发展的时期。在社会主义国家出现困难之际，资本主义却利用科技革命成果和某些调节手段得到继续发展。这种情况不能不影响这批人的思维。加上苏联的"左"的教条主义论点，例如有关资本主义总危机和不断深化的理论，并不能解释资本主义的新变化，当教条主义盛行之际，也没有人真正用马克思主义观点来对资本主义的新变化作出科学的令人信服的解释。在这种情况下，戈尔巴乔夫把现代资本主义目前还有某些生命力的表现加以夸大，从以往教条式地否定西方的一切，转为崇拜、赞扬西方的一切。资本主义制度某些管理经验，是社会化大生产共同规律的东西，那是人类文明成果，社会主义国家可以而且应该利用，但戈尔巴乔夫却把可以利用的范围无限地扩大化，似乎资本主义的经济、政治制度已经发展到同社会主义制度相近以至相同，认为社会主义改革就可以照搬西方的东西，包括西方的民主制度和西方的价值观。

（三）这个错误理论，又是以片面观点观察当代国际关系的产物。苏联长期与西方国家对立，大搞扩军备战，并借机实行对外扩张政策，由于国力所限，无法承受，已难于为继。但是，为谋求缓和国际形势，却全面否定了过去的对外政策，以核战争危险为理由，否定国际间尚存在斗争的一面，片面强调国际统一合作的一面，从过去同西方绝对对立，一下子转为鼓吹全人类为了共同利益可以合作。在核武器出现以后，特别当两个超级大国都掌握大量核武器之后，国际局势出现某些新特点，核战争由于其巨大毁灭性，一时难于发动起来；但同时由于核军备竞赛，实际又使得战争危险加大了。在当今世界上，核军备、核威胁仍然是核国家为达到某种政治目的所运用的军事手段。核武器的出现，使国际上的民族的、阶级的斗争更加复杂化。并没有减弱这些斗争，更谈不上消除这些斗争。所谓在核武器威胁面前，人类为了生存，就有了共同利益，这种共同利益是虚幻的。人类生存的威胁来自超级大国的核威胁政策。人类共同安全利益，只有在同超级核大国的核威胁政策作斗争，直到最后迫使他们消灭核武器，才能有保证。不问对人类生存威胁来自何方，只片面强调在核武器面前人类生存的共同利益，实际上就是宣扬不要斗争就能实现共同安全，就是把希望寄托在超级核大国发善心之上，最后只能导致对核威胁政策的屈服。

（四）这套理论又是苏共历史上在改革中某些错误思想在新的历史条件下的继承和发展。戈尔巴乔夫这一代苏共领导人可称之为"苏共二十大的产儿"。苏共二十大对斯大林的片面批判在戈尔巴乔夫思想上产生了重要影响。对赫鲁晓夫时期的改革，戈尔巴乔夫一班人，更多地是肯定和赞扬，而没有作过分析和批判。赫鲁晓夫在 50 年代末 60 年代初，曾提出过"全民国家"、"全民党"，在苏联无产阶级专政已不必要，苏联已不存在资本主义包围、不存在资本主义复辟危险，社会主义在苏联已取得最终胜利等论点。到了戈尔巴乔夫时期，出现了新的条件：同60年代相比，苏美双方的核武器都有了更大发展，发达国家资本主义经济已经历了一个相当高速发展的时期，而苏联则由于没有进行改革，没有很好采用科技革命成果，经济陷于停滞状态。在这样鲜明对比之下，戈尔巴乔夫接过了赫鲁晓夫的全民国家、全民党、资本主义包围已不存在、复辟危险已消除等实际上否认在国内外存在阶级斗争的思想，更加以发展和系统化，提出"全人类利益高于一切"、"全人类利益高于阶级利益"，现代两个社会体系从对抗转向合作等思想，从而实际上否认了国际和国内仍然存在的阶级斗争。

（五）这套错误理论的产生与形成，又有历史上的原因。戈尔巴乔夫这套错误理论是一种右的思潮，它是苏联长期以来奉行的"左"的教条主义的理论和政策的一个反动，同时又是在战后时期苏联传统社会主义模式陷入困境，人民群众不满增长的社会基础上滋生发展起来的。苏联领导长期以来推行"左"的理论和政策，长期扩军备战，忽视农业和轻工业，忽视人民生活；对农民总是不放心，长期整所谓资本主义倾向；在工业部门长期搞平均主义，吃"大锅饭"，挫伤了广大工人和技术人员的积极性；党内搞过"左"的斗争，乱杀滥捕；借口民族接近和融合，在民族关系上推行大俄罗斯化；长期对外不开放，搞封闭型经济等等，这种"左"的理论和政策，最后使苏联经济陷入困境，人民生活提高很慢，加上缺乏民主，严重破坏法制，推行大俄罗斯化，使社会关系、民族关系都十分紧张。党则由于官僚化、存在大量腐败现象，严重脱离群众，这些都使得人民群众中不满情绪日益增长。而"左"的理论教条所反复宣扬的什么"建成社会主义向共产主义过渡"，

"全面建设共产主义"、"建成发达社会主义"等等，又都是些大话、空话，脱离现实，长期不能兑现。教条主义失灵，人们就误认为是马列主义失灵；传统社会主义模式陷入严重困难，人们就误认为是社会主义制度的失败。这就使人民对于党的领导、马列主义、社会主义的信念日益动摇，理想逐渐破灭。这就形成为崇尚西方价值观和民主原则的右的思潮得以在苏联滋生、发展的良好社会基础。也正是在这样基础上，在苏联面临更多困难之际，一部分苏联领导人也逐步转向西方思潮来寻求出路。戈尔巴乔夫则成为这个右的思潮的代表人物。因此，在改革过程中，苏共很多党员和人民群众可以接受戈尔巴乔夫提出的人道的民主的社会主义，全人类利益高于一切的那套理论，是有其历史原因和社会基础的。

以上列举的几个方面的原因，实际上也可说是戈尔巴乔夫的错误理论得以产生的思想、历史以及社会根源。

例如 1986 年 1 月 15 日《声明》呼吁停止"核竞赛"，提出"要采取新的大胆的态度，进行新政治思维"，同年 11 月戈访印期间与印度总理的《联合宣言》提出："在核时代，人类应当确立新政治思维。"

（载《苏联社会科学研究》1992 年第 1 期）

苏联军事化经济的形成、发展及其主要历史教训

——苏联剧变的经济根源探讨

　　苏联在卫国战争前，在备战需要推动下，经过几个五年计划，形成了一种实质上是军事化的经济，它曾为反法西斯战争的胜利做出过贡献。但这种经济的结构、体制与运转方法，是备战的产物，有很大的历史局限性，并非社会主义体制所固有。然而，在战后时期，由于国际环境的尖锐化，也由于苏联领导人思想的片面性，苏联在30年代由于备战需要而形成的经济结构、体制和方法，不但被肯定下来，而且上升为理论，被看成是社会主义经济固有的规律，从而使军事化经济在战后不但以社会主义名义长期保持下来，而且有了更为片面的发展。戈尔巴乔夫在1991年2月一次讲话中承认：苏联经济"是世界上最军事化的经济"。军事化经济的长期片面发展，日益违背社会主义生产目的与要求，束缚了社会生产力，成为苏联经济各种矛盾日益尖锐化的重要根源，成为苏联经济增长速度逐步放慢直到转为停滞和衰落的主要原因。

一、苏联军事化经济的形成及其历史作用

　　苏联军事化经济的出现，是当时一系列国际国内条件影响的

结果。从备战经济开始到基本形成一种军事化的经济，有一个发展过程。

（一）第一个五年计划是苏联经济军事化过程的开始。

苏联社会主义建设是在比较落后的沙皇俄国的经济条件下进行的，又是在资本主义包围中，存在战争威胁的条件下进行的。因此，在第一个五年计划的讨论、制订和执行过程中，联共（布）党领导人都以很大紧迫感的口吻，强调要高速度发展工业特别是重工业，以保障国家独立和加强国防。在1982年11月联共（布）中央全会上，斯大林强调："迅速发展整个工业特别是生产资料的生产，是国家工业化的基础和关键"，"不为国防建立足够的工业基础，就不可能保卫住我们国家的独立。"为了尽快克服落后状态，斯大林把速度问题放在首位，他在1931年初强调："必须竭力和尽可能加快速度"，"我们比先进国家落后了50～100年，我们应当在10年内跑完这一段距离。或者我们做到这一点，或者我们被人打倒。"

在工业发展速度、如何集中资源实现工业高速度发展等问题上，联共（布）党领导层发生过激烈争论。斯大林取得胜利之后，为了集中资源、实现工业首先是重工业的高速发展，相继采取了相互联系的几个重大步骤。

第一，1929年4月通过了加速发展重工业的第一个五年计划。计划规定了工业发展的高速度（年平均增长19.2%）；而生产资料工业则增长2.3倍，即年平均增长27%。后来由于国际形势紧张，又在计划中补充了扩大国防工业的计划。

第二，为集中资源，保证工业特别是重工业、国防工业的高速发展，实行了高度集中的按指令性计划进行管理的经济体制。1929年4月颁布的第一个五年计划是一个具有指令性的计划，表明苏联的指令性计划体制已开始建立起来。随后，对工业管理进行改组，又在信贷、税制和工资方面进行了改革。到 30 年代初，一个以部门管理和行政手段为主，高度集中的计划经济体制在苏联已经形成。

第三，从 20 年代末到 30 年代初，以行政手段加速了农业的集体化。到 30 年代初，在基本实现农业集体化的基础上，实行全国农业的集中领导。通过低价收购农畜产品，高价出售工业品和消费品的办法，以取得发展工业特别是重工业所需的资金。

实行这些措施的结果，工业，特别是重工业得到高速增长。在工业年平均增长 19% 的情况下，生产资料工业平均增长 28.5%。生产资料在工业生产中所占比重，1928 年只占 39.5%，到 1932 年剧增为占 53.4%。包括军用品生产在内的机器制造业的增长特别迅速，年平均增长竟达 41.3%，到"一五"计划末年，已占工业总产值的 25%。

斯大林在总结第一个五年计划在国防建设方面的成就时说，"这一切就使苏联由国防准备不足的弱国变成了国防力量雄厚的强国，变成了能够随时应付一切意外事件的国家，变成了能够大量制造一切现代化国防武器并将这些武器供给自己的军队去抵御外侮的国家。"

这些都表明，经过第一个五年计划，苏联经济军事化的过程已经开始。

（二）苏联军事化经济的基本形成。

从 30 年代到 40 年代初，随着国际形势的日趋紧张，苏联在第二、第三个五年计划期间，更加紧发展重工业和国防工业，军费开支迅速增加，经济军事化的程度更为发展了。

在制定第二个五年计划（1933～1937 年）时，原来预定加快一点日用必需品的增长速度，使之超过生产资料年平均增长速度。但由于国际环境日趋紧张，原定计划被修改，结果仍然是生产资料增长速度大大超过消费资料增长速度。莫洛托夫在联共（布）第十八次代表大会（1939 年 3 月）上报告说："在第二个五年计划中，重工业比日用消费品制造业增长快得多。……由于国防环境的关系，我们曾必须提高国防工业原定的发展速度。因此，原定生产资料工业年平均增长速度为 14.5％，现增加为 19.1％；原定轻工业平均增长速度为 18.5％，现在只有 14.8％。"

第三个五年计划（1938～1941 年前半年，只有三年半）是在卫国战争爆发前制订的，当时战争危险已迫近，其特点是大大加快了重工业和国防工业的生产。

在第二、第三个五年计划中，同第一个五年计划一样，工业总投资中，85％以上投入重工业部门。这就保证了生产资料、重工业始终以超越速度增长。见下表：

年份	工业总产值年平均增长％	生产资料年平均增长％	消费资料年平均增长％
1929～1932	19.2	28.6	11.8
1933～1937	17.1	19.1	14.8
1938～1940	13.2	15.3	10.0

《苏联国民经济统计资料汇编》中文版第 44～45 页。

这一期间，为了备战，国防开支大大增加了。如果说在"一五"期间，国防开支只占国家预算 7％～8％的话，那么，"二五"期间，国防费用就增加到占国家预算 12.6％，1937 年达 16％以上；"三五"期间，继续增加，占国家预算平均达 26％以上，1940 年已占国家预算 1/3。

这一期间，国防工业增长速度大大高于整个工业发展速度。在第二个五年计划期间，工业总产值增长为 120％，年增 17.1％，而国防工业则增长为 286％，年增为 23.4％。在苏联卫国战争爆发前三年，生产军用产品和对加强军事经济基础有重要意义部门发展更为迅速。1938～1940 年间，在工业增长 45％（年均增长 13.2％）情况下，机器制造业、金属加工业产值增长 76％（年均增长 20.8％），化学工业增长 61％（年均增 17.2％）[①]；而国防工业每年递增为 39％，仅 1941 年上半年，国防工业总产值就比 1937 年全年国防工业产值增加了 3 倍[②]。

由于重工业、生产资料生产的超速发展，国防工业发展速度更高，因此，在战前第二、第三个五年计划的工业总产值中，生产资料（第一部类）生产在工业总产值中所占比重不断增加。在第一次世界大战前的 1913 年，即帝俄时代，第一部类在工业生产中比重只有 33.3％；到 1928 年，五年计划前夜，增为 39.5％；到第一个五年计划末，生产资料生产在工业生产中的比重剧增至 53.4％，第二个五年计划末，又增为 57.8％，在备战更为紧张的 1937～1940 年，又增为 62％[③]。

值得注意的是，在工业特别是重工业加速发展的同时，农业生产的发展却非常缓慢。在全国实现农业集体化之后，由于向农民征购农产品过多，价格过低，农民收入过少，严重影响了农民生产积极性。结果是，农业生产大大落后于工业生产的发展。以 1940 年与战前 1913 年相比，工业产值增长 7.5 倍，生产资料增长 14.5 倍，而农业产值只增长了 20％。

综合上述，可见：经过三个五年计划，由于一直优先发展生

①　苏联科学院经济研究所编：《苏联社会主义经济史》第 5 卷第 112 页，三联书店 1984 年第 1 版。

②　同上书，第 116 页。

③　苏联部长会议中央统计局编：《苏联国民经济统计年鉴》（1959 年）第 145 页，世界知识出版社 1962 年第 1 版。

产资料，一直加速发展重工业和军事工业，到 30 年代末期，与苏联宣布建成社会主义的同时，在经济结构和体制都接近于战时经济的苏联军事化经济已基本形成。

（三）苏联军事化经济的几个特点。

这种军事化经济有以下特点：

1. 突出高速发展重工业、军事工业，从而造成国民经济部门间的不平衡发展；2. 追求数量增长的高速度，为完成指令性任务，特别是军事任务，不计消耗，不惜一切；3. 实行高度集中的指令性计划体制，由国家集中调配物资、人力，以满足首先发展重工业、军事工业的需要；4. 以行政手段实行农业集体化，并对农业企业实行国家领导，通过工农产品的不等价交换，把农业创造的大量收入，转为发展重工业、军事工业的资金；5. 实行低工资政策，同时，对基本必需消费品及生活服务项目实行计划价格，以保证人民的基本需要；6. 依靠立法手段和严格纪律，加上政治动员和劳动竞赛，以保证计划目标的实现。

苏联军事化经济的这些特点，在战后长时期中基本上延续下来。

（四）这种军事化经济的历史作用。

苏联这种军事化经济对苏联的发展起过积极的历史作用，但也有很大消极影响。

希特勒德国入侵苏联，反法西斯卫国战争爆发，苏联经济转入了战时轨道。这种优先发展重工业、军事工业的军事化经济，是比较容易转入战时轨道的。战争初期虽遇到不少困难，如一部分工业区被敌人占领，工业实行大规模向东部地区迁移，因而这时期工业生产力缩减很大，但终于渡过难关。到战争第二、第三年，这种高度集中的战争体制，发挥了它的最大效率，大量军火、军事装备迅速生产出来，最后打败了法西斯德国，取得了卫国战争的胜利。

　　苏联在战时，资源分配和使用更为集中，一切服从于战争需要。正是由于这样高度集中地使用资源、人力，使得苏联在战争期间，尽管遭到战争破坏，重要工业区被占领，还是大大增加了武器装备的生产。苏联在战争爆发前(1940年)年产1830万吨钢，1.66亿吨煤，3110万吨石油，1300万吨钢材。战争爆发后，由于敌人占领及向后方迁移的影响，生产大大缩减。在整个战争期间，大约每年平均生产石油不到2000万吨，煤1.137亿吨，钢1130万吨，生铁780万吨，钢材约600~700万吨。但是，就是靠这点物资（后来有些外援也不多），依靠高度集中的战时经济体制，在整个战争期间，苏联生产出飞机13万架，坦克10.5万辆，各种火炮48.8万门，迫击炮34.8万门，扭转了战争初期战场上主要武器的劣势，终于打赢了战争。卫国战争的历程不但表明这种军事化经济转入战时经济轨道的高度效率，同时也表明，在第一个社会主义国家——苏联建立的初期，在敌对的资本主义国家包围的条件下，为了保持社会主义国家的安全和独立，建立某种程度的军事化经济是必要的。苏联卫国战争的胜利，说明这种军事化经济完成了它所担负的确保第一个社会主义国家生存的历史使命。

　　但是，这种军事化经济的消极因素也很大。诸如：片面发展重工业和军工生产，使经济部门之间出现严重失调；在农业集体化中挫伤了农民生产积极性，农业生产严重落后于工业生产；过分限制消费，以致人民生活水平过低；过分集中的计划体制，难以发挥企业和职工的主动性、积极性；在对外经济关系上，逐渐倾向于自我封闭，强调保密，同外界处于某种隔绝状态，等等。这些都是不利于社会主义经济正常发展的。

　　如果苏联领导人能够全面地看待苏联战前军事化经济历史作用的二重性，能够清醒地看到这些消极面，并自觉地加以纠正，是有可能逐渐把苏联社会主义引上比较健康的发展道路的。可惜的是，在卫国战争胜利之后，随着苏联成为战争的胜利者，随着个人崇拜的流行，却把那些军事化经济的重大措施，都全面加以肯定，甚至当成是社会主义固有的东西加以宣扬，以致消极影响愈来愈大，导致经济上产生一系列严重后果，这是一个重要教训。

二、战后时期苏联军事化经济趋向固定化的表现及其原因

战后苏联以一个战胜国和可以同美国相抗衡的世界强国的面目出现在世界舞台上。此时苏联已由战时经济转入和平建设。但是，由于战后国际形势的变化，由于美国的战争叫嚣，由于苏联领导人理论和政策上的偏差和失误，苏联的军事化经济结构与体制不但继续保持下来，而且更加发展并趋于固定化。

（一）战后苏联军事化经济固定化趋向的表现。

比较能显示出苏联军事化经济固定化趋向的，首先是战后时期苏联工业中生产资料生产，特别是苏联通常统计中把武器生产包括在内的机器制造业的高速发展的情况。与此形成鲜明对照的，是消费品生产和农业生产继续处于落后地位。与战前 1940 年比，到 1953 年，苏联工业总产值增长了 1.5 倍，生产资料生产增长了 2 倍，其中机器制造业却增长了 3 倍，而同期消费品生产只增长了 77%，连 1 倍都不到，至于农业，则完全处于停滞状态，只勉强恢复到战前水平。战前时期，为了备战，苏联重工业、军事工业早已超速发展，农业与工业之间，轻工业与重工业之间，发展已极不平衡，造成为苏联军事化经济的一个重要特点。战后转入和平建设，这种严重不平衡状况，理应有所调整。但事实上，战后期间，苏联经济各部门之间发展不平衡状况却更为严重了。

　　如果再把战后时期苏联工业生产中生产资料与消费资料生产所占比重同战前相比较，从前后比较发生的变化中，更可看出在战后时期军事化经济结构趋向固定化的倾向。1946 年苏联转入和平时期，生产资料生产比重降为 65.9%，但比战前（1940 年）生产资料生产占 61.2% 的比重、还是高出很多。1950 年达 68.8%，以后连续几年，直到 1953 年，都接近 70%，反映出由于苏联加紧备战，在经济上呈现出军事化经济结构固定化的趋向。

　　这一时期国防支出占国家财政支出比重的变化，也呈现出同样趋向。战争最后一年，1945 年，国防费用占国家预算支出 43%，1946 年降为 24%，以后几年又降为 18%～19%，1950 年上升为 20%，1951 年为 21%，1952 年又上升为 24%，1953 年为 21%。苏联国防费用所占比重居高不下的情况，表明苏联备战活动的加强，以及军事化经济固定化的趋向。

　　（二）战后影响苏联军事化经济趋向固定化的若干因素。

　　苏联的军事化经济在战后时期仍然持续发展，是多种因素影响的结果。这里有国际形势变化和苏联领导人的政策考虑；有理论趋于僵化的影响；沙皇俄国的历史传统在这方面也起了重要作用。

　　第一，战后苏联的国际环境发生了新变化。昔日反法西斯战争的盟友，一变而为敌人。两个敌对阵营尖锐对立。美国推行对苏"遏制"战略，苏联为确保东欧势力范围进行了斗争。双方的这种斗争，使国际局势趋于紧张。这一期间，出现了冷战局面，出现了柏林危机，西方国家以美国为首成立了北大西洋公约组织，爆发了朝鲜战争，等等。这种趋向紧张的国际局势，不能不在苏联领导人的言论中反映出来。这一时期斯大林在对记者谈话中，认为美英领导人的政策是"发动新战争的政策"，强调要反对"战争挑拨者"，认为战争挑拨者谎言如果得逞，就会把人民群众"卷

入新的世界大战"，"战争就会成为不可避免"，沃兹涅辛斯基在
1948 年出版的《卫国战争经济》一书中则强调："当帝国主义还
存在时，也就会存在有帝国主义势力进犯苏联的危险，也就会存
在有爆发新的世界大战，即爆发第三次世界大战的危险。"斯大林
在《苏联社会主义经济问题》一书中则重申"只要帝国主义存在，
战争不可避免性就仍然存在"的论点。在朝鲜战争爆发后，苏联
为预防万一，曾进行局部动员，兵员增至 576 万人。苏联领导人
对战争危险的这种估计和采取的政策，对于推动苏联战后军事化
经济趋向固定化，起了非常重要的作用。

　　促使苏联战后仍须保持经济军事化的高度水平，还有一个新
的情况。这就是，为了应付美国不断发出的核战争叫嚣，苏联必
须有相应的措施。战后初期，美国利用核武器垄断地位，不时发
出对苏联的战争威胁。苏联后来也拥有了核武器，火箭技术也有
了若干发展。这时苏联军队"开始探索在敌人使用核武器条件下
战斗行动的方法，加紧研究与核武器作斗争和防护己方军队免受
大规模杀伤问题"。苏联领导"对军队总的要求是，保持高度的战
备，随时准备抗击侵略者的突然核袭击，并在使用核武器或不使
用核武器的条件下粉碎侵略者"[1]。因此，苏联在这一时期，虽然
还是以常规军备为主，但针对美国核威胁，苏联一方面要发展自
己的火箭核武器，又要进行防御敌人核袭击的准备，这种形势为
苏联战后时期军事化经济的发展，增加了新的内容。

　　第二，理论因素。苏联在战前那种特定历史条件下形成的军
事化经济，虽然起过保证战争胜利的积极作用，但那些主要服务
于备战需要的体制、结构和方法，并不能等同于社会主义。但是，
斯大林在 1946 年 2 月总结这段历史经验时，却把许多实际上是统

---

　　[1]　见苏联国防部军事历史研究所：《军事技术进步与苏联武装力量》第 250 页，
中国对外翻译出版公司 1982 年第 1 版。

制经济、集中资源以利于备战的方法，都提高成为社会主义建设的规律，成为社会主义本质特征的东西。这就把军事化经济所采用的方法都绝对化、固定化了。

例如，社会主义建设中优先发展重工业问题，就是这样。斯大林在演说中提出："苏维埃国家的工业化方法与资本主义工业化的方法根本不同"，"在资本主义国家，工业化通常都是从轻工业开始。"苏联共产党"拒绝了'通常的'工业化道路，而从发展重工业开始来实行国家工业化"。到1952年斯大林在《社会主义经济问题》一书中又强调："不把生产资料生产放在首位，就不能使国民经济不断增长。"根据这些论点，苏联理论界纷纷强调，为了坚持社会主义道路就必须优先发展重工业。苏联《政治经济学教科书》提出："从发展重工业开始，是社会主义工业化的道路，而从发展轻工业开始是资本主义工业化的道路。"苏《共产党人》则著专文论述生产资料的优先发展是"一切社会特别是社会主义社会的客观经济必然性。"① 从此以后，优先发展重工业，这个在苏联特定历史条件下采取的政策，一变而为苏联经济建设中必须遵循的客观规律。

再如，斯大林在演说中宣称农业集体化的方法是"最进步的方法"，称赞"农业集体化"能够在几年以内使苏联各地都有了"向国家提供更多的商品产品的巨大集体农庄"，并强调"决不能走上资本主义的农业发展的道路"，还批评了那些"一贯把党拉向后退"，想把党"拉到通常的资本主义发展道路上去"的人。这样一来，在苏联特定历史条件下，以行政手段强制征收农产品，借以解决城市供应和保证工业化资金的措施，就变成了社会主义农业发展的惟一正确的道路。在斯大林这些论断的影响之下，此后

① ［苏］阿·科略京：《生产资料生产的优先增长是国民经济不断高涨的必要条件》，载苏《共产党人》杂志1953年第5期。

多年苏联尽管对农业政策作过若干调整，但是由于力图通过"巨大集体农庄向国家提供更多商品产品"的方针长期未变，致使苏联农业始终充当为工业部门提供积累的角色，农民收入过少，缺乏生产积极性，农畜生产长期处于不振状态，成为苏联军事化经济中的一个薄弱环节。

再如，在战前几个五年计划中，为了要给高速发展的重工业积累资金，对人民消费不能不有所限制。当时虽保证了消费和基本需要，但供应短缺成为经常现象。在战后时期，由于继续备战，这种限制消费的政策，仍继续奉行。同时，在理论界，开始出现一种为商品供应短缺辩解的论点，所谓"在社会主义制度下消费经常超过生产"，就是这种论调之一。例如，1953 年初出版的《共产党人》杂志写道："在社会主义社会里，生产与消费是有矛盾的，这就是群众的需要时刻都在超过现有的生产水平。"根据这种论调，由于长期备战而出现的经常性的消费品短缺现象，似乎成为社会主义制度本身必然具有的经常现象了。

以上论点，把苏联在战前由于备战需要而采取的某些一时性措施，都提高成为社会主义建设必须遵循的客观规律，实际上反映了苏联战后个人崇拜盛行时期的在社会主义理论上的僵化趋向，正是这些僵化的理论观点，推动了苏联军事化经济趋向固定化。

第三，沙俄帝国主义那种专注于发展强大的军事力量以从事扩张的历史传统，对于推动苏联军事化经济趋向固定化，也有着不可忽视的影响。

沙皇俄国是军事封建的帝国主义，具有一种尽管经济力量较弱，却集中力量发展军事力量的特点。据统计，第一次世界大战前夜，沙皇俄国的国民收入按人口平均只有 44 美元，同时期，英国则为 243 美元，法国为 185 美元，德国为 146 美元。俄国按财力说，同西欧几个大国比较，要弱得多，但因专心致力于发展军事力量，却拥有一支使西欧诸国望而生畏的最庞大的军队（在第一次大战前夕，俄国平时正规军为 138 万人，大大超过德、法等国）。沙俄正是依靠这支庞大军队来维持自己在欧洲的强国地位和对外进行扩张的。就经济力量较弱却竭力维持一支强大军队这一点来说，战后的苏联有某些相类似之处。据苏联自己的统计，在 1950 年苏联的国民收入只有美国的 31％，但却建立起一支包括核力量在内仅次于美国的强大军事力量。这并非历史的偶然巧合，而是同苏联领导随着卫国战争胜利而发展起来的大国沙文主义、大俄罗斯沙文主义思想有密切关系。战后苏联不但以战胜国和可与美国相抗衡的世界强国的面目出现，而且在某种程度上，也以沙俄帝国领土的继承者的面目出现。苏联早已不批评沙俄的侵略行径，而且在某种程度上，也以沙俄帝国领土的继承者的面目出现。苏联早已不批评沙俄的侵略行径，而且在 1941 年公开发表了斯大林在 1934 年评论恩格斯《俄国沙皇政府的对外政策》致政治局委员的信，批评恩格斯"夸大了"沙俄政府的对外侵略意图，斯大林在卫国战争第一年十月革命节检阅部队时，以苏沃洛夫、库图佐夫等沙俄将领作为"伟大的先辈英勇形象"来鼓舞红军士气；在外交活动中表现出强烈的倚仗大国地位来决定别国命运，划分势力范围，以及恢复沙俄帝国领土及势力范围的大国主义、大俄罗斯沙文主义倾向。在这种大俄罗斯主义传统思想影响下，为了确保战后建立起来的"雅尔塔体制"。确保苏联在东欧各国的势力范围，并确保在必要时能与美国作一番较量的大国地位，即使在经济力量与美国相差较大的情况下，苏联领导也要力图建立起一支包括核武器在内的大体上能应付美国挑战的军事力量——这种种考虑，对苏联军事化经济在战后时期趋向固定化，也起了重要推动作用。

三、改革的矛盾性和苏联军事化经济的新发展

斯大林之后，赫鲁晓夫批判了个人崇拜，对苏联高度集中的政治、经济体制进行了初步改革，特别对工业和农业的管理体制进行了多次改组。由于他奉行同美国进行军备竞赛的方针，因而在改革中并没有触动军事化经济的结构与体制，而且，苏联的军事化经济在赫执政期间却有了更大的发展。

（一）赫鲁晓夫在改革中始终保持着对国防工业的集中领导。

1957年赫鲁晓夫实行工业管理的大改组，由中央部门管理体制改变为地区管理体制。在改革中，撤销中央联盟部和联盟兼共和国部共25个部，而航空、国防、无线电、造船、化学、电站等6个部，照旧由中央垂直领导。这些都是国防工业或与国防工业密切有关的部门，也是苏联备战经济的关键部门。这说明，即使进行由部门管理体制转向地区管理体制的大改组，对国防工业或与国防工业密切有关的产业部门的集中管理体制，赫鲁晓夫一点也没有触动。后来为了纠正改组后的地方主义现象，不得不采取加强集中的各种措施。到1963年3月，成立了苏联部长会议最高经济委员会，并赋予这个委员会以领导全国经济的很大权力。这个措施成为赫鲁晓夫执政时期一系列加强集中措施中的顶峰。这个委员会的主席恰恰是由长期负责国防工业的乌斯季诺夫来担任，这并不是偶然的。赫鲁晓夫在1962年11月全会上的讲话中讲到，为了统一技术政策，集中科技力量同美国进行抗衡，他强调需要运用苏联军工部门的垂直领导的经验。他说："中央主席团不止一次地讨论了这个问题，一致认为，对科学研究和计划—设计机构的领导应该集中在相应的部门委员会，也就是垂直地建立起来。

只有这样，才能保证执行统一的最合理的技术政策。在国防工业部门中组织技术领导所积累的丰富经验证明是当前十分可行的措施。由于这种集中和把科学与设计力量集结在国防工业相应的委员会，现在我们拥有最完善的军事技术手段。"

赫鲁晓夫的改革从一开始就保留了国防工业部门的集中领导，随后又表扬国防工业的集中领导的管理方法，并实际上力图把这种集中领导的经验运用于整个国民经济，并由老军工专家来担任最高国民经济委员会的主席，这一系列言论和措施表明，苏联军事化经济的集中领导体制不但没有改变，而且得到了加强，而这正是为了适应苏联军事化经济新发展的需要，也是为了适应同美国进行军备竞赛的需要。

（二）在经济结构政策上，赫鲁晓夫继续坚持优先发展重工业的方针。

朝鲜战争结束后，马林科夫在1953年8月8日最高苏维埃会议的报告中提出："现在，在重工业发展已取得胜利的基础上，我们已经具备了一切必要条件来大大增加消费品生产。"这个提法后来遭到赫鲁晓夫的尖锐批评。在1955年1月的中央全会上，赫在报告中批评那种认为"到了社会主义的某一阶段，发展重工业好像不再是主要任务，而轻工业则可以而且必须比其他一切工业部门优先发展"的观点，是"极端错误的，反马克思列宁主义的见解"，是"对党的诽谤"，是"右倾的复活"，是"与列宁主义敌对观点的复活"，是"当年李可夫、布哈林那一伙人的观点"。同时宣称："党全力以赴的一个主要任务过去是，现在仍然是，加强苏维埃国家的威力，因而也就是加速发展重工业，因为重工业是我国整个国民经济和不可摧毁的国防力量的坚实基础，是人民福利不断增长的源泉。"同时还宣称："我们一些经济学家至今还不懂得马列主义的这些著名的原理，……应该懂得，在我们党正在集中苏联人民的全部力量来完成共产主义建设的伟大任务和帝国主义国家正在疯狂地准备战争的当前条件下，散布上述反列宁主义的见解，是特别不能允许的。"

接着，苏联报刊展开了对"社会主义某一阶段可以加速发展轻工业"见解的批判运动。当时在《真理报》、《共产党人》、《经济问题》等杂志上，都发表专文，批评这种论点是"修正主义、反马列主义的论点"，是"修正马克思主义再生产理论"，是"右倾机会主义"，等等。

直到1955年2月马林科夫被迫辞去苏联部长会议主席职务之后，这种批评还继续了一段时间。在1955年7月4日，当时任部长会议主席的布尔加宁在讨论工业问题的苏共中央全体会议上的报告中，还批评主张轻工业要快于重工业的速度的观点是"极端违背马列主义"，是"反列宁主义"的。到1956年召开苏共二十大时，赫鲁晓夫在报告中还批评了那种"把轻工业同重工业对立起来"的"反对优先发展重工业"的观点。此后，苏共二十一大、二十二大文件中，继续强调重工业的作用，重工业优先增长已成为全面开展"共产主义建设"时期的苏共党的方针。

很显然，这种连续不断地批判，以及在苏的党代会文件中对优先发展重工业方针的一再确认，对于赫鲁晓夫执政时期片面发展重工业，加速经济的军事化，起了重要的推动作用。

（三）赫鲁晓夫力争对西方占有火箭核武器优势的思想，推动了苏联军事化经济的新发展。

赫鲁晓夫执政初期，苏联继掌握原子弹之后，又制成了氢弹，并很快拥有洲际导弹。赫鲁晓夫在苏共二十大报告中，在谈到现代国际局势发展中的几个原则问题时，提出战争并不是注定不可避免的新论点。这个论点的根据，就是"目前情况已经根本改变"，"今天强大的社会力量和政治力量拥有实实在在的手段，不容许帝国主义者发动战争，如果他们真的想发动战争，那就给侵略者以毁灭性的打击，粉碎他们的冒险计划。"而这种所谓"实实在在的手段"，就是指苏联已拥有火箭核武器。因此，根据这种设想，苏联需要不断发展军备，特别是火箭核武器的生产，以取得对西方的军事优势。

赫在1960年1月最高苏维埃报告中强调说："我们当然尽一切努力利用我们所赢得的时间来发展火箭武器，并且在这方面占领先地位。"在苏共二十二大上，赫又说："我们在火箭和核武器方面已经取得无可争辩的优势。"

在1962年出版的《军事战略》这本权威性的苏联军事教科书中，讲到如何保证未来战争的胜利时写道："基本问题之一是如何保证在质量上和数量上都取得对预想侵略者的军事技术的优势。"[①]

在数量和质量上争取军事技术优势，这就是赫鲁晓夫所设想的和平共处和战争可以避免论的实力基础。因此，其建立在核武器取得优势基础上的战争可以避免论和和平共处论，实质上是苏联要加紧军备竞赛，力争在核武器方面取得优势的理论。在这种思想指导下，苏联自然要不断扩大军备生产，特别是火箭核武器的力量，从而推动苏联军事化经济继续发展。

（四）军事装备的革新和准备核战争，使苏联的军事化经济出现新的内容。

赫鲁晓夫时期苏联的火箭核武器已有了很大发展。1960年1月，苏宣布成立战略火箭军，火箭部队成为独立的新军种。苏共二十二大上国防部长马利诺夫斯基强调苏联军队已用现代新技术重新装备，广泛采用火箭核武器，进入"真正具有转折意义的阶段"。这使得苏联军事化经济出现了新的内容。这就是，苏联必须

---

① 《军事战略》上册，第445页，解放军出版社1980年第1版。

考虑核战争的新特点，在战争爆发前就要在经济上对核战争做充分的准备。

　　苏联在《军事战略》一书中写道："苏联的军事学说的重要观点之一是，未来的世界大战（如果被帝国主义者发动起来的话）必然具有火箭核战争的性质。"因此，为应付将来可能发生的核战争，苏联要在经济上进行多方面的准备：第一，苏联军事学说特别强调战争初期的意义。"在未来的战争中，战争初期具有决定性意义"。据苏《军事战略》一书的估计，在未来战争中，在战争的头半个月中，空军的损失可达60％～80％，陆军的损失可达30％～40％。武器的损失很可能比第二次世界大战期间增加5～7倍左右。因此，很难指望像过去那样在战争爆发后才大量组织新的军事生产，而要在平时就要建立必需的储备。第二，要准备相应的生产能力和动力以便在战争爆发后能够迅速转入战时生产，某些特殊的军事企业，应建立平时不动用的后备生产能力。第三，要注意保持工业特别是重工业和军事工业的生命力，认为这是备战中的一个最重要的方面。为此，必须分散配置工业目标，建立双套生产，并采取对核武器的防护措施。最重要的工业目标要设在地下。第四，农业、交通运输业等也都要做好适应核战争要求的准备。

　　以上与准备核战争有关的各种措施，都意味着国民经济在和平时期就要进行大量的备战工作。这种备战，同出现核武器以前的备战相比，规模要大得多，技术要求也复杂得多。这种新要求，自然要使赫鲁晓夫时期的经济军事化更为发展。

　　（五）加紧军备竞赛特别是核武器竞赛的结果，赫鲁晓夫执政时期工业中生产资料比重越来越大。

　　在赫鲁晓夫执政的1955年，甲类产值已占70.5％；以后历年比重不断增长：1960年为72.5％；1961年为73.1％；1962年为73.7％；

1963 年为 73.9%；1964 年为 74%。赫鲁晓夫执政 10 年,这是工业中生产资料产值比重以相当快的速度连续增长的 10 年。最后一年,1964 年竟增长到 74%,已十分接近于 1945 年的 74.9%的战时经济水平。1961 年以后,消费资料只占 26%左右的低比重,自然,这同农业政策错误导致连年歉收,特别是 1963 年的大歉收有关,但更重要的还是赫鲁晓夫的坚持军备竞赛的政策。

在这种困难经济形势下,赫鲁晓夫在苏共二十一大报告中提出的提高职工最低工资、取消职工的工资税、10～12 年中消除住宅不足现象、5～6 年中充分满足居民服装需要等等诺言,都只能遭到破产。

赫鲁晓夫执政时期的实践表明,在苏联领导坚持军备竞赛,坚持继续发展军事化经济方针情况下,任何改革都只能或者流于形式,或者回到老路上去,同时也表明,任何改善人民生活的诺言,在军费开支增长的强大压力下,最后终将落空,变成画饼。

四、军事化经济的大发展和苏联经济逐渐趋向停滞

勃列日涅夫执政时期的一个重要特点是,全面扩充军备,大力发展军事化经济,同美国加紧全球争夺。加紧备战和对外争夺,对苏联经济的消极影响越来越显现出来。其结果,经济增长放慢,并逐渐趋向停滞。勃列日涅夫时期是苏联军事化经济大发展的时期,也是苏联经济困难增多并呈现出停滞趋向的时期。

(一)苏联军事力量的空前增强。

勃列日涅夫执政后,鉴于赫鲁晓夫时期和平共处对外战略受挫,苏联在加勒比海危机中遭受屈辱,美国大力进行核扩军等情况,在基本恢复斯大林时期高度集中的政治经济体制之后,把扩充军备

放在首要地位。勃列日涅夫在上台后第一次党代表大会(苏共二十三大)报告中宣称:"在当前复杂而紧张的国际局势中"要"保证进一步发展国防工业,完善火箭核武器和其他各类技术装备",在同年对选民讲话中强调:"要分出更多的力量和注意力来加强我们的防御,我们将把苏维埃国家的武装力量保持在现代军事技术装备的最高水平。"1967年7月,在军事学院毕业典礼上讲话,勃又强调:"国防工作处于我们一切工作的首位。"这些都反映了苏联领导集团下决心要同美国进行一场军备竞赛。

第一,大约到70年代上半期,苏联在战略核武器方面赶上了美国。1971年5月,苏美签署的《苏美关于限制进攻性战略武器的某些措施的临时协定》规定:双方陆基导弹,苏联可拥有1618枚,美国保持1054枚;潜射导弹,苏可拥有740枚,美保持650枚。对战略轰炸机,未作规定。临时协定只限数量,未限质量。从协定规定来看,苏联在数量上不仅已赶上美国,而且还略占优势。1979年6月,双方签署《苏美关于限制进攻核武器的条约》,规定每一方拥有的陆基洲际导弹发射器、潜射弹道导弹发射器和重轰炸机总数为2400件,美国拥有总数为2282件,苏联拥有的总数为2500件。双方大致相当,苏联仍在数量上略占优势。

苏方自己承认:"到70年代中期,两个大国的战略核武器在数量和质量上已经大体均衡。"①

第二,苏联不仅在战略武器方面赶上美国,而且在常规军备方面继续保持对美国的优势。勃列日涅夫1965年7月3日对军事学院毕业生讲话时强调:"我们对火箭核武器给以特别注意的同时,也没有忘记常规军备仍然起巨大的作用。"为加强地面部队领导,1967年12月恢复了赫鲁晓夫时期撤销的陆军总司令。

---

① 苏国防部编:《对和平的威胁来自何方?》第63页,战士出版社1982年版。

第三,苏联还大力发展海军舰只,提高远洋作战能力。建造并部署了几种类型的航空母舰和导弹巡洋舰。海军活动范围已由近海扩大到远洋。

经过10多年的全面扩充军备,苏军不仅拥有强大核突然袭击能力和地面进攻能力,而且具备了一定的海外干预能力。这就大大增强了同美国进行全球争夺的军事实力。

(二)苏联军事化经济的大发展。

苏联军事力量的全面扩充,推动了苏联军事化经济的大发展。

第一,由于军备生产规模空前增大,军火生产已经成为"国民经济的一个经常的固定的组成部分"。1970年3月,国防部长格列奇科在《武装力量和共产党人》著文称:战争准备"现在已不是暂时的和非常的状态,而是经常的和必定的状态。"苏军事出版社出版的《军事理论和实践的方法论问题》一书写道:"事前使经济准备好战争,这具有很大意义。由于这一点,军火生产大大扩大了,成了国民经济一个固定的组成部分。"这本书还强调:"既要从经济上保证使用核杀手段的战争,也要从经济上保证使用常规武器的战争。"正是这种军备生产全面发展的方针,使苏联军事化经济以空前的规模增长。

第二,重工业继续得到优先发展,生产资料占工业总产值比重长期保持在74%～75%的比例水平上。所以强调优先发展重工业,首先是因为同国防工业有密切关系。这一点在勃列日涅夫思想中是非常明确的。他在1966年同选民讲话中强调:"优先发展作为国民经济其他各部门技术进步的基础和加强国家防御能力的主要基地的重工业,过去是,现在仍然是我国经济政策的不变原则。"在苏共二十四大中,勃列日涅夫又强调:"高速度发展重工业所以仍然有意义,还在于不发展重工业,就不能使国防能力保持在应有水平上,而国防能力是我们国家安全的保障。"在这个方针指导下,在勃

列日涅夫当政 18 年中,工业产值中生产资料所占比重一直为 74%
左右,到 1982 年(勃当政最后一年),竟高达 75.1%。

与赫鲁晓夫时期相比,生产资料在工业总产值中的比重增长似
乎并不算快,只增长一个百分点。但应看到:生产资料产值占工业
产值 75%,已是苏联卫国战争期间的水平,这是把消费资料生产压
到很低水平出现的比例。就苏联的社会生产水平来说,实际上已达
到了某种极限,难以再增长了。

第三,重工业中与备战关系密切的工业部门发展更快。

可以这一期间电力、化学和机器制造及金属加工三个工业部门
发展情况为例(见下表)。

	1965	1970	1975	1980
全部工业	100	100	100	100
电力	2.9	3.0	3.0	3.0
化学和石油化学	4.7	5.7	6.6	7.0
机器制造和金属加工	16.7	19.7	24.0	28.7
合计	24.3	28.4	33.6	38.7

从上表可见:这三个部门供不应求产值在 1965 年占全部工业
的 24.3%,到 1980 年增加到 38.7%。包括军工生产在内的机器制
造业金属加工部门发展特别快,1965 年只占全部工业产值的 1/6,
1980 年则增长到占全部工业产值的近 30%。正如苏联《军事通报》
杂志(1981 年第 9 期)文章写的:"像动力工业、机器制造业、仪表制
造业和化学工业这样一些先进部门所占的比重越高,国家就越有能
力为武装力量提供物质技术保障。"

第四,高水平的军事技术部门特别得到优先发展。《军事理论

和实践的方法论》一书写道:"随着火箭核武器变为解决战争任务的基本手段,对高质量的军事技术装备——核武器、各种用途的火箭、核潜艇、携带火箭的飞机、无线电子设备——的需要就提到了首位。这就在军火生产和国民经济的各部门中引起了重大的结构变化。""经济结构也是经济准备的重要指标。在当前,优先发展像原子、火箭、航空、无线电技术和化学这些工业部门,具有头等重大的意义。"

如果以苏联机器制造业中的仪器制造业的发展速度为例,我们看到,从1970年到1982年,整个机器制造业增长了1.8倍,其中仪器制造业则增长4.3倍,计算技术设备的生产则增长10.5倍[①]。

(三)军事化经济的大发展,严重损害了苏联经济,苏联经济开始呈现停滞趋势。

勃列日涅夫时期苏联军事化经济的这种大发展,使得经济中由于长期备战而积累起来的各种矛盾尖锐化起来。

第一,高度集中的军事化经济体制愈来愈不能适应战后世界科技革命迅速发展的要求。这种体制可以在军事领域集中资源、人力,取得某些成就,但对于广泛领域的科技革命成果则很难有所作为。勃列日涅夫时期,运用这个体制片面加速发展重工业,在若干传统工业部门取得世界领先地位(如煤、石油、天然气、钢、铁等),但在许多新兴工业部门,特别是高技术有关的工业部门(如电子工业),则大大落后于世界水平。

第二,苏联军事化经济体制同对外开放的客观要求之间矛盾日益尖锐化。战后时期世界经济作为一个整体,相互联系日益密切,对外开放已成为社会主义发展经济的客观需要。而苏联的军事化经济体制主要是针对西方国家的,按这种经济的本性就趋向于封闭性,而不趋向于对外开放。战后时期斯大林关于统一世界已瓦解成

---

① 陆南泉等编:《苏联国民经济发展七十年》第185页,机械工业出版社1988年第1版。

为"两个平行的也是互相对立的世界市场"的论点,更从理论上确定了社会主义国家在同西方国家关系上的这种封闭性。在这个理论影响之下,苏联与东欧国家组成的经互会,只是一种封闭型的经济合作组织。勃列日涅夫时期同西方国家的经济关系有所发展,接受了一些贷款,搞了一些补偿贸易,建了一批工厂,在某种程度上反映出苏联同世界经济建立联系的客观需要。但是,这些并不是真正的对外开放。以勃列日涅夫为首的苏联领导人并没有这种自觉性的认识,相反,随着苏联对外政策日益趋向全球扩张与争夺霸权,军事化经济对西方国家经济关系上的封闭性更加严重、更加难以改变了。长期不对外开放,成为苏联经济缺乏活力和科技水平落后,以至一般经济水平落后的一个非常重要的原因。

第三,苏联军事化经济从一开始形成就具有的那种粗放经营方式,与苏联有限的资源、人力之间的矛盾愈益尖锐。依靠扩大生产规模,更多投入资金、人力来增加生产的这种经营方式,到勃列日涅夫时期,已难以为继。由于长期不改革,不对外开放,科技水平落后,因而不能有效改进粗放经营长期存在的高消耗、低效益问题。能源、原料浪费严重,效益低下的状况一直延续下来,自然资源加速耗尽,而新的能源、原料产地,开采日益困难,劳动力也日益不足,成为苏联经济增长放慢的一个重要原因。

第四,长期片面加速发展重工业,使国民经济各部门比例进一步失调,特别是农业更加落后。勃列日涅夫执政初期的1965年,苏联重工业、轻工业与农业产值的比例大致为6:2:2,到1982年,则改变为6.5:2:1.5,从农、轻、重所占比重的前后变化,可以看出,在勃列日涅夫执政初期,轻、重工业之间比重相差已很悬殊,经过17年的发展,到勃执政末期,重工业所占比例变得更大,轻工业与农业所占比重变得更小了。经济结构这种进一步畸形化,实际反映了备战与改善人民生活这种矛盾的尖锐化。

第五,军事化经济体制,缺乏经济内在动力,它长期以来是依靠行政命令加上政治动员、鼓动人民群众的政治热情来运转的。这种做法,短期可以,长期不行。战后时期,在这种高度集中的行政命令体制下,劳动人民实际处于无权地位,缺乏民主,很难唤起劳动人民的主人翁感。勃列日涅夫时期,由于消费品长期匮乏,无法实施真正意义上的物质刺激,而且分配体制也日趋平均主义化,有时搞一点物质刺激,也往往难以真正发挥作用。于是,人们的劳动积极性逐渐降低,经济活动的增长速度不能不一步步放慢下来。

在上述各种矛盾因素影响下,勃列日涅夫后期,苏联经济增长转为低速,呈现出近乎停滞的趋势。

五、经济高度军事化给苏联经济带来一系列严重后果

以上概述了苏联军事化经济从开始形成到大规模发展的 50 多年的历史进程。从这个漫长历史过程中,我们看到,这个曾经在苏联卫国战争中发挥过积极作用的军事化经济,在战后新的历史条件下,由于继续片面发展,消极作用愈来愈大。军事化经济加速大规模发展,推动苏联社会经济各方面矛盾的尖锐化,给苏联经济带来一系列的严重后果。

(一)生产资料生产与消费品生产之间、积累与消费之间的比例失调越来越严重。

这种严重的比例失调,有以下特点:

第一,这是一种非同一般的极度的比例失调。长期以来,苏联生产资料生产在工业中的比重过大,大约占 75%,这已相当于苏联战时经济的比例。不过,这还只是官方数字。由于生产资

料作价低,消费资料作价高,因而生产资料所占实际比重要高得多。有的苏联学者认为,苏联生产资料生产在工业中所占比重最低限度为 85%[1],有的认为生产资料大约占 80%,消费资料最多占 20%[2]。

而在发达资本主义国家,这个比重要低得多。如美国从 60 年代初到 70 年代末,生产资料生产在工业中的比重各年份大致为 63%～65%;同期,联邦德国为 69%～70%;日本为 67%～72%。

工业生产两个部类比例相差如此悬殊,不能不影响到积累与消费的比例关系。苏联通常统计数字显示,国民收入中用于积累部分只占 1/4 左右。实际数字要比这个比例高得多。据苏联学者计算,有的认为占 40%[3]。有的认为,苏联国民收入中有一半左右用于积累(在主要资本主义国家为 15%～25%)。有的学者按国民生产总值指标计算,认为苏联最低限度有 50% 的最终产品用于生产性投资和军备,而在主要资本主义国家,这个数字最大限度为 25～30%[4]。

第二,这种严重的比例失调,不是一时的,而是长期的,而且日益加剧。拿工业生产中生产资料所占比重来看,从 60 年代中期起,按官方统计,就已占 74% 左右。在勃列日涅夫当政时期,长期在 74% 左右徘徊,到当政最末一年,上升到 75.1%。戈尔巴乔夫执政头四年一直占 75% 左右,只是到 1990 年,才降为 73%。

第三,生产资料的比重不但过大,而且很大一部分属于军工生

---

① [苏]尼基京:《我们究竟处在什么位置?》,载《世界经济与国际关系》杂志 1990 年第 1 期。

② 参见[苏]《经济问题》杂志 1991 年第 8 期。

③ 参见[苏]《社会主义工业报》1988 年 1 月 5 日。

④ [苏]尼基京:《我们究竟处在什么位置?》,载《世界经济与国际关系》杂志 1990 年第 1 期。

产。以占全部工业产值近 30% 的机器制造业为例,这个综合体拥有职工 1650 万人,其中仅有 560 万人,即 1/3 职工在民用企业工作①。这就是说,机器制造业职工的 2/3 是在军工企业或与军工有关的企业工作的。

第四,消费资料比重过小。例如轻工业和食品工业在工业生产中的比重,据尼基京前述文章说:在苏联,轻工业和食品工业部门的产量不到全部工业产量的 10%,而美国为 25% ~ 30%(更不用说质量差别了)。据戈尔巴乔夫说:苏联只有 6% ~ 8% 的生产基金用来生产消费品②。因此,工业生产中消费品所占比重过低,消费基金过低,是苏联消费品处于经常匮乏状态的根本原因。

从这些特点可以看出,这是一种存在多年的极端严重的比例失调的经济,是一种高度军事化的经济,或者说是一种超军事化的经济。这是苏联经济出现各种困难以至危机的最深刻的根源,也是苏联群众不满、社会动荡的深刻根源。

(二)出现了"为生产而生产"的"自我消耗型经济"。

苏联军事化经济是生产资料占绝大部分的经济,这种经济的增长主要是生产资料的增长。由于是在指令性计划下的增长,没有像商品经济中由于需求不足而产生的限制因素,因而这种经济不但使消费品长期匮乏,而且趋向于耗尽各种资源,使各种资源都处于经常缺乏之中。这种生产资料占绝大部分的经济,虽然增长了,看起来增加了国民收入,但很少能提高人民生活水平。经济越来越只为经济本身服务,为生产而生产,而不为人民生活服务。赫鲁晓夫执政后期已经出现了这种趋向。在赫下台后,苏《共产党人》杂志批评在赫领导期间由于片面加速发展重工业,导致"重工业在很大程度上处于自我服务状态"。勃列日涅夫执政后,这种趋向

---

① [苏]洛吉诺夫:《有无摆脱危机的出路?》,载《经济问题》杂志 1990 年第 4 期。

② [苏]《消息报》1991 年 3 月 25 日。

不但没有好转,实际上更严重了。勃列日涅夫仍然奉行加速发展重工业的方针,生产资料部门仍是优先发展。在这种方针下,各种燃料、矿产、机器设备大量生产出来,不顾需要,不计后果,造成极大浪费。

动力资源的开发,就是一例。苏联于1951~1970年,年均增产5100万吨(标准燃料吨),1971~1985年,年均增产达到6900万吨。"在这14年中采掘了大约相当于国家历史上所采掘的全部燃料"。对西伯利亚大油田,进行掠夺式开采,"现在每年采6亿多吨石油,而燃料还是不够"。这是只顾一时需要,不计后果,对不能再生资源的滥采和浪费。机器制造业也出现了生产大批实际上已超过需要的拖拉机、联合收割机和机床的现象。机器制造业主要车间有45%的空位,只有机器,没有工人[1]。苏联学者称这种经济为"自我消耗型经济",并且指出:如不坚决制止这种消耗过程,"自我消耗型经济必定使一个国家逐步衰败、灭亡。"[2]

(三)苏联职工的工资、生活和福利,长期以来处于过低水平。

军事化经济从其形成开始,为了集中资源以发展重工业,苏联长期以来对职工采用低工资政策。在人民生活福利方面,则采取所谓"剩余原则"(即尽先满足生产需要,只以余额来应付人民生活问题)。这就使苏联职工的工资和生活福利长期处在同苏联国力很不相称,同西方国家相比,差别越来越大,以至相差悬殊的低水平上。1989年苏联职工工资在国民生产总值中所占比重只有30%,而发达的资本主义国家,如美国,则占62%[3];在住宅建设方面,苏联在最好年份,住房建设投资占国民经济总投资的10%~15%,而美国

---

① 谢柳宁:《用消费衡量增长速度》,载《社会主义工业报》1988年1月5日。

② [苏]尼基京《我们究竟处在什么位置?》,载《世界经济与国际关系》杂志1990年第1期。

③ [苏]《论据与事实》杂志1991年第22期。

住宅建设投资一般则占国民经济投资近 1/4[①]。苏联工人的工资更远低于发达资本主义国家工人的工资水平。对此,苏联学者有各种估计。有的认为,苏联职工的平均个人消费只有美国职工平均个人消费的 1/3[②];也有人说,加拿大的失业救济金很高,在卡尔加里市,工人的失业救济金比在那里工作的苏联专家的工资还高 1.5 倍[③]。博戈莫洛夫则认为:"如果我们按消费篮子使用较为实际的美元对卢布的比价,那么,美国工人年平均工资约等于 10 万卢布,月平均工资为 8000～9000 卢布。"[④] 这种折算法,可能由于卢布贬值而把苏、美工人工资的差距过分夸大了。但不管怎样计算,相比起来,苏联职工的工资水平总是要低得多。博戈莫洛夫认为,苏联工人的工资过低水平"是改革和一般社会进步的基本障碍,因为这样大数量地少付给人们报酬就意味着失去了对劳动的刺激和封闭了提高劳动产品质量和提高劳动效益的所有途径"。这个看法是值得注意的。

(四)农业生产长期处于落后状态。

苏联的农业生产与工业,特别是与重工业相比,在苏联经济发展中处于突出的落后地位。与 1940 年工业、农业产值相比,1985 年全部工业增长了 24 倍,重工业增长了 48 倍,机器制造业增长了 97 倍,而农业总产值,在这样漫长的岁月里,45 年时间只增长了 1.7 倍。苏联粮食不足,1981～1985 年,平均只有 1.8 亿吨,15 年来基本处于停滞状态。1972 年以后,连年大量进口粮食,1990 年前几年,进口多达 3000 万～4000 万吨。农业部门劳动生产率很低,

---

① [苏]尼基京:《我们究竟处在什么位置?》,载《世界经济和国际关系》杂志 1990 年第 1 期。

② 经济学博士西莫尼扬 1988 年 7 月 8 日《消息报》的谈话。

③ [苏]《共青团真理报》观察员对博戈莫洛夫的采访,载《共青团真理报》1989 年 10 月 3 日。

④ 同上。

只为美国的 1/4～1/5。

　　苏联农业所以长期处于这样的落后状态,其根本原因是,苏联国家为了给重工业、国防工业积累资金,通过工农业产品不等价交换办法,对农业拿得过多,同时,为了保证这种不等价交换体制的贯彻,又对农业管得过死。

　　实行农业集体化,通过低价收购农产品,高价出售工业品,以取得发展重工业、国防工业所需资金,是斯大林时期开始的。当时用这种工农业产品不等价交换方法,把大量农业部门创造的纯收入转入工业,首先是重工业、国防工业。1935 年,苏联国家预算收入的60％来自农业;1937 年,有 53％来自农业。1930 和 1931 年,苏联在粮食减产情况下,两年间共出口了 980 多万吨粮食,约值 15.4 亿卢布,占出口额 19％左右。但是,由于收购过多(占粮产量 40％),价格过低,农民得益甚少,挫伤了农民生产的积极性,以致农业的恢复很缓慢。到 1953 年,粮食产量和牲畜头数都没有恢复到战前 1913 年的水平。

　　到赫鲁晓夫和勃列日涅夫时期,对农业拿得过多的情况有所减轻。但是,赫和勃都奉行优先发展重工业政策,都把加强国防放在第一位。因此,国家仍是通过工农业产品不等价交换办法,把农业创造的大量纯收入集中到国家手里,用来优先发展重工业和国防工业。不过这种不等价交换形式有所不同,是以提高农产品收购价格,然后工业产品价格和服务价格涨价,从而使大批农庄农场遭到严重亏损的形式出现的。赫、勃前后执政近 30 年,多次出现这种景象。农业一直就是这样艰巨地承担为工业,首先是重工业提供积累的重担。勃执政时期,15 年中国家把农业创造的纯收入的 80％,共6900 亿卢布,集中到国家手中。而勃时期号称占国民经济总投资额 27％的农业投资,只相当于国家从农业拿走的纯收入总额的35％。

　　高度集中的农业计划体制,包括严格的农产品价格体制①,是国家从农业部门取得农产品的保证,实际上也是贯彻这种不等价交换体制的保证。在斯大林时期,这套体制就确定下来,由于它颇适应军事化经济的需要,在战后很长时间里,也都一直沿袭下来。这种对农业僵化的、管得过死的管理体制,虽然可以保证国家以不等价交换方法取得农产品,但它的最大问题是不利于农业企业的自主性,严重挫伤农民的生产积极性。

　　因此,在这种体制下,农庄农场实际上成为在国家计划严格控制下单纯为国家提供农产品的生产单位,奉命生产,没有自主权,毫无活力可言;国家对农庄拿得太多,长期劳动报酬低微,农民不认为自己是土地的主人,缺乏劳动积极性——这就是在军事化经济影响下,苏联农业长期落后的根本原因。

　　(五)苏联经济增长由高速转为低速,进而走向停滞和衰落。

　　苏联战后时期,在恢复期高速增长之后,50年代还保持了相当高速增长的势头,无论总产值、国民收入、工业总产值年增长率都在10%以上,60年代还保持大约7%的较高速度。从70年代中期起,放慢趋势日益明显,70年代下半期和80年代上半期,都处于低速增长或近乎停滞的状态。

　　从60年代下半期到80年代上半期的国民收入、工业产值的前后变化,可以看出这种明显趋势。拿国民收入来说,1966~1967年年平均增长为7.7%,1971~1975年降为5.7%,1976~1980年再降为3.7%,1981~1985年再降为3.3%,再看工业总产值:1966~1970年年增长为8.5%,1971~1975年降为7.4%,1976~1980年再降为4.4%,1981~1985年再降为2.7%。

----

　　① 农产品收购价格"定得低于价值",向来是国家硬性调节的对象。"国家通过立法规定所有主要农产品价值的上限",其结果是"农产品收购价格的变动经常落后于工业品的批发价格"。[苏]《经济问题》杂志1982年第7期。

到戈尔巴乔夫执政时期,尽管为了加速经济增长做了很大努力,但这种下降趋势仍在继续。如果以 1976～1989 年苏联社会经济的五年平均指标前后对比,就可清楚看出这种趋势。见下表(增长百分比):

	1976～1980	1981～1985	1986～1989
社会总产值	4.2	3.3	2.8
国民收入	4.3	3.2	2.7
工业产值	4.4	3.6	3.4

如以戈尔巴乔夫当政年份连续对比,更显示出经济速度越来越降低的趋势,而最后竟出现负增长。见下表(年增长百分比):

	1985	1986	1987	1988	1989	1990
社会总产值	102.4	103.3	102.6	103.5	101.7	98
国民收入	101.6	102.3	101.6	104.4	102.4	96
工业总产值	103.4	104.4	103.8	103.9	101.7	98.8

1990 年出现负增长,与戈尔巴乔夫的改革失误特别是政治改革超前,导致政局动荡有很大关系。但是,苏联经济发展速度越来越慢,最后由停滞到出现负增长,主要还是长期备战给苏联经济带来的多方面消极因素共同作用的结果。苏联经济这种从总体上说走向衰落的趋势,带有必然性,不是一时的、短期的、偶然出现的现象。戈尔巴乔夫改革中的失误,不过起了加快这种趋势的作用。

六、主要历史教训

苏联由于长期备战,拖垮了经济,教训是很多的。主要教训,可以举出以下几点:

第一,社会主义国家必须以经济建设为中心,处理好国防建设和经济建设的关系。苏联在内战结束后,在当时严峻的国际形势下,在社会主义建设的同时,也以极大努力建设自己的国防,为卫国战争作好准备,这种做法无疑是必要的。但是,像俄国这样一个经济比较不发达的国家,工人阶级取得政权,结束内战取得和平建设机会之后,就应该把经济建设作为巩固和发展第一个社会主义国家的长期的中心任务,正如列宁在开始实行新经济政策时所说:"无产阶级取得政权以后,它的最主要最根本的利益就是增加产品数量,大大提高社会生产力。"在苏联面临紧张的国际形势时,备战是必要的。但必须如实估计形势紧张程度,处理好国防建设与经济建设之间的关系。斯大林时期在这方面掌握得不够好。在战前几个五年计划期间,已经可以看到由于实际上以备战为中心,因而过分强调重工业,忽视轻工业与农业的片面性的倾向。反法西斯战争胜利结束后,本来可以利用战时盟国的良好关系,创造缓和的国际环境,把战时经济转到以和平经济建设为中心的轨道上来。但是,由于苏联领导人没有抓紧时机,没有搞好国际关系,以致继续紧张备战,事实上仍以国防建设为中心任务,战前那种片面发展重工业,忽视农业与轻工业的倾向更加发展,甚至从理论上加以论证,使之成为社会主义建设的必由之路。从此,这条路线延续多年,一直未变。

苏联备战的历史经验表明,只有以经济建设为中心,把国防建设放在适当地位,才能使经济得到协调发展,而以国防建设为中心,一切服从于国防需要的那种经济建设,最后只能使经济走上绝路。

第二，要在发展经济的基础上切实改善人民的生活，处理好发展经济与改善人民生活两者的关系。苏联在经济建设中，为了集中力量发展重工业、国防工业，对人民生活，采取了限制消费的方针，实行低工资、低福利政策。这在苏联开始建设时期，或在战后恢复时期，是不可免的、必要的。这样可以更快地积累资金，使苏联得以具有迅速发展的强大基础。但是，在战后时期，备战成为长期政策，于是，低工资、低福利，也成了长期政策，以致苏联在国力有很大增强，军事力量可以同美国相抗衡，国家经济实力占据世界头几位的情况下，人民生活水平却大大落后于西方世界。就已经建设了70年的社会主义国家来说，显示不出社会制度的优越性，使人民对社会主义制度失去信心。

社会主义国家经济发展的最终成果，应在人民生活水平的提高上表现出来。这是社会主义制度本质的要求。把低工资、低福利用为长期政策，是违背社会主义本质要求的。

第三，要认真研究苏联出现"为生产而生产"的"自我消耗型经济"的严重教训。苏联出现"自我消耗型经济"，是战后时期苏联领导人对斯大林时期的经济体制和结构，没有进行深刻改革，并持续沿袭的必然结果。

从经济结构来说，战后苏联领导人继续高速发展重工业和国防工业，忽视轻工业和农业，造成更为严重的经济比例失调，一些学者认为，为改变这种比例失调非常严重的局面，主要任务是变革不平衡结构，办法有压缩重工业投资，压缩武器生产，大大增加消费品生产等。为此一些学者都提出，应不惜降低速度以求得将来更协调的发展。

从经营方式来说，战后时期，一场新的科技革命蓬勃兴起。苏联领导人对此没有给以应有的重视，有时只是口头说说，仍然醉心于追求高速度的数量发展，醉心于传统的粗放经营方式，以致造成原料、燃料、设备的大量浪费,加速了苏联资源的枯竭。从70年代中叶起,这种趋势更为严重。戈尔巴乔夫承认苏联经济是"浪费的经济",并认为当时没有抓科技革命是"错过了时机"。这个见解是有道理的。70年代中叶是苏联一个转折关头。如果苏联领导人当时抓住时机,能够吸收和运用科技革命成果,逐步转向集约化经营,苏联的这种浪费经济,不是没有可能找到某种出路的。在同一时期,西方国家就发生了这种经济发展向资源节约型转变的变化。

从计划体制方面来说,战后时期,苏联仍然奉行传统的高度集中的指令性计划体制,追求产量和速度,搞产品经济,拒绝利用市场。这就使这个计划体制的浪费性质难以改变。不顾市场需要,没有市场来检验、监督,只靠指令性计划,为追逐完成数量任务,就必然经常出现大量不合格产品、积压产品,就会造成人力、物力极大浪费。

从苏联出现"为生产而生产"的"自我消耗型经济",得出的主要教训是,只有对斯大林时期沿袭下来的经济体制和经济结构进行全面彻底的改革,而其关键是实行社会主义的市场经济,这个问题才能真正解决。

第四,苏联所以长期实行国民经济军事化,直到国力难以承担还要继续支撑下去,从苏联方面看,对外关系的理论和政策上的偏差和失误有重大影响。这些偏差和失误,可举出以下几点:一是苏联在战后时期,把社会主义体系和资本主义体系绝对对立,对战争危险的估计简单化和绝对化,认为只要帝国主义存在就有爆发世界战争的危险;二是过高估计社会主义国家,首先是苏联的成就,认为社会主义已成为世界发展中的决定性因素,并过高估计第三世界国家同西方国家的矛盾,认为社会主义国家与第三世界国家一起就可以成为维护世界和平的决定力量;三是夸大资本主义总危机的发展,认为资本主义很快将崩溃,并认为,社会主义制度取代资本主义制度可以依靠外部力量(实即苏联自己的力量)的推动来实现。在这种认识的基础上,在同美国加紧军备竞赛的同时,借口支援他国反抗帝国主义侵略,利用"经援"和"军援",首先是"军事援助",在全世界到处伸手,四面树敌。这种局面反过来又成为苏联加紧备战的推动力。这种错误的理论和政策,不但把苏联同西方国家的关系引入了死胡同,也把苏联经济推向崩溃的深渊。

战后历史的发展表明,社会主义体系与资本主义体系并非绝对对立,由于战后历史条件的变化,包括苏联拥有了核武器,帝国主义国家的存在,并不一定要爆发世界战争;社会主义国家同帝国主义国家和平共处是可能的和必要的。而且由于战后世界经济关系相互依存趋势的发展,社会主义完全有可能吸收资本主义制度的某些长处以服务于社会主义,社会主义同资本主义制度完全可以实现竞赛共处。战后历史也表明,社会主义体系并没有成为"世界发展的决定性因素"。要做到这一点,只靠军事力量强大是不行的,决定意义只能是依靠社会主义国家经济力量的增强,而这在经济不够发达的像苏联这样的国家,还需要很长时间。因此,必然要出现一个社会主义和资本主义制度长期和平共处的历史时期,世界社会主义事业发展的速胜论是不现实的。战后历史也表明,资本主义制度还有相当的生命力,社会主义最终取代资本主义,只能是资本主义制度内部各种矛盾发展和成熟的结果,以及社会主义制度有成效地发展经济显示出更多优越性的结果。而这需要比过去设想要长得多的时间。苏联急于在亚非国家以"军援""经援"来推动它们向"社会主义道路"发展,终遭失败。这些事实表明,从外部来推进革命,特别是用武力来推进革命,总是不成功的。

以上讲了苏联在内外政策上没有处理好的四个方面的关系,即:国防建设和经济建设的关系、经济发展和人民生活提高的关系、经济改革中速度和效益、粗放经营与集约化、计划与市场关系,以及对外政策中军事力量作用和经济影响的关系。苏联长期以来突出战争危险、突出备战,忽视经济建设;只强调重工业的发展,却忽视人民生活;强调经济发展速度,而忽视经济效益,强调计划,忽视市场作用;对外则主要强调依靠军事力量的作用,而忽视依靠经济成就的影响。其根源是思想方法上的主观主义、唯意志论。这是一种"左"的表现。可以说,军事化经济是苏联长期奉行的对内对外"左"的理论和政策的集中体现。

(载《东欧中亚研究》杂志 1992 年第 5 期)

苏联剧变的历史教训

当 20 世纪最后一个年代来临之际,社会主义世界发生了两件大事:一是苏联发生剧变,二是不断深入进行改革和开放的中国社会主义建设取得了世界瞩目的巨大成就。这两件事发生在两个社会主义大国,是这两个国家本身历史发展的产物,表面上看似乎是各不相关,实际上却有着深刻的内在联系。它们以社会主义发展的不同结局,表达出一个共同的结论:世界社会主义发展到今天,已经发生了历史性的转折变化。

这种历史性的转折变化表现是,一方面,一度曾经起过积极历史作用的苏联传统的社会主义模式,在战后时期,由于日趋僵化,落后于蓬勃发展的新技术革命,以致困难日增,经济和人民生活日趋停滞,这个传统模式最终走上没落以至瓦解的道路。另一方面,中国的社会主义,在邓小平同志有中国特色社会主义的理论指导下,总结了中国社会主义正反两方面的经验教训,总结了世界社会主义兴衰成败的历史经验,特别是苏联的历史经验,深入改革开放,取得了政治稳定和经济的高速发展。一个根本区别于传统社会主义模式的有中国特色的社会主义,正以崭新的面貌出现在世界的东方。所以,为了建设好有中国特色的社会主义,我们在根据自己的国情,不断探索、不断总结改革开放的经验的同时,需进一步对苏联剧变的原因进行研究,总结其剧变的教训,使有中国特色的社会主义沿着正确的轨道发展,并对今后世界社会主义的发展产生重大影响和推动作用。

一

苏联剧变有多方面的原因,而最根本的原因则是苏联领导思想僵化、长期陷于严重的主观主义、教条主义。

列宁领导俄共从战时共产主义转而实行新经济政策,就是改变脱离实际的错误走向务实道路的重大转变。但为时不长,斯大林终止了新经济政策,通过战前几个五年计划,最终形成了斯大林模式,即传统的社会主义模式。苏联领导人在建设初期,在某些方面还能考虑苏联的实际,从而在国家工业化方面做出了成绩;但另一方面,由于把马克思主义与本国实际相结合的自觉性不高,犯了不少脱离实际的主观主义错误。如急躁冒进,以行政命令手段推行农业集体化,过早地把私营工商业全部国有化,以及肃反中滥杀无辜,等等。到了战后时期,由于个人迷信更为盛行,传统社会主义模式日趋僵化,在战后几十年时间内,苏联领导思想中脱离实际的主观主义、教条主义逐渐占据了统治地位。苏联领导人一直坚持过分集中的指令性体制,反对利用市场机制,把经济搞得死气沉沉;他们过高估计战争危险,长期把备战放在第一位,而忽视人民生活;他们盲目自满,看不到自己政治经济体制的根本问题,既不真正改革,也不对外开放,使苏联在高技术方面越来越落后于西方国家;他们把苏联模式奉为普遍真理,不允许东欧社会主义国家根据本国实际走自己的道路;他们错误估计东西方实力对比,到处扩张,四面树敌,使自己陷入孤立。这一系列主观主义的内外政策,把苏联拖向矛盾重重的绝境。戈尔巴乔夫最后几年的改革,成了苏联领导犯主观主义错误的最后一场表演。他不顾国际严峻的斗争实际,以全人类价值高于一切的所谓新思维理论为依据,对外片面鼓吹国际合作,最后倒向西方;他不考虑国内尚存在阶级斗争的实际,照搬西方民主,放弃党的领导,纵容反社会主义势力,造成苏联政局剧烈动荡,经济危机严重深化,最后导致苏联的解体和苏共的瓦解。

二

苏联领导人,从斯大林时期起,在社会主义发展阶段问题上,不顾苏联社会经济水平还比较低的实际,接连作出超越历史阶段的论断,已成为苏联历任领导人的痼疾。斯大林在第一个五年计划完成之际,根据工业产值已占工农业总产值 70%,就宣布建成社会主义物质基础;在第二个五年计划完成后,1936 年宣布基本建成社会主义,随后不久,又宣布向共产主义过渡。战后时期,1952 年又提出从社会主义逐渐向共产主义过渡的任务。赫鲁晓夫在 1959 年宣布苏联进入"全面开展共产主义建设时期",到 1961 年苏共二十二大,又宣布 20 年基本建成共产主义,并要求在按人口计算的工农业产量上赶上超过美国。勃列日涅夫上台,批评赫鲁晓夫是"唯心论"、"主观主义",但他自己不顾苏联经济社会水平远低于西方国家的情况,仍然宣称苏联"已建成了发达社会主义社会"。这个提法后来经过某些修饰,但直到戈尔巴乔夫时期苏共党纲修订本中,仍认为"国家进入了发达社会主义阶段"。从这个历史的简单回顾中,可以看到,苏联在社会主义发展阶段问题上超越阶段理论存在时间很长,前后几近 60 年之久。产生这种错误思想而又长期难以纠正,有各种原因。从理论根源上说,有对马克思共产主义两阶段理论理解上的简单化;从社会根源上说,则反映了小生产者的急躁情绪和狭窄眼界,在经济落后国家中进行建设,取得初步成绩之后,容易不恰当估计自己的成绩而陷入主观主义;而政治斗争需要,往往也占重要地位。如斯大林过早宣布在苏联建成社会主义,实际上就是用来批驳托洛茨基反对派的;赫鲁晓夫提出全面开展共产主义建设的口号,也同在打倒莫洛托夫"反党集团"之后,急于提出新目标鼓舞人心,在党内求得统一与稳定有关。

苏联社会主义建设上的超越阶段理论造成的危害是十分严重的。第一,从超越阶段的理论出发,那些"左"的"一大、二公、三纯"的政策,长期不改,严重损害了工农业生产,压制打击了劳动人民的生产积极性;第二,与超越阶段理论相联系,长期奉行加速赶超计划任务,只顾数量,不顾质量、效益,极严重地滥用和浪费苏联自然资源,这种多年连续大量浪费,就是苏联这样地区广大、自然资源丰富的国家,也经常感到资源紧张;第三,超越阶段理论阻碍了经济体制的改革,助长了体制的僵化;第四,超越阶段的理论起了掩盖社会矛盾、民族矛盾的作用,因为社会主义已建成并向共产主义过渡,已是发达社会主义,自然各种社会矛盾都将日益消失。超越阶段理论变成了为苏联官僚主义统治粉饰太平的理论。

总之,长期奉行超越阶段理论,使得苏联政治、经济、民族各种矛盾积累愈来愈多,这些积累的重重矛盾,终于一下子爆发,不可收拾,使苏联陷于瓦解。

三

苏联发生剧变,一个重要原因是经济没有搞好,人民生活长期上不去。主要因为,从斯大林之后的苏联领导人在社会主义的根本任务问题上,认识有严重偏差。长期以来,他们在社会主义建设中,实际上是把阶级斗争作为根本任务的。这表现在以下几点:第一,从苏联第一个五年计划起,就是把国家工业化同城乡彻底排除资本主义分子、消灭阶级、消灭资本主义复辟可能性一起,都并列为基本任务的。根据这种要求,在农村中进行过火斗争,以行政命令加速实现农业集体化,这使苏联农业生产付出了重大代价。直到战后50年代初,农业畜牧业产量还没有恢复到战前沙俄时期的水平。而且后来长期间在农村一直奉行防范所谓资本主义倾向发展的政策。第二,工业化的重点是发展重工业和军事工业,加上农业集体化中农业生产损失较大,致使消费品生产一直处于低水平。因此,尽管第一个五年计划末,工业比重占70%,宣布苏联已成为工业国,但在工农业、轻重工业严重不平衡的情况下,这种工业化应该说是水平相当低的。这表明斯大林对建成社会主义注重的是生产关系的变革,而并不重视生产力总体水平是否真正符合社会主义的要求。第三,长期以来,苏联一直强调帝国主义进攻的危险,因而一直紧张备战,重工业、军事工业在工业中的比重越来越大。到勃列日涅夫时期,这种比重已增长到占工业总值75%,有些苏联学者认为实际已达80%~85%,消费资料生产则只占工业生产的15%。70年代末,苏联在经济总体实力只有美国一半的情况下,军事装备水平却同美国不相上下。重工业、军事工业的高速度增长,农业、消费品生产水平一直很低,市场供应很差,表明苏联经济发展有极大的片面性。实际上,苏联经济建设是以国防需要为中心的。也可以说,是以苏联领导所设想的"国际阶级斗争"为纲的。

这种长期持续的军事化经济,带来了严重后果。第一,生产资料与消费资料、积累与消费之间,长期严重失调,而且日益加剧;第二,经济增长主要是生产资料,包括军工生产的浪费;第三,由于消费基金不足,职工工资和福利长期处于过低水平,同西方国家相比,差距越来越大。以上这些严重后果综合作用的结果,使苏联经济增长逐渐减慢,最后陷于停滞和衰退,成为苏联剧变的深刻的经济根源。

苏联的历史教训说明,苏联过分突出重工业、军事工业,而忽视农业和轻工业的做法,是对社会主义根本任务是发展生产力的极大歪曲。这种以国防为中心的生产力的片面发展,根本谈不上增强综合国力,特别是,发展生产力一定要同提高人民生活水平联系起来,最终还要表现在人民生活水平的提高上。发展生产力,最后还是为了人民。离开了人民生活的改善,人民素质的提高,就谈不上生产力的真正发展,发展生产力,提高人民生活水平,已不单是经济问题,而是一个尖锐的政治问题,是关系到社会主义能否显示优越性,能否巩固和发展的大问题,从根本上说,是关系到社会主义生死存亡的大问题。

四

斯大林时期起建立起来的过分集中的计划经济模式,尽管在一个时期里可以集中资源、人力,较快地完成某些重大的国防任务或重工业项目,但到战后时期,这个模式已不能适应国内人民日益增长的多方面的需要,也不能适应正在兴起的世界科技革命的要求,更不能适应日趋激烈的特别在经济、科技方面的国际竞争。然而在斯大林之后,从赫鲁晓夫到勃列日涅夫,并没有进行像样子的改革,有些改革动作,只是在下放权力方面做些文章,但常是放放收收,并没有触及到这个传统模式的依靠指令性计划运转、根本排斥市场机制因而缺乏活力的这个根本毛病。到勃列日涅夫时期,更趋于保守。执政初期搞改革,下放某些权力给企业,当看到企业有些不符合计划框框的越轨行动,就赶紧加以限制,最后连开始搞的一点改革也刹了车。对于市场经济,更成了一个大禁区。苏联领导人大批"无政府工团主义",大批"市场社会主义",对进行体制改革、强调市场调节作用的捷克斯洛伐克党,口诛笔伐,不共戴天,最后竟以直接出兵为手段结束了这场争论。顽固坚持过分集中计划模式,拒绝改革,拒绝引进市场机制的后果,是长期由于缺乏约束机制而造成的"投资饥渴症"和资金的严重浪费;是由于缺乏竞争机制而造成的产品质量低下;是优先发展重工业的僵死计划造成的工农业之间、轻重工业之间日益严重的比例失调;是在僵化计划体制下导致科技水平同西方差距的日益扩大。而这些综合的结果是经济效益低下,人民生活水平提高缓慢,企业和职工的积极性、主动性日益低落。这种生产力被束缚、被禁锢的经济,死气沉沉,缺乏活力,一步步由停滞走向衰落。苏联经济80年代初走向衰落,正是这种呆板、僵化的过分集中的计划经济的必然结局。

五

　　传统的苏联社会主义模式,最大的一个问题就是对外经济关系的封闭性。这种对外封闭性,是苏联在战前几个五年计划加强备战期间形成的,也反映了战前时期苏联所处的时代,即斯大林所说的帝国主义和无产阶级革命时代,在苏联对外经济关系上的影响。到战后时期,1949年开始组成以苏联、东欧国家为成员国的经济互助委员会(经互会),斯大林提出两个平行市场的理论,又把苏联一国对西方的封闭性扩大到经互会所有国家。然而,50～60年代,已开始发生了新旧时代交替的变化。以和平与发展为主题的新时代特点已逐渐显示出来。70年代到80年代中,这些新的特征更为明显。战后几十年的历史表明,尽管战争危险仍然存在,但世界大战没有发生;传统的资本主义已发展为现代资本主义,增强了自我调节能力;新科技革命蓬勃发展,在世界经济发展中的作用日益增大;经济生活国际化成为世界经济的显著特征;资本主义国家与社会主义国家之间虽有矛盾斗争的一面,但也有相互依存、相互联系,以至相互协调合作的一面。但是,斯大林的后继人,赫鲁晓夫、勃列日涅夫等苏联领导人,仍然抱住老的时代观点,老的资本主义总危机之类观点不放。苏共二十二大提出的现时代的定义,所谓两个对立体系斗争的时代,等等,其实质不过是加了点具体描绘的帝国主义和无产阶级革命时代的老提法。从这种老的时代观出发,苏联领导口称要同西方国家和平共处,实际却是大搞军备竞赛;口称要争取缓和,实际却借口支持革命,到处扩张。尽管勃列日涅夫执政后期同西方经济交往有所增加,但始终没有能改变苏联和苏联控制下的东欧国家对外经济关系的封闭性质。

由于苏联经济的封闭性,加上教条主义影响太深,苏联领导对70~80年代在西方世界正在兴起的新科技革命感觉非常迟钝。苏联领导人在70年代,只是口头讲讲科技革命的重要性,但却缺乏具体有力措施。勃列日涅夫时期仍继续大力发展传统产业,在钢铁、石油、煤、水泥等产量都占世界首位,但高技术产业,特别是微电子技术等却大大落后。当西方国家已实现由资源密集型、资金密集型产业向技术密集型、知识密集型产业过渡,而大大节约能源、材料消耗并减少污染时,苏联由于缺乏高技术手段来改造传统产业,还只能由于能源、资源浪费严重,而在资源不足的困难中挣扎。只是到80年代中期,苏联领导人才有所觉悟,召开了经互会国家最高经济会议,提出制订长期科技进步纲要,企图共同发展若干高科技产业,以挽救落后局面。但为时已晚。在国际竞争重点越来越向经济和科技方面转移的情况下,苏联经济在70年代中期以后,增长日益缓慢,以至近于停滞,这里有军备负担日益加重的影响。而最深层的原因,则是苏联领导人保守、僵化、忽视正在西方国家兴起的新科技革命,坚持封闭性的经济和落后的传统产业,从而在高技术竞争中遭到失败。而这才是苏联经济困难增大,难以解决,最终导致发生剧变的最深刻的根源。

六

苏共长期以来党政不分、以党代政,实际上党已变成某种官僚化的行政权力机构。高层干部拥有特权,高人一等,群众不敢批评,党不管党,监督机制又很薄弱,党内腐败现象早已滋长蔓延。到勃列日涅夫时期,领导干部特权现象、腐败现象、贪污受贿,更有发展。勃下台后,苏报刊揭露了一些勃时期头面人物的丑闻,如勃列日涅夫的女婿、内务部第一副部长丘尔巴诺夫的贪污受贿案,乌兹别克、哈萨克共和国党中央第一书记的贪污受贿案,等等。格鲁吉亚第一书记姆日瓦纳泽的退休据说也是与贪污案有关。报纸还揭露了不少级别较低的领导干部结党营私、行贿受贿的腐败现象。这些现象长期存在和不断发展,说明苏共实际上已在逐步蜕化。

到了戈尔巴乔夫时期,由于经济改革连续失误,在向市场经济过渡的混乱局面中,党内的腐败现象更为发展。一部分手中握有支配物资、产品大权的国家官员和管理人员,利用手中方便条件,通过承包、租赁、虚报产值、投机倒把等手段,大发横财,形成群众痛恨的所谓"影子经济"。在1990年据称这个"影子经济"总值已增大到共约7000亿~8000亿卢布的规模。1991年7月莫斯科已有百万富翁上万人,其中很大部分是以前党和政府的官员,他们办了很多公司、发家致富主要靠权力、靠关系。一位前区委书记说,他当企业家之前,没有任何资本,"党的机关的老关系比50万卢布资本还重要"。这些人很多是前经济部门负责人、党团负责人以及大企业经理。他们成立了大批的康采恩、联合公司、1000多家联合会。这些商业机构支配的却是国家财产。据称,国家财产已有一半流入这些商业机构。他们同党政机关有联系,享有税收和其他方面的优惠,有的区党委还从这些商业机构的周转额中提成。这批人同私营企业主、暴发户等不同之处,主要在于他们享有特权。

这种种情况使群众对苏共强烈不满,对改革的前途失去信心。根据1991年民意调查,对苏共能使国家摆脱危机失去信心的人占被调查者64%,对改革成功失去信心的占52%。大批党员纷纷退党。到1991年7月,退党人数已达420多万人。据1991年7月中旬全苏咨询研究中心对全苏33个城市、17个农业区关于苏共前途问题的调查表明,有36%的人认为,苏共组织应该解散。

到1990年前后,苏共党组织的蜕化已更为加深,单只党员领导干部在经济改革中的行为就可说明,党已腐化到何等地步。因此,苏共被宣布解散就顷刻瓦解,是毫不足奇的。

(载《当代世界社会主义问题》杂志1994年第1期)

20 世纪世界社会主义的回顾

回顾 20 世纪的世界社会主义的历史,特别有重要意义的,有这样三件大事:第一,俄国十月革命胜利后苏联社会主义的兴起;第二,90 年代初苏联社会主义的剧变;第三,80~90 年代有中国特色的社会主义的兴起。这三件大事,标志着 20 世纪世界社会主义发展的几个重要阶段,显示出世界社会主义曲折发展而又终将走向复兴的历史趋向。

一、苏联社会主义的兴起

俄国十月革命取得胜利,在经济比较落后的俄国建立起社会主义制度,出现了世界上第一个社会主义国家苏联,这是 20 世纪初叶最重大的历史事件。

列宁执政时期,从战时共产主义过渡到新经济政策,列宁对在俄国如何建设社会主义,提出了一些有价值的思想,但因执政时间过短,来不及形成系统的理论。斯大林执政之后,很快结束了新经济政策,经过国家工业化和农业集体化,最后形成了斯大林社会主义模式。

（一）斯大林社会主义模式是世界社会主义处于开创阶段一种早期的社会主义模式。这个模式的主要特点是，在政治、经济、文化各方面都实行中央高度集权的行政命令体制。

这个模式是当时历史条件的产物。

这个模式反映了从第一次世界大战和俄国十月革命直到第二次世界大战后初期所处的历史时代，即战争与革命时代的特征。苏联社会主义建设是在比较落后的沙皇俄国经济条件下进行的，又是在资本主义包围和存在战争威胁的条件下进行的。因此，在第一个五年计划开始制订时，联共（布）党的领导人都以极为紧迫的口吻，强调要高速发展工业特别是重工业、军事工业，以保障国家独立和加强国防。以后的几个五年计划，备战要求更为迫切。因而，反映到这个模式上，不能不带有强烈的备战体制的特点。这就是：实行高度集中的指令性计划体制；优先高速度发展重工业、军事工业；以行政手段实现农业集体化，实行强制的农产品低价交售制度；实行低工资政策，限制消费，等等。

波兰经济学家奥斯卡·兰格在50年代中期曾经指出苏联社会主义模式的这种战时经济的特点。他说，依靠指令性计划集中分配资源，生产战争物资以及强制收购粮食，这些都不过是战时经济的办法。在第一次和第二次世界大战中，资本主义也使用了类似的方法，这并不是社会主义所特有的。他还指出，这种战争经济，应用时间过长，超过必要，就会产生"变形"。这个见解是相当深刻的。

从备战出发，这个模式要求经济发展的高速度。斯大林在1931年初强调，"必须竭力和尽可能加快速度"，"我们比先进国家落后了50～100年，我们应当在10年内跑完这一段距离。或者我们做到这一点，或者我们被人打倒。"

为了备战需要，为完成指定计划，特别是军事任务，可以不计消耗，不惜一切，这就产生了这个模式的经济发展的粗放性。

从备战要求出发,这个模式强调阶级斗争,强调对国内外敌人的警惕性,这就产生了这个模式在政治、经济、文化思想各方面对外的封闭性。

沙皇帝国主义的军事封建性质和专制制度历史传统,对这个高度集中、缺乏民主、致力于备战的模式的形成,也有很深的影响。像领导干部的终身制、特权制、干部委派制,保安机构的特权地位,以至对犯人允许采用刑讯等,都反映了沙皇专制主义的传统影响。而家长制思想根深蒂固,又成为产生个人崇拜的良好土壤。沙皇俄国那种经济力量软弱却集中力量发展军事力量这个历史传统,也对苏联形成和后来长期保持的战时体制有其影响。

在当时历史条件下,联共(布)党的领导层不但比较一致地支持这种高速度的,以发展重工业、国防工业为主的工业化,支持高度集中的指令性的经济计划管理体制,而且连中央高度集权的行政命令的政治体制,高度集中的党内生活,在老党员中也没有受到反对。他们认为,在革命需要时,这些是可以允许的,是必要的。

这样,斯大林模式就成了一个适应于战争与革命时代要求的社会主义模式,它是时代的产物,也是俄国历史条件的产物。

(二)这个模式曾取得重大成就,具有历史进步作用。

第一,消灭了剥削阶级,实现了工业国有化、农业集体化,建立起一个崭新的社会主义制度。第二,实行高度集中的计划体制,以高速度实现了国家的工业化,比较快地掌握了原子弹、氢弹,打破了美国核垄断,航天技术也取得重要进展。第三,在苏联政治、经济、文化建设等方面,在很短时间内取得很大成就:培养了大批科技人才,消灭了失业,普及了教育,普遍实行劳动保险,免费医疗,等等,特别是同30年代资本主义世界经济大危机、大批工人失业相对比,更显示出苏联社会主义制度的优越性。第四,在卫国战争期间,显示出这个集中程度很高、备战比较充分的政治、经济体制的高度效率,打败了法西斯,战后恢复经济也是迅速的。第五,苏联作为第一个社会主义国家,显示出来的社会精神面貌,是生气勃勃的、向上的,社会秩序也比较稳定。第六,苏联在支援其他国家的革命运动方面,也做了不少工作。

(三)这个社会主义模式,在兴起的这段时间也存在不少问题。

主要问题是:第一,出现了严重的个人崇拜,在肃反中夸大敌情,导致阶级斗争扩大化,大批领导干部被错杀。第二,过分集中的计划体制,难以发挥企业和职工的主动性、积极性。工业强调高速度,只顾数量,忽视质量,浪费严重,投入多,产出少,长期效率不高。第三,为了备战,过分限制消费,以致人民生活改善缓慢。第四,以强制手段实现农业集体化,从农民那里又拿得过多,挫伤了农民的生产积极性。第五,对外国革命运动指手画脚,要各国党服从于苏联利益的需要,犯了一些主观主义、大国主义的错误。

(四)更严重的问题出现在第二次世界大战之后。

在第二次世界大战之后,在欧亚出现一系列社会主义国家,特别是 1949 年中华人民共和国成立,世界社会主义由只有苏联一国发展到多国建立起社会主义制度,世界社会主义的发展,呈现出一派兴旺发达的景象。到 50 年代中,世界社会主义的力量、威望、影响,发展到最高峰,但同时也是苏联个人迷信的最高峰,是苏联教条主义发展的最高峰。这时许多战前为实现工业化和农业集体化的做法、措施,包括指令性计划经济、所有制的国家化、权力过分集中的中央集权体制,等等,都上升为理论,变为教条,成为不容争辩的社会主义本质特征。这就形成为僵化的理论体系。在这种理论体系影响下,苏联社会主义模式开始僵化。苏联社会主义模式的僵化,实际上成为苏联由盛转衰的起点。苏联由盛转衰不仅表现在由于苏联领导的大国主义,导致世界社会主义内部矛盾不断发展,争论不断升级,社会主义国家之间出现分裂,而且也表现在战后苏联经济在不同时期出现不景气状况。这里有斯大林逝世前后苏联经济的恶化；有赫鲁晓夫改革失败，经济困难增加而被赶下台；也有勃列日涅夫执政时期从 70 年代起，苏联经济日趋停滞，出现了所谓"停滞时期"。

苏联由盛转衰，为它最后的瓦解准备了条件。

二、苏联社会主义模式由盛转衰以至最后瓦解的原因

先说总的原因。

苏联社会主义模式的兴起，是在第一次世界大战后到第二次世界大战后初期，它适应了战争与革命的时代要求。但到了 50、60 年代，随着以电子、能源、新材料、生物工程等为主要内容的新的科技革命浪潮的兴起，已经开始出现新旧时代交替的变化，战争与革命的时代逐渐过去，以和平与发展为两大主题的新时代特点已逐渐显示出来。70 年代到 80 年代中，新的时代特征更为明显，战后几十年历史表明，尽管战争危险仍然存在，但世界大战没有打起来；传统的资本主义已发展为现代资本主义，增强了自我调节能力；新科技革命是在发达资本主义国家开始的，它推动了生产力的发展；新科技革命蓬勃发展，在世界经济中的作用日益增大，国际竞争日益转向以经济、科技为重点的综合国力的竞争；经济生活国际化成为世界经济的显著特征，资本主义国家与社会主义国家之间虽有矛盾、斗争的一面，但也有相互依存、相互联系，以至相互协调、合作的一面。但是，斯大林及其后继人赫鲁晓夫、勃列日涅夫等人，仍然抱着老的时代观点不放，在变化了的时代特征面前，他们对传统的模式做了一点改良，但仍然基本坚持传统的高度集中的备战型的社会主义模式及老的一套内外政策，以至同时代的发展愈来愈不适应。这

个模式原有的一些长处、强点,在新的时代特征面前,在新的科技革命浪潮面前,都变为短处、弱点了:高度集中的指令性计划体制,虽可在某一项目上集中资源,完成某些规定的任务,但在战后经济需要日益多样化的时期,苏联除了在某些具有军事意义项目上,如原子弹、氢弹、航空航天技术等,取得了成就外,面对世界新技术革命蓬勃发展的多种领域,却显得日益僵化,不灵活,无法适应科技革命的发展和千变万化的要求;片面优先发展重工业,虽然在若干传统工业部门取得世界领先地位(煤、石油、天然气、钢铁、水泥等),但在许多新兴工业部门,特别是高技术有关的工业部门(如电子工业、新材料工业),则大大落后;集中力量增强国防,可以做到同美国平起平坐,取得军事战略均势,但日益增长的庞大军费开支,在苏联国民收入只有美国一半左右的情况下,成为国民经济的沉重负担,成为改善人民生活的严重障碍;高度集中的行政命令体制,在一个时期曾表现出效率高、运转较灵便的优点,但它缺乏民主,劳动人民实际上处于无权地位,这种情况,在备战时期或战争时期,依靠行政命令,加上政治动员,还可以鼓舞起人民的热情,为实现规定的目标而奋斗,但长期如此,战后和平时期也如此,这些手段就逐渐失效;在战前,为了在一国建设社会主义,支持世界革命,准备抵御外国入侵,在战争与革命的时代气氛中,人们可以忍受物质供应匮乏和低工资,只维持起码的生活,却把劳动贡献看成是光荣事业,但到战后,这个气氛逐渐消失了,在和平时期,仍然维持低供应、低工资水平,人们劳动积极性就不能不逐渐降低。因此,旧模式与时代发展不相适应,特别是在吸收采用新技术革命成果,在动员群众的积极性方面越来越显得落后,经济困难增大,人们劳动热情越来越低,人们越来越不能容忍这个模式。落后于时代,落后于人民要求的斯大林模式,最后不能不为时代所抛弃,实质上也就是为人民所抛弃。这是苏联斯大林社会主义模式在战后时期由盛转衰以至最后瓦解的总的原因。

除去这个总原因之外,还可对这个模式的几个重要方面作点分析,看苏联社会主义是怎样由盛转衰以至最后瓦解的。

先看理论指导思想方面的原因。

"左"的教条主义的长期统治,是苏联社会主义由盛转衰到最后瓦解的根本原因。

"左"的教条主义错误,在战前斯大林执政时期就已大量存在。战后时期,随着个人崇拜更为盛行,"左"的教条主义更为发展,占据了统治地位。其中影响最大、危害最大的,是超越历史阶段的理论,是把战前备战型的社会主义模式固定化的理论,是世界资本主义总危机的理论。

超越历史阶段的理论,从斯大林战前提出社会主义建成论,到勃列日涅夫提出发达社会主义论,统治苏联达 50 年之久,对苏联社会经济各方面造成了严重危害。超越历史阶段的理论,只注意生产关系的变革,忽视生产力的发展,以致"一大、二公、三纯"的"左"的政策长期存在,严重损害了苏联工农业和整个经济的发展;超越阶段的理论,脱离苏联实际,美化苏联现实,所谓建设共产主义,建成发达社会主义的虚幻论证,阻碍了体制改革,掩盖了苏联的社会矛盾和民族矛盾,助长了体制的僵化。

把战前备战体制的社会主义模式从理论上固定化,起源于斯大林 1946 年 2 月对选民的讲话。在讲话中,斯大林全面肯定了战前以优先发展重工业的工业化和农业集体化为主要内容的备战体制。从此,战前备战体制的社会主义模式理论被固定化,苏联领导人一直固守这个模式的理论论点。他们坚持优先发展重工业,长期把备战放在第一位,而忽视人民生活;他们坚持高度集中的计划理论,反对利用市场机制,把经济搞得死气沉沉;他们一直坚持对农业管得过死、拿得过多的政策,严重打击了农民的积极性,使苏联农业长期不振。具有备战体制特点的社会主义模式理论的固定化,使苏联社会主义从理论到实践长期陷于停滞,影响是非常严重的。

世界资本主义总危机理论是斯大林战前提出的,战后又作了新的发挥,强调两个体系的对立,强调资本主义总危机是既包括经济也包括政治的全面危机,而且危机不断深化。这个理论,成为苏联领导人长期来观察世界形势,特别是世界资本主义形势的总指针。苏联领导人由于拘守资本主义总危机不断深化的论点,看不见战后资本主义做了某些自我调整,对新科技革命具有一定适应能力,生产力得到较大发展的新变化,一味重复科技革命只会使资本主义固有矛盾加深的老调,对发生在西方国家的科技革命掉以轻心,不注意研究,更谈不上大力吸收资本主义的先进技术和先进管理经验。由于盲目自满,加上强调同资本主义体系的对立,苏联多年来奉行的对外封闭政策没有任何改变。

这一系列"左"的教条主义的理论和内外政策,把苏联引向矛盾重重的困境,使人民对苏共和社会主义产生怀疑和不满。这成为戈尔巴乔夫得以推行其右的路线和政策的基础。右的路线和政策,则最终导致苏共的失败和苏联的瓦解。

再看经济方面的原因。

苏联由盛转衰,最后瓦解,主要原因是经济没有搞好,人民生活上不去。而其根源在于,战后时期,斯大林和以后的苏联领导人,固守战前形成的有备战特点的经济模式,既不改革,又不开放,以至这个模式日趋僵化。

这个经济模式的特点之一,是加快发展重工业,忽视农业、轻工业。战后时期,苏联领导人继续强调帝国主义进攻的危险,因而一直紧张备战,重工业、军事工业在工业中的比重越来越大。勃列日涅夫时期,生产资料生产在工业生产中的比重高达75%,苏联学者认为,实际已占80%～85%。消费品生产比重,一直很低。据戈尔巴乔夫说,苏联只有 6%～8% 的生产基金用来生产消费品。农业则一直是苏联经济的薄弱环节。其结果是,工农业之间,生产资料与消费资料之间,积累与消费之间,长期严重失调,而且日益加剧。由于消费资金不足,苏联职工的工资、福利,长期处于低水平。同西方国家比,差距越来越大。战后和平已有 40 年之久,仍然是低工资、低福利、消费品供应长期不足,这不能不影响劳动人民的生产积极性。这是苏联经济增长逐步减慢,最后陷于停滞和衰退的一个重要原因。

这个经济模式的特点之一,是高度集中的指令性的计划管理体制。战后时期,苏联领导人对于这个高度集中的指令计划体制,始终没有进行有效的改革。赫鲁晓夫时期的改革只是放放收收,没有触及到这个集中计划体制的实质;勃列日涅夫时期的立场,则是只搞完善,不谈改革,同时大批"市场社会主义"、"无政府工团主义"。顽固坚持集中计划体制,拒绝改革,拒绝市场机制,使这种计划体制缺乏活力,日趋僵化,这是影响苏联经济一步步由停滞走向衰落的又一原因。

这个经济模式的特点之一,是对外的封闭性。战后时期,苏联领导人出于备战需要,根本拒绝对外开放,长期自我封闭,使苏联领导人对世界正在兴起的新科技革命感觉非常迟钝。到 70 年代勃列日涅夫时期,仍然大力发展传统工业,在钢铁、石油、煤、水泥等产量方面,以苏联占居世界首位而自豪,但高技术产业部门却大大落后。当西方国家已实现由资源密集型、资金密集型产业向技术密集型、知识密集型的产业过渡,而大大节约能源、材料消耗和减少污染时,苏联则由于缺乏高技术手段改造传统工业,虽眼看着自己的资源、能源浪费严重,却只能在痛感资源不足的困境中挣扎。只是到 80 年代中期,苏联领导人才有所觉悟、同经互会国家一起召开会议,制订长期科技进步纲要,企图共同发展若干高技术产业,但为时已晚,而且后来的东欧和苏联的剧变,使这些企图都化为泡影。在国际竞争重点越来越向经济和科技转移的情况下,苏联经济从 70 年代起,增长日益缓慢,以至陷于停滞状态,这里有军备负担日益加重的影响,而最深层的原因,则是苏联领导人保守、僵化,忽视西方国家兴起的科技革命,坚持封闭性经济,既不改革,又不开放,从而在科技革命竞争中遭到失败。这是苏联经济困难增大,难以解决,最后陷于停滞的最深刻的根源,也是苏联由盛转衰,以至最后瓦解的最深层的原因。

最后,再看政治方面的原因。

从政治方面看,苏联社会的领导力量,苏联党和国家高级领导层的许多人,越来越官僚化,他们拥有特权,高居人民之上,严重脱离群众,他们成为只关心自己的权力、地位和利益的官僚阶层,实际上已逐步在蜕化。其中不少人以权谋私,贪污腐化,成为腐化分子,或结党营私,成为贪污盗窃集团。这个力量在"左"的教条主义统治时期,成为阻碍改革,反对开放的力量。但是,他们支持"左"的路线只是为了私利,并不是出自马克思主义的信念,因而很容易为了私利,又转到别的立场上去。这个官僚化的权势阶层是使苏联社会主义模式变为僵化,由盛转衰,以至最后瓦解的主要政治社会力量。

苏联党政高级领导层是"左"的理论和政策的受益者,是既得利益集团。他们成为支持"左"的理论、政策的社会力量。重工业、军事工业的有关部门和企业的领导层,就倾向于支持优先发展重工业的政策;经济计划部门的领导层,则倾向于保持这种高度集中的计划管理体制;党和政府的官僚阶层,出于他们利益需要,则竭力维护那种中央过分集权、依靠行政命令运转的体制和有关理论。他们在新技术革命面前,表现出保守的立场。对新技术革命,除去那些能直接增加他们的权势地位的有军事意义的发明、革新外,其他一概不感兴趣。勃列日涅夫时期,苏联院士阿尔巴托夫曾在《计划经济》

杂志上著文称:美国多年来"明显过高估计了电子计算机在管理中的作用,电子热把有组织的管理机构,通过决议的手段,管理中的'人的因素',等等,排挤到了次要地位"。作者断言自动化管理体系同有组织的管理体系相比,是"次要因素"。这种观点表明,那些醉心于依靠官僚化机构办事的人们,决不愿意让新技术革命成果,如电子技术之类,打搅他们的官僚化的决策程序,尤其是影响他们由于个人地位而拥有的决策权力。但是,由于这个官僚化的权势阶层考虑的只是自己的地位、利益和小集团的地位、利益,他们可以今天支持教条主义的理论、政策,在"左"的口号下,从公有财产中捞取他们能拿到的一切,而到明天,当形势有变化,教条主义不灵了,为了自己的利益,又可以转到右的立场上,在否定过去一切造成的混乱中,利用自己的权力、地位,继续干那种盗窃公有财产、化公为私的勾当。

在戈尔巴乔夫进行所谓改革时,就出现了这种变化。由于戈尔巴乔夫经济政策连续失误,在向市场经济过渡的混乱局面中,党和政府官员的腐败现象大为发展。一部分手中握有物资、产品大权的国家官员、管理人员,通过各种手段大发横财,形成劳动群众所痛恨的"影子经济"。1990年据苏报刊称,这种"影子经济"的规模已达7000亿~8000亿卢布。这些发大财的,大部分是以前的党和政府官员。他们办了许多公司。他们没有资本,他们发家致富主要靠权力、靠关系。他们同党政机关有联系,享有税收和其他方面优惠。他们同私营企业不同就在于他们享有特权,支配的是国家财产。这种情况,引起群众对苏共的强烈不满,也使苏共党员队伍趋于涣散,大批党员纷纷退党。1991年7月,退党人数已达420多万人。因此,1990年前后,苏共党组织蜕化更为加深。苏共被宣布解散,就顷刻瓦解,是毫不足奇的。

正是这批蜕化的官僚阶层,过去是长期支持"左"的路线的,现在又很快成为戈尔巴乔夫时期右的路线的社会基础。

三、有中国特色的社会主义的兴起

在 20 世纪 80～90 年代,当苏联、东欧传统的社会主义模式趋向没落瓦解之际,有中国特色的社会主义却取得了世界瞩目的巨大成就,正以根本区别于传统社会主义模式的崭新面貌,在世界的东方升起。

中国社会主义的这些成就,是在邓小平同志建设有中国特色社会主义的理论指导下取得的。

建设有中国特色社会主义的理论,首先是总结中国社会主义正反两方面经验的产物,同时也是总结世界社会主义国家主要是苏联的传统社会主义模式兴衰成败的历史教训的产物,只要简略回顾一下本世纪传统社会主义发展的历程和成败得失的经验教训,就可看出,有中国特色的社会主义理论,在深刻总结传统社会主义历史教训的基础上,对传统的社会主义理论作出了一系列重大突破和根本性的创新。

有中国特色的社会主义理论其创新和突破是多方面的。

比如,突破了社会主义只有统一模式的传统观点,强调走自己的道路,不照搬外国模式,解放思想,实事求是,把马克思主义与本国实际相结合,建设有中国特色的社会主义;

比如,纠正了传统社会主义概念中忽视生产力的偏颇,提出关于社会主义本质的新论断:社会主义的本质是解放生产力,发展生产力,消灭剥削,消除两极分化,最终达到共同富裕;

比如,提出我国还处在社会主义初级阶段的论断,只要回顾苏联东欧国家由于长期过高估计本国社会主义发展阶段,以致贻害无穷的历史教训,就可理解,实事求是地估价我国基本国情是何等有创造意义的突破；

比如，否定了在社会主义社会中不敢谈革命的僵化观点，提出改革也是一场革命，也是解放生产力，是社会主义社会的发展动力；

比如，改变了长期流行的战争与革命的时代观，提出和平与发展是当代世界的两大主题；

比如，否定了传统社会主义对外封闭的做法，提出社会主义必须实行对外开放，应当吸收和利用世界各国包括资本主义发达国家所创造的一切先进文明成果，来发展社会主义；

比如，鉴于苏联等国家执政党蜕变的教训，提出在改革开放中，在抓好物质文明建设的同时，必须抓好精神文明建设，要两手抓，两手都要硬；

如此等等。

虽然以上只不过列举了有中国特色社会主义的理论的一部分论点，已可看出，这是在新的历史时期，结合中国的实际，结合现时代的实际，对什么是社会主义，怎样建设社会主义的创造性的全新考虑。它回答了在现时代社会主义实践中的迫切理论问题，指明了在国际大变化的新格局下中国如何利用机遇加速建设有中国特色的社会主义的根本方向。

这样，以邓小平同志建设有中国特色社会主义的理论为指导方针的中国社会主义的兴起，实际上标志着世界社会主义历史发展进入了一个新阶段，表明与传统社会主义有根本区别的一个现代社会主义蓬勃发展的新时期正在到来。

回顾20世纪的社会主义发展历史，可概括为以下几点：

第一，苏联的失败，仅仅是一种落后于时代的、僵化的、教条主义的社会主义模式的失败，而绝不是社会主义的失败，更不是马克思主义的失败。

第二，从社会主义历史发展的角度看，苏联模式的失败并不是徒然的。这个模式是人类历史上社会主义的一场大规模的长时间的伟大试验。这个模式曾经有过自己的辉煌时期,虽然最后失败了,但是,它留下了丰富的兴衰成败的历史教训,原苏联人民,世界各国人民将从中学习和借鉴,这将推动世界社会主义向着更健康的方向发展,为将来取得新的成功开辟道路。

第三,有中国特色社会主义的兴起表明,一个国家,一个党,只要认真地、深入地总结传统社会主义模式的经验教训,本着实事求是精神,把马克思主义与本国实际相结合,与现时代的实际相结合,制定出符合本国实际的理论与政策,社会主义事业就能得到蓬勃发展。

第四,有中国特色社会主义的理论和实践,带有中国的特点,同时,也包含着若干对世界社会主义有着普遍意义的东西。这些都将成为世界社会主义事业可资利用的宝贵财富。中国社会主义建设的成就,将成为推动世界社会主义前进的强大力量。

第五,当前世界社会主义发展的历史性的转折,展示出世界社会主义从过去到未来的曲折前进的历史轨迹。社会主义虽然在一些国家中遭到挫折和失败,但在世界社会主义发展历史的长河中,毕竟不过是一时的现象。有中国特色社会主义的兴起,标志着社会主义新发展的希望。挫折和失败教育了人们,有中国特色社会主义的成就鼓舞着人们。总结历史的挫折和失败的教训,借鉴社会主义新的成功的经验,可以期望,世界社会主义运动经过反思、自我教育,必将以新的更强大的力量走上复兴和胜利的道路。

(载《20～21 世纪:社会主义的回顾与瞻望》文集,

中国社会科学出版社,1995 年版)

苏联落后于时代的教训和邓小平理论的时代精神

我们当前所处的时代是和平与发展成为当代世界两大主题的时代。这个论点是邓小平同志根据战后世界形势的新变化，对现时代特征作出的新的理论概括。这一新理论是对马列主义时代观的重大发展，是建设有中国特色社会主义理论的重要组成部分。中国共产党的十四大报告指出：建设有中国特色社会主义理论是"马克思列宁主义基本理论与当代中国实际和时代特征相结合的产物"。

如何正确认识和对待当前这个时代，对于社会主义国家有非常重要的意义。20世纪末叶，社会主义世界发生了两件大事，一是苏联发生剧变，二是有中国特色社会主义的兴起，这两者都同是否正确认识和对待现时代有密切关系。苏联由盛转衰以至最后解体，有多种原因，而背离时代要求，落后于时代，则是苏联衰败没落的总的根源；中国社会主义建设从中共十一届三中全会以来取得举世瞩目的宏伟成就，从根本上说，则是由于指导中国社会主义建设的邓小平同志的建设有中国特色社会主义的理论，具有深刻反映时代要求，准确把握时代脉搏，不断推动时代前进的时代精神。

本文拟就现时代的若干特点、苏联落后于时代的主要历史教训和建设有中国特色社会主义理论的时代精神三个方面,分别加以论述。

一、和平与发展新时代来临的历史条件
和新时代的若干特点

第二次世界大战结束后,一系列重大的历史事件为和平与发展的新时代的来临准备了条件。由于第二次世界大战的性质同第一次世界大战根本不同,因而结果也大不一样。如果说,第一次世界大战是帝国主义战争,战争结果是引发了俄国十月革命和一系列国家中的无产阶级革命斗争,而第二次世界大战,由于从一开始就具有反法西斯的、民主的解放战争的性质,这方面得到了人民的支持,战争没有引发无产阶级革命,而是推动了世界民族民主革命斗争的高涨,推动了资本主义国家人民为争取民主、维护和平和争取社会进步的斗争。苏联和中国都是战胜国,对于加强世界民族民主革命斗争,加强世界社会主义阵地具有非常重要的意义。

第二次世界大战后世界发生的重大历史事件是:

第一,在亚洲、非洲一系列国家中出现了民族解放运动的高潮,一大批殖民地、附属国成为独立国家。这是第二次世界大战的一个非常重要的结果。这些独立的民族国家,从他们的切身利益出发,力图发展民族经济、维护世界和平。

第二,在二战中,苏联红军取得了反法西斯战争的胜利,在苏联胜利的影响和支持下,在东欧出现了一些新的社会主义国家,这是第二次世界大战另一个重要结果。这些国家成为促进世界和平与发展的重要力量。

第三,苏联在打败德、日法西斯之后,很快掌握了核武器,取得了可同最先掌握核武器,力图充当世界霸权的美国相抗衡的核大国

地位。苏联经济实力的增长和成功地掌握核武器,成为制约世界战争爆发的重要因素。

第四,1949年中国人民在中国共产党领导下,推翻了美国支持的蒋介石反动政权,中华人民共和国宣告成立,并走上了社会主义道路。社会主义中国成为反对霸权主义、维护世界和平和推进世界进步事业的巨大力量。

第五,战后资本主义世界出现了一系列新变化。如:以美元为中心的世界货币体系的确立;援助西欧的"马歇尔计划"的实施;西欧共同市场的建立和发展;《关税及贸易总协定》的缔结;西方国家对经济的调节和控制的加强以及福利国家政策的推行,等等。这些措施缓和了资本主义国家的内外矛盾,维持了资本主义的相对稳定,促进了经济较为迅速的发展。

第六,以原子能、电子计算机、人造卫星为开端的战后新的科技革命开始兴起。这场科技革命根本改变了世界面貌。新科技革命对于世界和平得以维护和战后经济的迅速发展,起了非常重要的推动作用。

第七,朝鲜战争经过战场上的反复较量,最终停战言和。这表明世界力量对比已达到了某种稳定和均衡状态,企图以武力来改变战后形成的格局再也行不通了。

经过这一系列的重大的历史事件,一个新的时代的基本特征,即和平与发展的特征越来越明显地显现出来,可以说,50年代中期以后,以和平与发展为基本特征的现时代实际上已经来临。

纵观50年代中期以来世界形势的发展,可以看出现时代的一些基本特点:

第一个特点是,战后时期出现了现代科学技术的一场新的伟大革命。这场革命使所有科学技术领域都发生了深刻的飞跃性的变化。人类在电子信息、生物、新材料、新能源、航天等新兴技术领域,取得了一系列重大突破,一批新的产业迅速崛起。其中,以电子信息技术为中心的信息革命的发展尤为突出。信息革命在发达国家从50~60年代实际上已经开始,70年代以后,有了更迅猛的发展。90年代初美国提出信息高速公路计划并开始实施以来,信息革命更形成了新的热潮,而且也扩展到新兴工业化国家和地区以及某些发展中国家。在信息革命推动下,发达国家已开始了由工业经济向信息经济的转变。这场革命正在引起社会经济的一系列重大变革:以电子技术为主的高技术向其他工业领域广泛渗透,使传统技术发生质的变化,社会劳动生产率有了很大提高;产业结构发生重大变化,知识和技术密集型产业正在取代劳动密集型产业,成为创造财富的主要形式;就业结构也发生相应变化,单纯体力劳动者愈益减少,脑力劳动者愈益成为主要的决定性的因素;为适应信息革命要求,企业传统的庞大管理机构和集中管理方式也正在大大精简和非集中化;在信息技术革命中涌现的中小企业,地位日益重要;由于信息革命的发展,世界经济活动更趋于国际化、全球化;大国之间争夺高科技优势的竞争更为激烈;出于竞争的需要,发达国家将劳动密集型以至某些技术密集型产业转移到发展中国家,这加强了发达国家在高技术竞争中的地位,同时又在客观上促进了发展中国家和地区经济的发展,促进了新兴工业化国家和地区的高技术产业的发展。总之,战后时期这场以信息革命为主要内容的新的科技革命,是人类社会继工业革命之后,生产力的又一次空前的巨大变革。当代社会不论在生产方式、工作方式、学习方式、生活方式等方面,都正在发生深刻的变化。可以说,现时代的一切重大发展变化,都直接间接同这场新的科技革命有着密切关系。

第二个显著特点是,世界形势从总的方面说,维持了一个相对和平的局面。虽然出现了"冷战",出现过某种形式的军事对抗,有过时间持续相当长的军备竞赛,甚至在世界某一地方出现过局部战争,也出现过某一西方大国对社会主义国家的封锁、禁运等敌对行为,但最后总是战争转为和谈,紧张转为缓和,对抗为对话所取代,干涉、封锁、制裁等则纷纷破产。和平在全世界是大势所趋,在主要大国之间并没有发生战争。这种相对和平局面得以长期维持,有多方面原因。核武器的巨大威力和核战争毁灭性的后果,使苏美两个主要核大国都不敢动手;在科技革命蓬勃发展条件下,为了争夺市场,发达国家都把更大的力量转移到依靠高科技发展经济方面,而不是依靠战争手段;全世界绝大多数国家和各国人民都不愿打仗,迫切要求和平,主要核大国的领导者对此不能不加以考虑;在冷战结束后,发展经济和争夺高科技优先地位,成为更迫切的任务,虽然在局部地区也不平静,但从世界总体角度来看,发生世界大战的可能性变得更小了。战后持续几十年的相对和平局面,成为世界经济取得较迅速发展的重要条件,也是世界新科技革命得以迅速前进的重要条件。同时,经济和科技革命的迅速发展,各国经济联系更趋紧密,更趋于高度国际化,又成为世界和平局面得以继续维持的重要推动力量。

第三个重要特点是,世界经济的高度国际化以至全球化。战后时期在世界经济的一切重要领域,诸如物质生产、商品贸易、资本流通、金融活动等方面,与战前相比,一个很大不同点是呈现出高度国际化的趋向。在物质生产领域,对一些技术密集型产品,以现代科技为基础,实行世界范围内的分工与协作,已成为现代化生产的重要趋势;在商品贸易方面,战后期间,世界贸易保持着高速增长,规模日益扩大,世界商品贸易额的增长速度一直超过世界国民生产总值增长速度,从而使各国经济联系更加紧密;在产业资本流通方面,战后时期,世界对外直接投资有了大幅度增长,发达国家之间双向投资大量增加,发达国家向发展中国家直接投资,在最近几年也有了迅速增长,这些都促进了世界经济更为紧密的相互依存和联系；此外，国际金融业、通讯业、运输业、技术转让等，随着信息技术的发达，在全球范围内也都有了更为迅速的发展。战后时期迅速发展起来并遍布全世界的几万家跨国公司，在推动世界经济高度国际化方面起了重大的作用。事实上，前述的对外投资、对外贸易、物质生产的国际性专业化分工和协作以及国际技术转让等，主要都是由跨国公司进行的。世界经济各个领域的这些新变化，表明世界经济活动的国际化趋向已发展到了一个新的阶段，即全球化的阶段。在这个阶段，同过去各国仅进行一般的经济联系和交往不同，它的明显特点是，各国经济相互联系空前紧密，都处于相互依赖、相互渗透、相互交织同时也相互竞争的状态，各国经济已经在很大程度上融合成为统一的世界经济整体。与此相适应，世界更多的国家和地区走上市场经济的道路，全世界出现了市场经济体制一体化的共同趋势。

面对世界经济全球化和世界市场经济体制一体化的这种形势，无论是发达国家为了扩大市场，或者发展中国家为了实现现代化，都必须走向国际市场，积极参与世界经济的国际化进程，这已成为一个国家增长和繁荣的关键因素。

第四个特点是，现代资本主义进入一个相对稳定和相对和平发展的时期。战后时期，发达资本主义国家依靠科技革命，经济有了比较迅速的发展。在经济持续增长的基础上，工人生活有了比较大的改善，国家又普遍实行了社会保障制度，传统概念的"贫困化"实际上已不复存在。随着高科技产业的发展，工人文化水平也普遍提高，工人阶级的构成也发生了很大变化。工人阶级队伍中脑力劳动和脑体双重劳动者，已大大超过体力劳动者；非物质生产部门的工人数量已超过工人阶级的半数。由于战后现代资本主义国家拥有巨大的财政资源，拥有较多的手段去干预和调节经济，在必要时，还可由主要西方国家协同进行干预,资本主义自我调节能力已大为增强,因而比较容易缓和国内阶级矛盾;在各国经济互相渗透和交织,经济联系日益紧密的情况下,在资本主义国家之间,虽有时矛盾尖锐,但不会诉诸武力。从而现代资本主义进入了一个相对稳定和相对和平发展的时期。

但是,资本主义制度的基本矛盾并没有解决。新科技革命推动这些国家生产力的迅速发展,缓和了这一矛盾的某些侧面,但这一矛盾往往又在其他方面以新的形式尖锐化起来。战后时期由基本矛盾引发的经济危机在资本主义国家一再发生,没有停止过;发达国家最近才从90年代初开始的经济衰退中走出来,而失业率还是居高不下;接二连三地发生了金融危机;为了争夺市场,争夺经济、科技优势,西方发达国家之间的经济矛盾和冲突日趋激烈;西方发达国家在向信息经济转变中,总的说来,同发展中国家经济水平的差距更为扩大,同时,为了争夺市场,发达国家不得不将一部分高技术产业向新兴工业化国家和地区转移,客观上促进了这些国家的产业升级和技术高级化,以至反过来又成为发达国家自己的竞争对手。因而现代资本主义的稳定,只能是相对的。

第五个特点是,世界社会主义运动进入了一个新的历史时期。传统社会主义模式由于未能改革开放,未能经受住历史的考验。在总结传统社会主义遭到挫折的教训基础上,现代社会主义正在深入改革和对外开放中兴起。

在战后新科技革命浪潮冲击下,奉行传统社会主义模式的世界社会主义运动受到强烈挑战:是服从一个中心,教条式地生搬硬套,固守传统的社会主义模式,还是独立自主地探索适合本国国情的社会主义道路,结合世界新发展进行改革和对外开放,这成为战后世界社会主义运动能否胜利发展的根本问题。在这个根本问题上的斗争时起时伏,成为战后世界社会主义运动发展史的主要内容。奉行传统社会主义模式的苏联与东欧国家，既不改革，又不开放，以致由盛转衰，最后遭到了失败。但这仅仅是僵化的计划经济和中央过分集权缺乏民主的传统社会主义模式的失败，是错误的改革政策的失败，而绝非社会主义的失败。

建设有中国特色社会主义的理论，则是把马克思主义基本原理与本国实际相结合，摆脱传统社会主义教条的束缚，独立自主地探索社会主义建设道路的伟大成果。它不仅是总结我国社会主义建设中正反两方面经验教训的产物，同时也是总结苏联、东欧社会主义国家兴衰成败的历史教训的产物。

从传统社会主义模式的失败到有中国特色社会主义的兴起，这是世界社会主义运动发展的历史性的转折。这标志着在马克思主义指导下，通过多种途径走向社会主义，并实行多种模式的现代社会主义运动的新的历史时期的开始。

现代资本主义的相对稳定发展和现代社会主义的兴起，表明社会主义同资本主义在世界上的共处进入了一个新的历史阶段。发达国家为了寻求资本和商品的市场，需要同社会主义国家发展关系；社会主义国家一般是在经济比较落后的国家中建立起来的，现在正在实行改革和对外开放，以吸收发达国家的资金、技术和管理经验，使其有利于社会主义建设。这就出现了社会主义国家同资本主义国家之间，在政治、经济上建立联系，进行合作和协调的可能。但是，在协调合作中，有的发达资本主义大国，不尊重别国的独立主权和人民的选择，力图把自己的社会制度、价值观念、发展模式强加于人，或者依仗大国地位，损害别国利益，干涉别国内政。由于存在这类霸权主义和强权政治，在社会主义国家同资本主义国家协调合作中，又常常出现摩擦，出现矛盾和斗争。

社会主义同资本主义这种既相互联系、协调合作，又有矛盾斗争的关系，是一种竞争共处的关系。这种竞争共处将是长期的。

二、苏联落后于现时代的主要历史教训

苏联落后于现时代,是逐步演变而形成的一种历史现象。在第二次世界大战前,战争中以至战后初期,苏联是个上升的国家,还不存在落后问题。如果回顾俄国十月革命以后,从开始五年计划建设,到第二次世界大战和战后初期,大约 30 几年的历史,就可看到,苏联当时不但没有落后于时代,而且总的说来,苏联模式的社会主义,在当时曾经起过推动历史前进的进步作用。

十月革命的胜利,在经济比较落后的俄国建立起世界上第一个社会主义国家,曾经给世界无产阶级和一切先进人们以无限希望;在斯大林执政期间,经过几个五年计划,建立起一个在政治、经济、文化各方面都实行中央高度集权的备战型的社会主义模式,短期内实现了国家工业化,初步改善了人民的生活,同 30 年代资本主义大危机形成强烈对比,显示出了社会主义制度的优越性;在反法西斯战争中,苏联成为主力军,做出了巨大牺牲,最后取得打败法西斯的伟大胜利;在战后支持一批东欧国家走上社会主义道路——这一系列重大历史事件,显示出苏联模式的社会主义,在当时战争与革命实际上成为国际局势主题的历史条件下,走在了时代的前列,推动了时代的前进。

苏联取得了反法西斯战争的伟大胜利,在欧亚出现了一系列社会主义国家,世界社会主义呈现出一派欣欣向荣的景象。战后初期,世界社会主义力量、威望和影响达到最高峰。但不幸的是,这同时也是苏联对斯大林个人迷信发展的最高峰,又是苏联教条主义发展的最高峰。胜利的光辉却同时带来了可能最后导致失败的阴影。这里最关键的问题是,如何根据战后的新发展总结建设社会主义的经验教训,并采取适应新情况的改革。然而在一片胜利的欢呼声

中,在对个人迷信的一浪高过一浪的颂扬声中,苏联领导人骄傲起来,不清醒了,认为苏联过去的所作所为都是正确的,战前已滋长的教条主义倾向更加发展起来,这时许多战前为实现工业化和农业集体化的具体做法、措施,诸如指令性计划经济,生产资料的普遍国有化,权力过分集中的中央集权体制,等等,都上升为理论教条,被当做社会主义的本质特征。再加上战后斯大林补充和发挥的一些理论,如两个平行市场理论等,苏联社会主义模式的框架就更加完备,形成了比较完整的僵化的理论体系。苏联模式社会主义推动时代前进的趋向逐渐衰退,而随着新时代到来的征象日益明显,苏联这种趋于僵化的社会主义模式落后于新时代的倾向就越来越突出。苏联社会主义模式的僵化和落后于新时代,实际成为苏联由盛转衰的起点。这种衰落表现在:由于理论的僵化,苏联不能容忍其他社会主义国家的"异端",导致了苏联与南斯拉夫,随后又同一些社会主义国家发生矛盾和冲突,最后导致社会主义国家之间出现分裂;也表现在,在意识形态领域掀起广泛的批判运动,简单粗暴,对苏联理论界与领导看法不同但有价值的见解横加压制,以致苏联理论界死气沉沉;对西方学者有重大意义的科学发现也乱加批判,扣上"伪科学"帽子,以致苏联在这些学科领域停滞不前,成为苏联落后于战后新科技革命的重要原因;还表现在,由于理论僵化、体制僵化,苏联没有进行像样的体制改革,以致经济在不同时期,不断出现明显的停滞、衰退的景象。这里有斯大林逝世前后苏联经济状况的恶化;有赫鲁晓夫后期改革失败,出现了严重经济困难,最后被赶下台;也有勃列日涅夫执政时期苏联经济的衰落,出现了所谓"停滞时期"。

苏联由盛转衰,为它的最后瓦解准备了条件。而苏联模式在战后时期落后于现时代,则是苏联发生剧变的总根源。

苏联落后于现时代,首先是理论思想落后于时代,即理论思想僵化,"左"的教条主义占统治地位。这是苏联由盛转衰以至最后瓦解的思想根源。

在战后时期,苏联"左"的教条主义理论消极影响最大、危害最大的是超越历史阶段的社会主义建成并向共产主义过渡论;是固守关于帝国主义与无产阶级革命时代的时代论;是把苏联战前备战型的社会主义模式固定化的惟一的社会主义模式论;是认为世界资本主义已陷入总危机,而且不断深化的总危机论。

超越历史阶段的理论肇始于斯大林在战前提出的苏联已建成社会主义并向共产主义过渡的理论,直到勃列日涅夫提出已建成发达社会主义并向共产主义过渡,这种超越历史阶段的理论,在苏联统治达50年之久。从这种理论出发,长期以来苏联领导人只抓生产关系的变革,追逐"一大、二公、三纯",遏制了苏联工农业和整个经济发展的生机,给苏联生产力发展造成严重损害。所谓建设共产主义、建成发达的社会主义的虚幻的空中楼阁式的论证,美化了苏联现实,掩盖了苏联社会实际存在的社会矛盾和民族矛盾,阻碍了体制改革,更谈不上对外开放。

关于"帝国主义与无产阶级革命时代"的理论,是斯大林在1924年在《论列宁主义的基础》这篇讲演中提出的。当时还强调了"在帝国主义条件下,战争不可避免"的论点。到战后时期,尽管新时代的变化征象已有显露,但斯大林在《苏联社会主义经济问题》一书中,依然坚持这个只要帝国主义存在,"战争的不可避免性也仍然存在"的论点。后来苏联领导人,如赫鲁晓夫,在苏共二十二大纲领中提出当前时代是"两个对立的社会体系斗争的时代,是社会主义革命和民族解放斗争的时代,是帝国主义崩溃、殖民主义体系消灭的时代,是越来越多的人民走上社会主义道路、社会主义和共产主义在全世界范围内胜利的时代",虽然加了些描绘用语,其实质与斯大林的"帝国主义和无产阶级革命时代"的提法是相同的。对时代如何看,关系到社会主义国家如何规定当前任务的问题,是维护和平与发展经济,还是准备战争和进行世界革命的问题。苏联由于对时代看法有失误,固守已过时的看法,以致长期备战,并以支持革命为名,到处伸手,争夺势力范围,最后弄得民穷财尽,落得个最后瓦解的下场,是一个重要教训。

把战前备战型社会主义模式从理论上凝固化,来源于1946年2月斯大林对选民的讲话。在讲话中,斯大林全面肯定了战前以优先发展重工业的工业化和农业集体化为主要内容的备战型社会主义模式,后来又在《苏联社会主义经济问题》一书中,对计划经济和优先发展重工业方针,从理论上加以论证和肯定。此后,苏联领导人一直固守这些论点,对传统的体制拒绝进行实质性的改革,最多搞点改良,从而使苏联模式日趋僵化,日益落后于在新科技革命条件下经济社会生活发生日新月异变化的新时代。70年代以后出现的经济停滞现象,首先就是因循守旧、不搞改革的恶果。

世界资本主义总危机理论是斯大林战前提出的,战后又作了新的发挥,强调两个世界体系的对立,强调资本主义总危机是既包括经济也包括政治在内的全面危机,而且不断深化。用这个理论来估计战前资本主义形势,已属夸大,用这个理论来估计战后时期的资本主义,更是完全脱离实际。苏联领导人由于长期拘守这个教条,他们看不到战后资本主义自我调整能力已大为增强,资本主义既没有什么"总危机",也谈不上不断深化,而是实际上进入了一个相对稳定比较和平发展的新时期。新科技革命在发达资本主义国家的产生和蓬勃发展,说明资本主义生产关系仍然能够容纳生产力的新发展,仍然有较强的生命力。苏联领导人由于看不到这些,因此他们只一味重复资本主义陷于各种危机的老调。一直到苏共二十五大,勃列日涅夫在大会报告中还认为现在"正处于发生根本性变革的时代"并把希望寄托于他们企望的"世界革命进程"。基于这种认识,自然谈不上借鉴、学习、吸收资本主义国家的先进技术和管理经验。

这一系列的"左"的教条主义理论,长期不改,而且坚持发展,形成一套理论体系,而且与党的权力相结合,成为官方理论,这种依靠权力来推行教条主义理论的做法,危害更为严重。由于教条主义理论并不能解答现实生活中的问题,长期依靠权力来推行的结果,同人民需要的矛盾愈来愈尖锐。在人民不满的基础上,戈尔巴乔夫的一套右的理论、政策得以乘隙而入,易于被人接受。从思想阵地瓦解开始,最后导致整个苏联共产党的政治和组织的瓦解。教训是极为严重的。

苏联落后于现时代,在经济方面表现得尤为突出。这主要是,苏联经济发展愈来愈同战后时期由于科技革命蓬勃发展而出现的世界经济发展的基本趋向背道而驰。

第一,苏联的优先发展重工业、军事工业为主的备战型经济,在战后时期,愈来愈落后于国际竞争已转向以科技、经济为重点的新发展。当世界大战实际上难以爆发时,苏联仍然加紧进行军备竞赛。这种政策导致国民经济长期处于严重比例失调状态。生产资料生产在工业中的比重长期占75%以上,其中很大部分又是军工生产。消费资料比重过低,轻工业、食品工业产量不到工业产量的10%;农业受备战型经济体制严格控制,长期处于落后状态。这种备战型经济虽在军备竞赛中取得可与美国相抗衡的地位,但在经济和科技的竞争中,却无能为力。当发达资本主义国家都转向以科技、经济为竞争的重点,经济发展迅速,人民生活得到较大改善时,苏联则因备战型经济的拖累,经济表面上有增长,但主要是重工业、军事工业的增长,轻工业、农业则发展很差,人民生活改善很少。到70年代后期,国民经济陷于停滞,人民生活水平与发达国家比,差距更为拉大了。

第二,高度集中的对外封闭的计划经济体制落后于现代市场经济基础上广泛发展起来的国际经济联系。对于僵化的计划体制,苏联领导人从赫鲁晓夫到勃列日涅夫,没有认真进行改革,仅仅是对企业权力放放收收,没有触及到高度集中的计划经济的实质。后来又大批"市场社会主义",为遏止经济改革走向市场的趋势,竟对另一个社会主义国家捷克斯洛伐克出兵。由于固守封闭政策,苏联对外贸易 50%以上是在苏联控制的圈子里,即同经互会国家进行的。苏联同西方国家的贸易关系,由于在 70 年代搞了一些补偿贸易项目,贸易额有些增长,但最多也只占苏联对外贸易 1/4 强,谈不上对外开放。这种僵化的、封闭性的经济计划体制,日益同广泛发展的国际经济联系相背离,同广泛发展的世界市场经济体制相背离,在对外经济关系上,不能不呈现萎缩趋势。拿苏联对外贸易来说,1960 年苏联对外贸易额占世界贸易总额约为 4.3%,到 1975 年降为 3.8%,1989 年更降为 3.6%,就说明了这种趋势。

第三,苏联以重工业为主的缺乏高科技支持的高能耗、高物耗的工业经济愈来愈落后于发达国家低耗高效的信息化经济。在西方发达国家中,由于电子信息技术、计算机等在生产过程中的广泛运用,大大降低了生产过程中的物质消耗与能源消耗。这就出现了国内生产总值持续增长的同时,单位国内生产总值所消耗的能源与原材料下降的现象。如 1977~1988 年期间,每单位国内总产值的能耗,美国下降了 2.4 倍,日本下降了 2.6 倍。日本从 1978~1986年国民生产总值增长了 26.5%,而同期进口能源却减少了 30.6%。当西方发达国家已转入信息经济时,苏联仍继续坚持优先发展重工业的方针,从 70 年代到 80 年代前几年,在重工业许多部门,如钢、水泥、石油、机床等产量都占据世界首位。但另一方面,电子工业等高技术部门,则非常落后。由于传统的产业部门得不到高技术的支持,因而能耗高,浪费严重。如 1976 年,苏每亿度电所消耗的标准燃料比日本高 46.4%，每吨钢所消耗的标准燃料高 140.3%，每吨铁高 164.6%[①]。主要原因是，苏联的产业结构落后，高技术产业不发达。苏联《经济问题》杂志承认："苏联的国民经济结构是典型的不发达国家经济结构。""除去宇航和军工部门外，苏联的高技术和技术密集部门大大落后于世界标准"。以电子计算机为例，80 年代中，苏计算机的技术与水平比西方国家落后 7～10 年，苏的大型和中型电子计算机总数比美国少 9/10，而个人电脑拥有数量仅为西方国家的 1/1000。日本一家杂志说："在苏联，作为科学技术的基础电子计算机技术非常落后"，"苏联着手开发的节约资源和能源的技术比发达国家晚 15 年之多。"[②] 正是由于缺乏节约能源和资源的技术手段，使苏联长期为资源不足问题所困扰，而这实际上又成为苏联经济增长不断减慢最后陷于停滞的重要原因。这里最深刻的根源，就是苏联的工业经济的产业结构，已大大落后于发达国家在新技术革命中形成的信息经济的产业结构。戈尔巴乔夫就公开承认这一点，他在一篇文章中写道："我们仍然停留在过去的技术时代，而西方国家已进入了另一时代，就是高科技时代。"[③]

戈尔巴乔夫虽然提出了这个问题，但由于他的改革方向错误，并未能解决这个问题。他在改革初期提出"加速战略"，在当时积累率已很高、人民消费品很缺乏的情况下，是一个主观主义的冒险口号。而当经济改革收效不大时，又转而搞政治改革，把西方一套民主制度搬到苏联来，搞得天下大乱，经济更是越搞越糟。党丧失了威信，也终于丧失了领导地位，苏联解体终于不可避免。

苏联落后于现时代，在政治方面主要表现在战后苏联奉行了一

---

① 参见［苏］《计划经济》杂志 1978 年第 5 期。
② 参见［苏］《世界周报》1988 年 3 月 1 日。
③ 戈尔巴乔夫：《社会主义思想与革命性改革》，载［苏］《真理报》1989 年 11 月 26 日。

条实质上是"左"的政治路线,这条路线导致苏联同资本主义国家长期对立,苏联则长期自我封闭,日益脱离现代世界的发展。

这条路线的对内方面,主要是把超越历史阶段的所谓建设共产主义作为"主要经济任务"。从赫鲁晓夫到勃列日涅夫,虽有全面开展共产主义社会建设和建成发达社会主义的不同提法,但他们都把"建设共产主义物质技术基础",实质上也就是把"建设共产主义"作为主要经济任务。为了实现这个主要任务,苏联领导人长期追求生产关系的高级化、单一化,追求"一大、二公、三纯",因此,这条路线本身就决定了苏联不可能进行真正的改革和对外开放,因为正在建设共产主义的苏联,按照官方理论,绝不应该通过改革和开放招致那些与共产主义绝不相容的各种形式的资本主义因素在苏联出现。建设共产主义这一口号成了一种意识形态的藩篱,把苏联同资本主义世界隔绝开来;为了实现这个主要任务,苏联领导人把高度集中的计划经济搞成对外封闭的体系,自成一统,还同经互会国家搞所谓"经济一体化",也是自成体系,实际上是与蓬勃发展的世界市场经济相隔绝,自我孤立于国际经济日益发展的密切联系之外;为了实现这个主要任务,苏联领导人仍然把主要力量用于发展传统工业,以钢铁、石油、煤等重工业产品占居世界首位而自满自足,对首先在西方国家发生的科技革命,由于长期隔绝,加上意识形态偏见,实际并不重视。他们只对军事有关的方面感兴趣,他们宣传资本主义生产关系难以容纳科技革命,空谈只有社会主义才能实现这一革命并利用其成果,但谈论多,有效措施少,以致苏联除某些军事领域外,总体科技水平大大落后于世界新科技革命的发展。

这条路线的对外方面,主要是以反帝、支援革命为旗号推行大国主义、争夺世界霸权。苏联领导不顾国力,一直同另一个超级大国进行军备竞赛,不时制造紧张,不仅军备开支成为难以承受的沉重负担,而且把苏联置于长期同西方国家完全对立的地位;同其他经互会国家搞自给自足式的自我封闭的经济集团,由于脱离了国际市场竞争,相互供货往往低于国际市场水平,结果是,苏联及其盟国一道都落后于世界的发展;对亚非国家借助经援、军援手段到处争夺势力范围,不仅加剧了国际紧张局势,而且在苏联超越历史阶段理论影响下,凡是接受援助,搞所谓计划经济或社会主义的许多亚非国家,最后经济都陷于困境。这些表明,苏联这条对外路线,完全背离了和平与发展的现时代的要求。

在战前几个五年计划期间,苏联一国建设社会主义的政治路线,早就存在超越历史阶段的倾向。不过那是在十月革命胜利后不久的特殊历史条件之下,又确实存在着战争的威胁,当时为了备战,为了社会主义工业化,为支援世界革命,主要依靠自身的资源,依靠严格的指令性计划,依靠人民群众的政治热情,在国家工业化方面,取得了震惊世界的成就。但是,经过了二次世界大战及战后恢复时期,当战后新时代逐渐来临时,历史条件完全不同了,面对西方发达国家经济的高速发展,苏联领导人并没有研究当代世界和当代资本主义发生了什么新变化,新时代给社会主义提供了什么样的新机遇,而是仍然奉行超越历史阶段的政治路线,关起门来,搞所谓共产主义建设,把自己孤立于世界发展之外,实际上是走上了一条主观臆想成分愈益严重的经济发展道路,这就不能不遭到失败。应该说,这是苏联落后于时代最重要的历史教训之一。

但是,这条实质是"左"的政治路线,在战后却长时间延续下来,中间虽有调整,但基本没有改变。其根本原因是,这条路线在苏联国内有它的社会基础。这个社会基础,就是战后在苏联中央过分集权的党政领导体制下,由蜕化的高级党政官员形成的高居于人民之上而又只顾以权谋私的苏联官僚阶层。

这个官僚阶层是苏联长期实行中央过分集权的党政领导体制的产物。这种领导体制,是在战前时期,在20~30年代,经过党内尖锐斗争,斯大林取得胜利之后形成的。这种体制的特点是,党政不分,党包揽一切,集权于党,集权于个人。这种领导体制与高度集中的计划经济体制相结合,在战前备战时期和战争期间,曾经起过一定的积极作用。但在当时也出现了一些问题,如个人崇拜、个人凌驾于组织之上等问题。战后时期,形势发生了很大变化,但在对斯大林个人崇拜声中,这种中央和个人过分集权的党政领导体制依然保留下来了。赫鲁晓夫时期,虽作了点改革,但并不彻底。到勃列日涅夫时期,个人过分集权体制实际上又有加强。这样,这个中央和个人过分集权、缺乏民主的党政领导体制,在战后走向和平发展的形势下,前后延续达40年之久。领导干部拥有巨大权利,拥有特权,而又缺乏有效监督,而且地位越高,权力越大,监督就越差。它的最严重的后果,就是从中央到地方广泛发生的各级领导的腐化现象、蜕化变质现象,从而形成了一个高居于人民之上只关心自己权势地位、只关心自己私利的官僚阶层。这个阶层是中央过分集权、缺乏民主的党政领导体制的受益者,也是苏联长期奉行的"左"的理论和政策的受益者,因而他们支持超越历史阶段的理论和政策,热心维护苏联的超级大国地位,支持重工业、军事工业优先发展的路线;对首先发生在西方国家的科技革命,由于无知和成见,也由于这个阶层的权力、地位和利益,他们总的采取了淡漠态度,坚持了实质上保守的立场。这样,这个官僚阶层成为战后苏联维护传统体制阻碍改革和开放的最主要的社会、政治力量。

苏联这个长期从"左"的理论和政策中得到利益的官僚阶层,是一批蜕化分子。他们支持"左"的理论和政策,只是从私利出发,并非基于信念原则,因而当戈尔巴乔夫上台,推行右的路线政策,他们认为有利可图时,就很快转到右的立场上来,奉行新的政策。从否定过去一切造成的混乱局势中,他们可以利用自己的权力地位,继续干那些利用特权,化公为私,盗窃公有财产的勾当。因而许多人发生了由"左"向右的转变,成为推动苏联发生剧变的社会政治力量。

由于这个官僚阶层处于党政领导地位,对经济和理论阵地都有控制权,因而他们的变化同苏联剧变的理论思想根源、经济根源相比其影响更直接、更有决定意义。因此,党政领导过分集权、个人专权、缺乏民主、缺乏监督的体制长期不改革,最后造成了严重后果的这个最重要的严酷的历史教训,是特别值得记取的。

三、邓小平建设有中国特色社会主义 理论的时代精神

邓小平建设有中国特色社会主义理论是马克思列宁主义基本原理与当代中国实际和时代特征相结合的产物。因此,建设有中国特色社会主义的理论体系,作为整体,可说是无处不贯穿着时代精神。以下只是略述这个理论的时代精神表现更为突出的几个方面。

第一,建设有中国特色社会主义理论反映时代精神最为鲜明的,首先是小平同志关于科学技术重要性的论述,关于知识、信息重要性的论述,以及知识分子地位和重要性的论述。

20世纪下半叶,特别是70年代之后,以信息革命为中心的科技革命,有了突飞猛进的发展。针对这种情况,小平同志提出"科学技术是第一生产力"的论点,同时一再强调发展高科技的重要性:"中国必须发展自己的高科技,在世界高科技领域占有一席之地。"[1]因为,"现在世界的发展,特别是高科技的发展一日千里,中国不能安于落后,必须一开始就参与这个领域的发展",还因为,"下一个世纪是高科技的世纪"。

---

① 《邓小平文选》第3卷,第279页,人民出版社1993年10月第1版。

小平同志的这些提法是对当代世界科学技术已成为经济增长决定因素这种新形势的科学概括;也为我国必须依靠高科技来加速现代化进程规定了明确方向。

面对世界经济正处于向信息化过渡的新形势,小平同志多次强调信息的重要性,强调通过对外开放取得世界科技革命成果、取得知识、取得信息的重要性。

11年前,小平同志为《经济参考》创刊10周年写了"发展信息资源,服务四化建设"的题词,不仅明确指出信息作为一种资源的重要地位,而且为发展信息资源规定了战略方向。

他后来又多次强调了信息的重要意义,小平同志把不要脱离世界,要取得世界技术革命的信息视为"最大的经验"。他说:"我们最大的经验就是不要脱离世界,否则信息不灵,睡大觉,而世界科技革命却在蓬勃发展。"① 又说:"实行关闭政策的做法对我们极为不利,连信息都不灵通。现在不是讲信息重要嘛,确实很重要。做管理工作的人没有信息就是鼻子不通,耳目不灵。"②

办三资企业,取得信息也占有重要地位。小平同志指出:办三资企业"外商总是要赚点钱。但是,国家还要拿回税收,工人还要拿工资,我们还可以学习技术和管理,还可以得到信息,打开市场。"③在指出社会主义需要市场时,又说:"不搞市场,连世界上的信息都不知道,是自甘落后。"④ 深入理解邓小平同志这些提法,对推进我国经济信息化,加速我国现代化进程,无疑有非常重大的意义。

特别值得注意的是小平同志关于知识分子地位和重要性的论

①　《邓小平文选》第3卷,第290页,人民出版社1993年10月第1版。
②　同上书,第307页。
③　同上书,第373页。
④　同上书,第364页。

述。党的十一届三中全会前后,出于拨乱反正的需要,小平同志根据科学技术是生产力的论点,提出社会主义社会自己培养的知识分子已是工人阶级的一部分。小平同志根据科学技术是第一生产力的论点,进一步指出:"要把'文化大革命'时的'老九',提到第一,"因为"科学技术是第一生产力嘛,知识分子是工人阶级的一部分嘛"。这个提法,指明了随着科技革命的发展,随着信息资源、知识资源重要性日益增大,知识、知识分子的地位将愈来愈重要。这个提法,也更加明确了在社会主义建设中所要依靠的社会力量。这些论述对于在我国四化建设中,更充分地调动知识分子的积极性,发挥他们的专长,无疑将起非常重要的作用。

第二,提出社会主义的根本任务是发展生产力,强调以较快速度实现我国现代化的发展战略;强调要抓住机会,依靠高科技,实现产业化,加快速度,赶上世界的发展。小平同志的这些提法,强烈反映出在当前发达国家已进入信息经济时代,一部分社会主义国家出了问题的形势下,社会主义同资本主义竞争共处的迫切的时代要求。

首先是,总结苏联东欧社会主义国家遭到失败的经验教训问题。小平同志指出:"世界上一些国家出了问题,从根本上说,都是因为经济上不去。""如果经济发展老是停留在低速度,生活水平就很难提高。"小平同志强调,"最根本的因素,还是经济增长速度,而且要体现在人民生活逐步地好起来。"小平同志这段话,抓住了苏联东欧国家所以发生问题的要害。小平同志把苏联东欧经济没有搞好,人民生活上不去这个问题提到能否坚持社会主义制度的高度,指出:"人民现在为什么拥护我们? 就是这十年有发展,发展很明显。假如我们有五年不发展,或者低速发展,会发生什么影响? 这不只是经济问题,实际上是个政治问题。""中国能不能顶住霸权主义、强权政治的压力,坚持我们的社会主义制度,关键就看能不能争得较快的增长速度,实现我们的发展战略。"①

其次是,抓住机遇,加快发展,赶在周边国家的前面的问题。小平同志指出:"现在世界发生大转折,就是个机遇。"这里说的世界发生的"大转折",实质上是指,发达国家已经进入信息化时代;一批亚洲新兴工业化国家和地区利用发达国家进入信息化时代产业升级换代,把一些产业转移国外之机,早就得到了较快发展;还有一批亚洲发展中国家,也大体按同样路子,正在取得较快发展。针对这种情况,小平同志指出:"东南亚一些国家兴致很高,有可能走在我们前面","我们不抓住机会使经济上一个台阶,别人会跳得比我们快得多,我们就落在后面了。""我们面临这么一个压力",小平同志称之为"友好的压力"②。在南方谈话中,小平同志又指出:"抓住时机,发展自己,关键是发展经济。现在,周边一些国家和地区经济发展比我们快。如果我们不发展或发展得太慢,老百姓一比较就有问题了。"③ 因此,小平同志强调要抓住机会,加快发展。他说:"有条件的地方要尽可能搞快点,只要是讲效益,讲质量,搞外向型经济,就没有什么可以担心的。低速度等于停步,甚至等于后退。要抓住机会,现在就是好机会。我就担心丧失机会。"④

最后是,在发达国家已进入信息化经济的时代,为了在竞争共处中不致落后,就要依靠高科技,实现产业化,加速我国的现代化。小平同志强调要依靠高科技来赶上世界的发展。他说:"经济发展得快一点,必须依靠科技和教育,高科技领域的一个突破,带动一批产业的发展。"⑤"还有其他高科技领域,都不要失去时机,都要开始

①　《邓小平文选》第 3 卷,第 356 页,人民出版社 1993 年 10 月第 1 版。
②　同上书,第 369 页。
③　同上书,第 375 页。
④　同上书,第 375 页。
⑤　同上书,第 377 页。

接触,这个线不能断了,要不然我们很难赶上世界的发展。"① 这里所说的"线不能断","赶上世界的发展",其实质就是要我们紧抓高科技不放,实现高科技的产业化,不是老跟在发达国家后面,走先工业化后信息化的老路,而是依靠高科技,主要是信息技术,使工业化与信息化相结合,以信息化促进和带动四个现代化,这样才能赶上世界的发展,实现信息时代的现代化。

第三,为了加快发展,要实行对外开放,这是建设有中国特色社会主义理论反映时代要求的又一鲜明表现。

打破闭关自守,坚决实行对外开放,首先是在总结中国历史教训基础上提出来的。这是对战后时期流行的两个平行市场理论,也就是社会主义自我封闭的理论的重大突破。社会主义自我封闭的理论来源于传统的社会主义同资本主义绝对对立的时代观;而对外开放,则来源于当代社会主义同资本主义既有矛盾斗争又可以协调合作的新的时代观。

小平同志说:"总结历史经验,中国长期处于停滞和落后状态的一个重要原因,就是闭关自守。经验证明,关起门来建设是不能成功的。中国的发展离不开世界。"② "中国取得了国际的特别是发达国家的资金和技术,中国对国际的经济也会做出较多的贡献。"③ 这是对中国长期闭关自守导致落后的历史教训的深刻总结,同时也指明了社会主义中国的发展离不开世界,在对外开放中必须处理好同资本主义的相互关系这个时代的要求。

其次,实行对外开放,是为了顺应全世界开放的时代潮流。

小平同志指出:"现在的世界是开放的世界。"④ "世界各国的经

① 《邓小平文选》第3卷,第280页,人民出版社1993年10月第1版。
② 同上书,第78页。
③ 同上书,第79页。
④ 同上书,第64页。

济发展都要搞开放,西方国家在资金和技术上就是互相融合、交流的。"① 小平同志这段话指出了战后世界经济发展的国际化趋向,也是对战后时期世界许多国家经济得到迅速发展经验的总结。在战后时期,不论是西欧、日本以至一些东南亚国家,它们的经济发展所以比较快,都是依靠对世界的开放,依靠生产、资金、技术、商品、信息等的相互交流、国际分工的协调与合作。对世界的开放,参加世界经济的全球化过程,已成为世界许多国家的经济得以迅速发展的必由之路。

再次,实行对外开放,是为了"吸收国际经验",为了赶上"蓬勃发展的世界",为了赶上"日新月异"的世界科学技术的发展,一句话,是为了"赶上时代"。

小平同志指出:"开放不仅是发展国际间交往,而且要吸收国际的经验。我们从 1957 年后,耽误了二十年,而这二十年又是世界蓬勃发展时期,这是非常可惜的。"② 又说:"现在世界突飞猛进地发展,科技领域更是如此,中国有句老话:'日新月异,'真是这种情况。我们要赶上时代,这是改革要达到的目的。"③

最后,小平同志有关"大胆吸收和借鉴人类社会创造的一切文明成果"的指示,更为对外开放的吸收、借鉴展开了极为广阔的境界。小平同志指出:"社会主义要赢得同资本主义相比较的优势,就必须大胆吸引和借鉴人类社会创造的一切文明成果,吸收和借鉴当今世界各国包括资本主义发达国家的一切反映现代社会生产规律的先进方式、管理方法。"④ 这个指示的重大意义在于,它澄清了长期以来人们的混乱思想,使我们在对外开放中可以大胆吸收和采用

---

① 《邓小平文选》第 3 卷,第 369 页,人民出版社 1993 年 10 月第 1 版。
② 同上书,第 266 页。
③ 同上书,第 90 页。
④ 同上书,第 373 页。

西方国家的那些属于人类文明成果和反映现代化生产规律的一切先进事物,加速推进我国社会主义现代化。

第四,把建立社会主义市场经济体制确定为经济体制改革的目标,是我国经济体制改革在理论和实践上的重大突破,也是现时代精神的突出表现。

确定建立社会主义市场经济体制作为经济体制改革的目标,是以小平同志关于如何看待资本主义和社会主义的计划和市场的谈话的思想为依据的。

小平同志指出:"计划多一点还是市场多一点,不是社会主义与资本主义的本质区别。计划经济不等于社会主义,资本主义也有计划;市场经济不等于资本主义,社会主义也有市场。计划和市场都是经济手段。"[①]

小平同志这个精辟论断,是在深入观察当代资本主义战后以计划手段调节市场经济和社会主义国家在改革中越来越多地运用市场手段以补救计划经济缺陷这两方面实践经验基础上做出的理论总结。正是以现时代资本主义的新发展和社会主义改革的新经验为依据,小平同志明确断定社会主义可以搞市场经济,从而为在我国建立适应现时代要求的社会主义市场经济体制指明了方向。

建立社会主义市场经济体制,首先是为了适应世界市场经济体制一体化日益发展的要求。随着新科技革命的发展,随着世界经济日趋国际化、全球化,越来越多的国家走上了市场经济的道路。实现市场经济体制的一体化,已成为世界各国的共同趋向。为了参与世界经济的国际化、全球化过程,推动我国经济的国际化,就必须建立适应这种要求的市场经济体制,在体制上与国际经济接轨。这是我国进入国际市场,通过国际竞争与合作,加速实现我国现代化的

----

① 《邓小平文选》第3卷,第373页,人民出版社1993年10月第1版。

必由之路。

建立社会主义市场经济体制,还要借鉴国外现代市场经济的有益经验。通行于发达国家的现代化市场经济体制,在长期实践中,不论在微观的效率、活力的刺激方面,或在市场规则和宏观调控方面,都有许多成功的经验和合理的做法。可以说,在当代资本主义制度下,长期培育形成的现代市场经济体制,正是小平同志所说的"人类社会创造的文明成果"和"先进的经营方式和管理方式"。借鉴这些经验,可以完善社会主义市场经济体制,促进我国市场运转机制的现代化,就可更有效地同国际市场接轨,参与世界各国经济的国际化、全球化过程。

建立社会主义市场经济体制,也是为了适应当前参与国际市场竞争的要求。参与世界经济的国际化,就要参与国际市场的竞争。现代市场经济就是参与国际竞争的经济。当前,现代市场经济发达的国家,都在进行以经济、技术为重点的激烈的国际市场的竞争。小平同志非常注意国际市场竞争问题。他曾回顾过去一些年搞封闭造成的失误,说:"拿中国来说,五十年代在技术方面与日本差距也不是那么大,但是我们封闭了 20 年,没有把国际市场竞争摆在日程上,而日本却在这个期间变成了经济大国。"①

因此,提出社会主义也要搞市场经济,就是要"把国际市场竞争摆在日程上",中国社会主义经济要进入国际市场,参与经济国际化、全球化进程,就必须参与国际市场的竞争,在竞争中显示自己的优越性,我们所处的时代是社会主义同资本主义竞争共处的时代,有中国特色的社会主义,在建立和完善了社会主义市场经济体制的条件下,一定会在信息时代的国际市场竞争中实现我国的现代化,即实现适应于信息时代要求的现代化。

---

① 《邓小平文选》第 3 卷,第 274 页,人民出版社 1993 年 10 月第 1 版。

第五，为了实现适应现时代要求的现代化，必须有一个和平的国际环境。中国奉行独立自主的和平的对外政策，就是为了创造一个和平的国际环境。中国的对外政策正是和平与发展这个新时代精神的体现。

战后从50年代中期起，事实上已经开始了一个和平与发展的新时代，这样的国际环境有利于我国的社会主义建设，但经验证明，这种和平局面的维护是不容易的，和平局面并非自动到来或轻易维护得住。世界上总有那么一两个大国依仗实力，把自己的意图强加于人，搞强权政治和霸权主义，把世界局势搞得很紧张。因此，为了保卫和平，就要反对霸权主义。

另一方面，中国奉行和平的对外政策，不仅反对别人的霸权主义，自己也不称霸，而且永不称霸。因为中国总结了社会主义国家对外关系历史的经验教训，坚决奉行和平共处五项原则，主张各国人民按照自己国家的实际安排自己的事物，各国采取什么制度，是各国人民自己的事，别国不得干涉。违背他国人民意愿，把自己的意愿强加于人，干涉别国内政，只能是霸权主义、强权政治，这正是前苏联遭到失败的历史教训。小平同志强调："我们千万不要当头，这是一个根本国策"；"中国永远站在第三世界一边，中国永远不称霸，中国也永远不当头。"但在国际问题上，"还是要有所作为"，"要积极推动建立国际政治经济新秩序。"①

有中国特色的社会主义奉行实事求是的思想路线，主张各国人民从本国实际出发来安排自己的事务，这种观点成为根除社会主义国家对外政策中的霸权主义，同各种社会制度国家真正能够实现和平共处五项原则的坚实的思想基础。

当前，和平与发展问题，都还没有解决。小平同志指出："社会

① 《邓小平文选》第3卷，第363页，人民出版社1993年10月第1版。

主义中国应当用实践向世界表明,中国反对霸权主义、强权政治,永不称霸。中国是维护世界和平的坚定力量。"① 只有这样,社会主义中国才算履行了时代的嘱托。

第六,战后的时代呼唤新的社会主义理论。僵化的苏联式社会主义理论已不能适应新时代的要求。战后社会主义运动在几十年中历经曲折,包括在第一个社会主义国家苏联和一些国家中社会主义遭受挫折和失败,经过反复艰辛探索,才最后寻找到了植根于中国而又适应新的时代要求的社会主义理论,这就是邓小平同志建设有中国特色社会主义的理论。

在这个理论指导下,中国社会主义建设取得了世界瞩目的巨大成就,有中国特色的社会主义正在世界的东方兴起。

落后于时代、背离时代要求的苏联式社会主义的失败和顺应时代潮流,推动时代前进,推动世界社会主义运动前进的有中国特色社会主义的兴起,成为战后世界社会主义运动的有重大历史意义的转折点。

世界社会主义运动出现这样的历史大转折,自然有多种原因,而探本求源,关键则在于如何看待马克思主义,如何看待社会主义。

小平同志说:"多年来,存在一个对马克思主义、社会主义的理解问题。""马克思去世以后一百多年,究竟发生了什么变化,在变化的条件下,如何认识和发展马克思主义,没有搞清楚。绝不能要求马克思为解决他去世之后上百年、几百年所产生的问题提供现成答案。列宁同样也不能承担为他去世之后五十年、一百年所产生的问题提供现成答案的任务。真正的马克思列宁主义者必须根据现在的情况,认识、继承和发展马克思列宁主义。""世界形势日新月异,特别是现代科学技术发展很快。现在的一年抵得上过去古老社会

---

① 《邓小平文选》第3卷,第383页,人民出版社1993年10月第1版。

几十年、上百年甚至更长的时间。不以新的思想、观点去继承、发展马克思主义,不是真正的马克思主义者。"①

是的,小平同志正是研究了马克思、列宁逝世以后世界发生的新变化,特别是战后时期现代科学技术革命新发展和社会主义国家发生的新变化,把马克思主义基本原理与中国实际和时代特征相结合,提出一系列新的思想和观点,回答了战后时期世界形势和世界社会主义运动发生新变化所提出的一系列重大理论问题,履行了一个真正马克思主义者必须根据现在情况,认识、继承和发展马克思主义的光荣的历史任务,从而贡献出适应新时代要求,贯穿着时代精神的建设有中国特色社会主义的理论,贡献出这一当代中国的马克思主义。

(载《东欧中亚研究》杂志 1996 年第 1 期)

---

① 《邓小平文选》第 3 卷,第 291 页,人民出版社 1993 年 10 月第 1 版。

苏联社会主义由盛转衰的根源

一、战后苏联社会主义由盛转衰的转折点

苏联社会主义在过去几十年中，曾经走在时代的前列，创建了轰轰烈烈的业绩：在十月革命之后，取得了国家工业化的巨大成就，在二战中打败了法西斯，战后在欧洲推进了社会主义事业。这是苏联社会主义兴盛发达的时期，战后一段时间达到了顶点。

苏联社会主义由盛转衰的变化，开始发生在战后斯大林执政的最后几年。

反法西斯世界大战胜利的结局，使苏联的世界地位根本改观。苏联成为战后世界两大超级强国之一；在东欧出现了一批追随苏联的社会主义国家；在中国革命取得伟大胜利之后，中苏结成同盟，苏联的地位更为加强；此时苏联又拥有了核武器，打破了美国的核垄断；这是战后苏联取得一连串胜利的辉煌时期。

伴随苏联的辉煌胜利，斯大林的威望达到了顶峰。不幸的是，个人迷信登峰造极，苏联的长期痼疾教条主义更加泛滥。这样，光辉的胜利却同时成为导致最后失败的转折点。

其中最主要的问题，是如何利用战争胜利造成的有利形势

和较为宽松的国际环境，一方面深入研究和充分估计战后资本主义开始出现的新变化，处理好同西方国家主要同美国的关系；另一方面，苏联自己应联系战争造成的灾难，对战前社会主义的发展历程，进行实事求是的反思和认识，以便进行适应新情况的改革。

　　然而在一片欢呼胜利声中，个人崇拜一浪高过一浪，苏联领导人骄傲和不清醒了，认为苏联过去所作所为都是正确的。于是战前已滋长起来的教条主义倾向更加严重发展起来。许多战前实现国家工业化、农业集体化的政策和措施，实质上是为了备战而采取的措施，包括指令性计划经济，强制的农业集体化，权力过分集中的中央集权体制，不仅全面肯定，而且都上升为理论，成为社会主义的本质特征。斯大林在1946年2月对选民讲话就是一个有代表性的例证。在这篇讲话中：第一，强调"苏维埃社会制度是比任何一个非苏维埃社会制度都要优越的社会组织形式"。苏联的国家制度是"多民族国家的典范"，而且"民族问题和民族合作问题解决得比任何其他多民族的国家都好"。第二，全面肯定了短期内以高度集中的计划手段聚集资金实现工业化的路线，并把它提高为"社会主义工业化的道路"；全面肯定了短期内以强制手段实行的农业集体化路线，后来提高为社会主义国家农业发展的共同道路；在这个讲话里，还把农业集体化、国家工业化的路线肯定为"社会主义的道路"，否则就是走"资本主义道路"。第三，赞扬苏联在战争中武器供应的成绩，实际上是全面肯定苏联战前实施的备战型经济。第四，为保障苏联"不会发生意外事件"，要经过三个五年计划或更长时间，把工业水平提高到战前水平的3倍，强调增产钢铁、煤炭和石油，即继续备战，同时还暗示苏联科学家在最近期间在核武器方面可以赶上和超过西方。

　　讲话中虽然说："对胜利者是不能评判的，这话不对，对胜利者可以而且应当加以评判，这样就可少骄傲一点，多谦逊一些。"
但按照讲话对苏联政治、经济制度的评价看，是全面肯定的，实
际上还是斯大林经常说的："对胜利者是不能评判的。"既然苏联
政治、经济体制都是成功的、正确的、最好的，当然也就不准备
进行任何改革了。

以上这篇讲话为开端，苏联在理论上的教条化，内外政策的
僵化趋向愈益发展，主要表现在：

第一，1946～1948年，在哲学、历史、经济学、语言学、文
学、艺术、生物学等领域，广泛开展了声势浩大的批判运动，一
大批学者、作家被批判。批判文章都以斯大林的论点为依据，实
际上仅仅是对斯大林著作，尤其是对战后两篇著作《马克思主义
与语言学问题》、《苏联社会主义经济问题》的诠释。在自然科学
领域，对西方学说的批判，更为荒唐。当时片面宣扬苏维埃爱国
主义，反对所谓世界主义，对西方科学成就盲目排斥和否定。苏
联理论界当时流行的论调是"帝国主义时代的垄断资产阶级比从
前任何时候都更加阻碍自然科学理论的广泛发展"，"帝国主义时
代的科学，已进入危机时期"，"现代资产阶级科学的特征是它的
整个派系都变成了伪科学。"[1] 把孟德尔、摩尔根主义称之为"唯
心主义"、"反动的伪科学"。直到1953年控制论还被否定，说是
"为反动资产阶级服务的"。苏报刊大反"世界主义"，攻击那些主
张同外国科学家共同建立世界范围的一般生物学的苏联科学家是
"媚外"、"无耻"，是"在反动的外国文化面前卑躬屈膝"，是"反
爱国主义"，"培植人们意识中资本主义残余的温床。"[2] 这就使苏
联学者没有可能同外国学术机构或个人保持学术联系，从而使苏

---

[1] 《斯大林语言学著作中的哲学问题》论文集，第360、361、382页，三联书店1953年第1版。
[2] 《论苏维埃爱国主义》论文集，第414～415页，作家书屋1951年第1版。

联自然科学在许多领域都孤立于世界发展之外，成为苏联科技发展落后于世界新科技革命发展的一个重要原因。

第二，1949 年对 E. 瓦尔加 1946 年 9 月写的《第二次世界大战引起的资本主义经济的变化》一书进行了批判。瓦尔加此书对战后资本主义提出了一些新看法，如战后资本主义不会马上出现经济危机，生产还会继续增长；由于战时资本主义技术的革新，可能在战后使劳动生产率"有更新的急激的跳跃"；战时资本主义国家机器起了决定性作用，资本主义生产是有一定计划的，而战后国家对经济作用还将增大；同时认为帝国主义国家尽管有矛盾，但不至发生战争；还认为"资本主义各国和苏联的关系将不会像战前那样"，"不会轻易地发生武装冲突"等。这些观点都被大批特批，认为是"改良主义"、"非马列主义"；批评者认为，"资本主义无论在战时，还是在和平时期，决无计划可言"，说资本主义有计划，就是站在改良主义立场上；认为作者过低估计帝国主义国家矛盾的意义，是"严重错误"的，是"对列宁斯大林帝国主义战争不可避免论的修正"，等等。战后正是需要对资本主义和资本主义同社会主义关系的新变化进行研究的关键时刻，这种打棍子、扣帽子式的"批评"，使一些有价值的见解刚刚露头就被扼杀。从此，苏联理论界对资本主义现状的研究，再无什么有价值的新见解出现。

第三，1974 年 6 月美国提出马歇尔援欧计划，苏联同东欧国家拒绝参加，认为这是通过援助从经济上奴役欧洲的计划。1947年 9 月 9 国情报局成立，发表宣言称美国是主要敌人；苏联同东欧各国广泛签订一系列贸易协定外，在 1949 年 1 月 25 日与东欧国家一起成立了经济互助委员会。随后，斯大林 1952 年在《苏联社会主义经济问题》一书中，提出统一的世界市场已瓦解，出现了两个平行的也是互相对立的世界市场的观点，并且进一步断言，资本主义国家夺取世界资源的范围和销售市场都将缩小和恶化，美英法等主要资本主义国家企业生产量将减缩，认为这就是世界资本主义体系总危机深化的表现。后来的实际发展证明，这些论点完全错了。同东欧国家一起搞经互会，同资本主义世界相对立，虽是暂时解决经济困难的方法，但从战略全局上看，违背了世界经济发展的共同趋势，对外封闭，得不偿失。

第四，不能容忍南斯拉夫的"异端"。因南不接受苏联模式，苏联先是与南激烈争论，最后宣布南"背离马列主义"，"反苏"，"走上民族主义道路"，号召南共"健康力量"推翻南共领导，两党、两国关系完全破裂。苏南冲突反映出，东欧社会主义国家独立自主地走适合本国情况的道路的趋势在发展，这是战后社会主义运动的时代要求，同时也反映了苏联在坚决走自主道路的国家面前无能为力。

第五，农业中小组承包制改革受批评。1950 年《真理报》发表长文"反对对集体农庄劳动组织的歪曲"，坚决反对在农庄中普遍推行小组责任制，点名批评苏共中央书记安德烈也夫和库尔斯克州委书记多罗宁关于小组承包制优越性的论点。安发表文章认错，随后被解职。

第六，1952 年斯大林发表新作《苏联社会主义经济问题》，提出有关社会主义经济和现代资本主义的一系列理论观点。在这本著作中，有些是老观点，有些是老观点的引申或发挥，有些是比较新的观点，如断定世界统一市场分解成对立的平行的两个市场，主要资本主义国家生产将缩减等。由于主观主义、教条主义，此书的理论完全脱离现实。这本书的发表，标志着斯大林社会主义模式更为完备，更为系统化，同时也更为僵化、固定化，更加脱离现实。

第七，开始了新的一轮包括东欧国家领导层在内的清洗和镇压。

以上若干表现，显示出斯大林当政最后几年，理论上的教条化，内外政策的僵化，社会主义体制的僵化，实际上成为苏联社会主义由盛转衰的转折点。

二、苏联由盛转衰的时代根源

斯大林之后，赫鲁晓夫继任。他在个人崇拜和破坏法制等方面批判了斯大林，并在某些理论和政策上作了调整。但他并没有足够的政治和理论水平从总体上突破斯大林的教条主义理论和社会主义模式的框框。勃列日涅夫则根本不想对斯大林社会主义模式作任何改革。包括后来短期执政的安德罗波夫和契尔年科，他们都是基本继承斯大林时期的社会主义模式和教条主义理论、路线。斯大林之后30年间，苏联不断宣扬苏联的社会主义、共产主义建设成就，宣扬苏联政治、经济制度如何优越于资本主义，宣扬苏共如何忠于无产阶级、国际主义和马克思列宁主义，但如果把苏联战后政治经济发展的实际放在战后新时代历史条件下加以考察，就可以看出：在经济上早期的震惊世界的苏联高速度工业化已经为经济增长速度不断下降并最后陷于停滞的衰落景象所取代；在军备竞赛方面可以同美国相抗衡的暂时成就并未能挽救经济的下降和停滞，反而更加速了停滞局面的到来。在政治上，曾经为人们敬仰，看做是解放者和人类希望的苏联社会主义，声誉一落千丈，变成了一个到处扩张、肆意干涉他国他党内政的霸权主义国家。在理论上，苏联早期的马克思主义生气勃勃的局面，已经让位于远离实际，僵硬的死气沉沉的教条主义。

这是一种从经济、政治到理论的全面的衰落，这种衰落为戈尔巴乔夫上台后不久苏联很快走向崩溃和解体准备了条件。种种衰落其实都植根于战后新时代一系列发展之中，其根源就在于，苏联经济、政治几个方面，都背离战后新时代的要求，同新时代的发展方向背道而驰。

经济方面的衰落。苏联经济在战前曾以工业化的高速度震惊世界。战后初期，一度有过高速增长，但随后速度越来越下降，从70年代到80年代，进入了所谓"停滞时期"。

苏联经济速度放慢情况，可见下表：

苏联1960～1985年经济（国民收入）年增长率（百分比）

1961～1965年	1966～1970年	1971～1975年	1976～1980年	1981～1985年
6.5	7.8	5.7	4.3	3.6[1]

以上是苏联官方统计数字，虽也能显示出苏联经济增长速度的放慢趋势，但还不够确切。据苏联学者谢柳宁和哈宁合写的一篇文章，实际上年平均增长率要低得多。他们在文章中列举不少例证，说明苏联长期以来官方统计数字就有虚假。他们提出的苏联经济1961～1985年年平均增长率见下表：

1961～1965年	1966～1970年	1971～1975年	1976～1980年	1981～1985年
4.4	4.1	3.2	1.0	0.6[2]

如果对照戈尔巴乔夫在1987～1988年几次中央全会上谈到的

---

[1]　苏联中央统计局编：《苏联1985年国民经济年鉴》第38页，苏联财政与统计出版社1988年第1版。

[2]　[苏]谢柳宁和哈宁：《虚假的数字》，[苏]《新世界》杂志，1987年2月。

70 年代苏联"经济增长速度明显下降",出现了"停滞"和"危机现象";"经济发展速度减慢","达到了危机点","在差不多四个五年计划期间没有提高国民收入绝对增长额,80 年代初这个指标甚至开始下降"等说法,这两位作者统计的数字无疑是更为接近实际的。

　　苏联经济发展逐渐放慢以致陷于停滞,主要有以下几个原因:

　　第一,备战经济的后果。苏联在战后时期,出于推行同资本主义世界对立的实力政策的需要,仍然继续优先发展重工业、军事工业。当反对苏联的世界大战实际上已难以打起来时,苏联却依然加紧军备竞赛,维持一个庞大的备战经济。这就导致经济的严重失调,工业生产中生产资料比重长期保持在 80%～85% 左右,其中很大部分是军事生产[①];消费资源比重过低;农业则在备战经济严格控制下,长期处于严重落后状态。国内生产总值中用于个人消费的比重,据称不到 40%[②],战后恢复时期,缺乏消费品,人们还可忍耐一时,长此以往,必然影响劳动者的生产积极性,使经济增长速度越来越放慢。

　　第二,以重工业为主的产业结构落后于时代要求。苏联长期以来依靠重工业为主的产业结构,主要通过粗放经营方式实现增长。到勃列日涅夫时期,这种依靠扩大生产规模,更多投入资源、人力来增加生产的粗放经营方式,已走到尽头。当西方国家广泛运用电子技术于生产过程,大大降低物质消耗与能源消耗的时候,苏联仍在继续坚持重工业为主的发展,虽然钢铁、煤、石油、水电等占世界首位,但由于缺乏高技术的支持,原料、燃料耗量过

　　① 见［苏］《世界经济与国际关系》杂志,1990 年第 1 期;［苏］《经济问题》杂志,1991 年第 8 期。

　　② ［苏］安德斯·阿斯隆德:《俄罗斯怎样转为市场经济》第 44 页,布鲁金斯学会,1995 年第 1 版。

高，浪费严重的问题得不到解决，新的能源、原料产地又日益东移，开采日益困难，劳动力也更加不足，这些成为苏联经济增长速度不能不日益放慢的又一重要原因。

第三，苏联对外封闭的高度集中的计划经济体制，日益落后于战后广泛发展起来的国际经济联系。从赫鲁晓夫到勃列日涅夫，他们对苏联僵化的计划体制，搞了点改革，只不过是对中央集中的权力放放收收，并未触及高度集中的计划体制的实质。他们对有的东欧国家，如捷克斯洛伐克搞市场经济改革，畏之如虎，先是大批特批"市场社会主义"，最后竟不惜动用武力，以遏止经济改革向市场经济的势头。由于固守封闭政策，苏联对外贸易的50％以上是局限在苏联控制的小圈子里，即经互会国家之间进行。由于脱离国际市场竞争，产品质量、品种都低于国际水平。在这种封闭的高度集中的计划体制之下，苏联对外贸易呈现萎缩趋势。1960年苏外贸占世界贸易总额4.2％，1980年降为3.6％。而且出口大部分是燃料和原料，制成品比重很小。缺乏国际交流，以致经济缺乏活力，科技水平落后，产品质量低下，导致大量产品积压。这成为苏联经济增长速度越来越低的又一重要原因。

政治方面的衰落。主要表现在，苏联这个在反法西斯战争中取得伟大胜利，作为解放者受到世人崇敬和敬仰的社会主义国家，在战后时期却逐步沦落为一个凭借武力肆意干涉他国他党内政的霸权主义国家，社会主义形象黯然无光。其根源就在于苏联领导人背离了战后新时代的要求。

战后开辟了社会主义运动的新时代。这是一个各国独立自主地以多种模式、通过多种途径推动社会主义发展的时代。苏联领导人对战后这种重大变化视而不见，硬是要把苏联模式当做社会主义惟一模式强加给各新成立的社会主义国家，而且要求这些国家服从于苏联的利益。因而，新兴的社会主义国家同苏联之间的

矛盾、冲突不断发生。首先是苏联同南斯拉夫的冲突。其次，
1956 年的波兰和匈牙利事件，随后又发生了中苏冲突。中苏冲突
有多种原因，而最根本的原因是苏联依仗自己的大国大党地位企
图控制中国，要中国服从于苏联利益，而遭到中国的抵制和拒绝。
中苏争论由意识形态分歧发展到国家关系的恶化，最后发展到苏
联撤退专家，断绝援助，并在边境陈列重兵，从经济、政治、军
事方面对中国施加压力和包围。而苏联霸权主义面目暴露最突出
的事件，则是苏联为遏止捷克斯洛伐克的市场经济改革，竟悍然
对一个盟国捷克斯洛伐克出兵实行军事占领。从苏南冲突、中苏
冲突到对捷出兵，把苏联名为社会主义、国际主义，实际却是霸
权主义国家的真面目暴露无遗。

　　苏联领导人不顾战后时期发达资本主义国家相对稳定的形势，
一再宣扬资本主义总危机进入新阶段，认为资本主义"今后也将
发生严重危机"，"今后几十年内帝国主义链条必将一节节地不断
脱落"①，从而在反帝和支持民族解放运动旗号之下，推进他们心
目中的"世界革命"。他们首先在亚非国家到处扩张势力范围。从
60 年代中到 70 年代，苏联利用亚非国家人民对发展经济和对社
会主义的向往，对许多国家输出超越历史阶段的理论，奉送"社
会主义发展方向"、"非资本主义道路"的称号，同时使用"军援"
开路，大批派遣军事人员，还在一些国家中帮助建党，力图对这
些国家进行严密控制。1979 年 5 月，苏联《共产党人》杂志把安
哥拉、埃塞俄比亚、阿富汗等十几个国家定为"以社会主义为方
向"的国家②。由于苏联这套理论脱离实际，一些国家政局变化多
端，苏联在控制阿富汗的企图遭到失败后，竟直接出兵进行军事
占领，苏联所谓的社会主义和自称的第三世界国家"天然盟友"

---

　　①　参见 ［苏］《经济报》1979 年第 22 期。
　　②　《论以社会主义为方向的国家》，载 ［苏］《共产党人》杂志 1979 年第 11 期。

也就声誉扫地了。

理论方面的衰落。十月革命之后，苏联在社会主义革命和建设中，把马克思主义应用于俄国具体环境，探索前进，经历过不少曲折。在战时共产主义时期，就犯过超越历史阶段的错误，列宁发现了这个错误，并很快加以纠正，转而实行新经济政策。斯大林过早结束了新经济政策，开始实行国家工业化和农业集体化，并开始实行指令性的计划经济。这是在地跨欧亚的俄罗斯广袤国土上进行的第一次社会主义革命和建设的试验，是人类历史上空前的伟大的社会实践。虽然在实施中犯过许多诸如强迫命令，甚至专权滥杀等严重错误，但是，在战前时期，在探索苏联社会主义革命和建设时，尽管马克思主义教条化的倾向已在抬头，但总体说来，马克思主义仍然显示出了生命力。战后，随着卫国战争的胜利，随着个人崇拜的发展，教条主义的倾向愈来愈突出，终于占据了统治地位，充斥报刊的都是些脱离实际的、僵化的、对人民群众毫无吸引力的枯燥说教，马克思主义生气勃勃的局面完全消失了。

苏联理论上的衰落，主要表现在理论脱离实际。马克思主义理论的生命力就在于密切联系实际，当理论脱离实际的时候，就必然丧失生命力，不能不趋向衰落。这主要表现在两个方面，一是对苏联社会主义发展阶段的估计，一是对资本主义世界形势的估计。

在苏联社会主义发展阶段问题上，苏联领导人一直奉行超越历史阶段的理论。这种超越历史阶段的倾向，战前实际上已经存在。在苏联工农业生产力的水平还很低情况下，1936年斯大林在苏联新宪法报告中，已宣布基本实现社会主义；到1938年苏共十八大，又宣布已建成无阶级的社会主义社会并向共产主义过渡。不过当时苏联正处在社会主义建设初期，在理论上出现某些片面和失误是在所难免的。问题在于，到战后时期，这个理论被固定化了。战后苏共十九大重申，已建成社会主义，正向共产主义过渡；到苏共二十一大，赫鲁晓夫宣布苏联全面开展共产主义建设，并把 20 年建成共产主义写在苏共二十二大通过的党纲里。勃列日涅夫对赫鲁晓夫的提法稍作修正，提出已建成发达社会主义，但仍提向共产主义过渡，实质上同赫的思想是相同的。勃列日涅夫之后，安德罗波夫把苏联已建成发达社会主义改为苏联"正处在发达社会主义漫长的历史阶段的起点"，认为苏联在本世纪最后几十年中所面临的任务，是完善发达的社会主义。安德罗波夫的这一提法，虽说是在苏联社会发展阶段问题上一次比较重要的变化，但就"发达"这个概念来说，不论从经济方面，或从社会方面，同西方发达国家相比，苏联的差距还是很大的。即使是这个后来修正的"完善发达社会主义"提法，还是没有真正摆脱苏联根深蒂固的超越历史阶段的错误倾向。这种超越历史阶段的理论，不仅完全脱离了苏联的实际，也背离了战后新时代的要求。

处于战后新时代条件下的社会主义，要发展就必须进行改革。而苏联的超越历史阶段的理论却决定了苏联不可能进行实质性的改革。既然是建设共产主义，发达社会主义自然只能追求生产关系的高级化，追求"一大、二公、三纯"，从而一再限制个人副业，强调从集体所有制向全民所有制过渡，多方限制商品流通和市场经济的发展，多方限制企业的自主权力。这是苏联多年来所谓改革只能走走过场，半途而废的最深刻的理论根源。处于战后新时代条件下的社会主义，要发展就要对外开放。而苏联超越历史阶段的理论，也决定了苏联不可能进行真正的对外开放。当苏联把建设共产主义或发达社会主义作为主要任务时，当然不能允许通过对外开放让那些与共产主义、发达社会主义本性不相容的外国资本以各种形式在苏联出现。超越历史阶段理论使得苏联共产主义建设只能关起门来进行，采取封闭经济政策，把自己孤立于战后新时代正在广泛发展的国际经济联系之外。超越历史阶段的理论实际上也成为苏联长期来实行封闭政策的重要理论根源。

对世界资本主义的估计严重脱离实际的理论表现，就是认为资本主义已陷入总危机而且不断深化的资本主义总危机论。

世界资本主义总危机论是斯大林在战前提出的，战后又作了新的发挥。强调两个世界体系的对立，强调资本主义总危机是包括经济也包括政治在内的全面危机，而且不断深化，战后这个总危机又进入了新阶段，赫鲁晓夫和勃列日涅夫时期则提出又进入了第三阶段。这个理论在战前对资本主义作这样估计，虽有某些根据，但已有些夸大；战后时期仍如此估计，则主观主义色彩更浓，更加脱离实际了。战后时期社会主义在欧洲的扩展和在亚洲中国革命的胜利，当然沉重打击了世界资本主义体系，增大了资本主义发展的困难，但科技革命首先在发达资本主义国家的蓬勃发展，发达资本主义国家对经济调节能力的增强，以及战后发达资本主义国家经济增长比较迅速，都说明资本主义仍有较强的生命力，还可推进社会生产力的发展。事实上战后资本主义进入了一个相对稳定和比较和平发展的新时期。这也是社会主义在对外开放中吸取资本主义资金、技术和有益经验并同资本主义既合作又斗争的竞争共处时期，这个共处时期将是相当长的。社会主义终将取代资本主义，但社会主义同资本主义还将经过一个长期的较量才能见分晓。苏共领导人不去研究战后世界变化的新情况、新问题，而是从政治需要出发，从僵化的教条框框出发，不顾事实，极力夸大资本主义的各种矛盾。他们运用手中的权力，对理论界有关资本主义比较实事求是的研究，大加批判，要求苏联理论界同党的最高领导人的教条化理论口径一致，向过时的教条看齐。这就使苏联对资本主义的理论研究长期陷于衰落境地。

　　苏联著名的经济学家瓦尔加研究战后资本主义的三本书前后论点的变化可以作为苏联理论趋向衰落的典型例证。

　　瓦尔加研究战后资本主义的第一本书是1946年写的《第二次世界大战引起的资本主义经济的变化》，由于对资本主义提出了一些与传统观点不同的比较实事求是的新见解，遭受到尖锐的批评。瓦尔加在1948～1951年写了第二本专著《第二次世界大战后帝国主义经济与政治基本问题》，据作者卷首声明，此书将经济分析与政治分析密切结合，是为了纠正以前写的一部书里把经济同政治分离开来而发生的错误。作者还声明，此书在1952～1953年又根据斯大林《苏联社会主义经济问题》和苏共十九大文献作了修订。这本书共50余万字，可说是煌煌巨著。但从内容看，却无新意，只不过是斯大林的资本主义总危机理论，特别是《苏联社会主义经济问题》有关论点的讲解与阐明。斯大林的几个后来已被实践证明是错误的论点，如资本主义不会再有新的高涨，形成两个平行的对立的世界市场，资本主义国家危机不可避免性等，在这本书中得到特别起劲的发挥。它预言1952年资本主义经济"显然正处于新的经济危机的前夜"。还预言"危机将是极深刻和持久的"，"席卷整个资本主义世界的严重的生产过剩危机的大爆发"，"将使资本主义世界的生产低于战前水平"。[①]作者在本书中还对自己在《第二次世界大战所引起的资本主义经济的变化》一书中的所谓"错误"进行自我批评。到1961年，瓦尔加又出版了《20世纪的资本主义》一书，此书是在1960年11月莫斯科会议后出版的。《莫斯科声明》中关于资本主义总危机已发展到新阶段（第三个阶段）的提法成为这本书的主调。但是，二战后，直到本书出版，发达资本主义国家并没有像作者预言的那样，发生世界经济危机，

----

　　①　[苏]瓦尔加：《帝国主义经济与政治基本问题》第724页，人民出版社1954年第1版。

反而这些国家工业生产有了迅速增长。本书作者只好解释说："这不是资本主义市场正常的扩大"，又预言，"现在市场扩大已结束……资本主义生产增长速度将大为降低，越往后生产过剩危机将大大地把资本主义生产拉向后退"①。本书根据苏共二十一大的文献，宣称在本世纪"苏联要在经济方面超过美国，并成为世界上经济实力最强大的国家"。然后宣告："20世纪是资本主义存在的最后世纪。到这个世纪末，将根本没有资本主义，或者只剩下为数不多的资本主义残余。""20世纪将作为资本主义灭亡和共产主义胜利的世纪而载入人类史册。"② 很显然，这些论点连一点科学分析的影子也没有，只不过是对苏共文件和莫斯科声明某些论点不太高明的宣传而已。

70年代到80年代，苏联仍然继续坚持资本主义总危机进入新阶段（第三阶段）的论点。在这种教条主义占统治地位情况下，自然谈不上对资本主义的新变化和新问题进行客观的实事求是的研究，更谈不上对外开放，借鉴、学习资本主义的长处和经验。

苏共的两大理论口号：一是向共产主义过渡，建设共产主义；二是资本主义陷入总危机，而且不断深化，即使从战后苏共十九大算起，也已经喊了30多年。在资本主义世界，所谓陷入总危机而且不断深化的资本主义，不仅没有垮台，而且战后经济却有了较大的发展，劳动者生活也相应地得到改善；而苏联不但向共产主义过渡的前景渺茫，而且苏联人民的生活并没有显著改善，理论与现实如此严重的反差，自然使人民群众，首先使广大党员和干部产生了对马克思主义理论和社会主义、共产主义前景的怀疑，和对马克思主义和共产主义信念的动摇。苏共长期推行教条主义

---

　　① ［苏］瓦尔加：《20世纪的资本主义》第117、132页，三联书店1962年第1版。

　　② 同上。

的失败，成为戈尔巴乔夫上台后在错误改革中走上放弃马克思主义和社会主义道路，苏共随之瓦解的思想条件。

　　苏联在理论、政治、经济几个重要方面由盛转衰的变化，是一个渐进的过程。这种变化逐渐动摇了广大党员和干部的信念，侵蚀了苏联这个超级大国各民族间的凝聚力，失去了广大人民对苏共、对苏联政府的信任，这是苏联这个表面上看来的庞然大物，却在很短时间内就猝然崩塌的最深层的原因。

　　　　　　　　　　（载《世界历史》杂志 1996 年第 4 期）

战后新时代和苏联社会主义

一、时代问题对社会主义的重要意义：
从列宁的时代论到邓小平的时代论

（一）列宁的时代理论。

关于时代的理论，是列宁考察了第一次世界在大战和俄国革命的历史条件的新变化，在 20 世纪 20 年代期间提出来的。

列宁提出了一系列时代理论的原理。他提出，必须分析一个时代转变到另一个时代的客观条件，才能理解我们面前发生的极其重大的历史事件；他提出，所谓时代，是历史上的大时代，必须注意哪个阶级是这个或那个时代的中心，决定着时代的主要内容，时代发展的主要方向；他提出，只有区别不同时代的基本特征，才能正确估计这个或那个国家的详细特点，才能正确地制订政策①。

依据这些原理，列宁分析上世纪到本世纪初期的历史客观条件，指出时代已发生了根本变化，已经进入了帝国主义时代，帝

① 《列宁全集》第 21 卷，第 115 页～135 页，人民出版社 1959 年第 1 版。

国主义为争夺世界霸权，战争不可避免，战争必然引起革命，这个革命使目前已达到的资本主义发展阶段成为无产阶级社会主义革命的时代。斯大林在 1924 年《列宁主义的基础》讲演中，为列宁主义下定义时，对列宁提出的时代概念，则概括为"帝国主义与无产阶级革命的时代"，后来则又通称为"战争与革命时代"。

这是列宁根据 19 世纪到 20 世纪初历史条件的客观变化提出的新的时代理论。

（二）苏联领导人正确把握了时代变化，取得了十月革命和战前苏联社会主义建设的巨大胜利。

列宁的时代理论对于俄国十月社会主义革命和苏联战前的社会主义建设都起了重大的指导和推动作用。

在列宁的时代理论指引下，俄国工人阶级站在时代的中心，率先反对帝国主义战争，高举社会主义革命的大旗，取得了十月社会主义革命的伟大胜利。

在列宁的新时代理论指引下，俄国工人阶级取得政权后，在共产党领导下，为对付资本主义世界包围和可能的入侵战争，实行了高度集中的备战型的政治和经济体制，经过几个五年计划，实现了国家工业化和农业集体化，建立起比较强大的经济实力，在这个基础上，最后打败了法西斯德国，取得了卫国战争的辉煌胜利；同时又在东欧推进了社会主义事业。苏联在战前建立起来的社会主义模式，虽然有不少弊端，有的还很严重，但是，它基本适应了 20 世纪前半个世纪这个战争与革命时代的要求，因而取得了发展社会主义建设和在世界上推进社会主义事业的巨大胜利。

（三）邓小平的时代理论反映了战后时期时代的根本变化，是列宁的时代理论的继承和发展。

邓小平的时代理论指出"和平与发展是当代世界两大主题",这是小平同志对战后世界形势进行全面深入观察和思考的结果,是深刻反映第二次世界大战战后时期,时代发生了重要的根本性变化的新的理论。邓小平新的时代理论不单是建设有中国特色社会主义的各项政策的依据,同时也是当代世界社会主义为求得发展必须理解和掌握的指针。

邓小平指出:"现在世界真正大的问题,带全球性的战略问题,一个是和平问题,一个是经济问题或者是说是发展问题。"小平同志提出当代世界这两大问题,也就是提出了战后新时代的两大基本特征。

在战争与和平问题上,小平指出:"过去我们的观点一直是战争不可避免,而且迫在眉睫,这几年我们仔细观察了形势,认为……在较长时间内不发生大规模的世界战争是可能的,维护和平是有希望的。"根据是:苏美两家原子弹多,谁也不敢先动手;世界上和平力量增长超过战争力量的增长,人民是要求和平,反对战争的;世界科技革命蓬勃发展,经济技术在世界竞争中地位日益突出[1]。1987年5月12日邓小平在会见荷兰首相谈话中又指出:"对于总的国际局势,我的看法是,争取比较长期的和平是可能的,战争是可以避免的。"[2]

在发展问题上,小平同志指出:"发展问题是南北问题,……南北问题是核心问题。欧美国家和日本是发达国家,继续发展下去,面临的是什么问题?你们的资本要找出路,贸易要找出路,市场要找出路,不解决这个问题,你们的发展总是要受到限制的。"[3]小平同志又说:"应当把发展问题提高到全人类的高度来认识,要

---

① 《邓小平文选》第3卷,第127页,人民出版社1993年10月第1版。
② 同上书,第233页。
③ 同上书,第105～106页。

从这个高度来认识问题和解决问题。只有这样，才会明了发展问题既是发展中国家自己的责任，也是发达国家的责任。"① 因为"南方改变贫穷与落后，北方也需要南方发展。南方不发展，北方还有什么市场？资本主义发达国家遇到的最大问题是发展速度问题，再发展问题。"② 小平同志强调，经济开放也是发达国家的问题，他说："西方政治家要清楚，如果不帮助发展中国家，西方面临的市场问题、经济发展问题，也难以解决。现在经济上的开放，不只是发展中国家的问题，恐怕也是发达国家的问题。世界市场的扩大，如果只在发达国家中间兜圈子，那是有限度的。"③

至于社会主义经济，小平同志强调了改革与开放的决定意义。小平同志指出："社会主义要赢得与资本主义相比较的优势，就必须大胆吸收和借鉴人类社会创造的一切文明成果，吸收和借鉴当今世界各国包括发达资本主义国家的一切反映现代社会化生产规律的先进经营方式、管理方法。"④（在武昌、深圳、珠海、上海等地谈话）这是社会主义吸收和借鉴人类社会（包括发达资本主义）创造的一切文明成果，最后赢得对资本主义优势的方针。

这是小平同志根据第二次世界大战后新的历史条件，总结世界历史经验提出来的世界经济发展，包括社会主义如何赢得对资本主义优势的新理论。同过去半个世纪相比，这是为解决世界面临的各种矛盾问题完全不同的新的思路。

20 世纪前半个世纪，从第一次世界大战、十月革命，到第二次世界大战，到战后的民族解放运动高潮，整个期间，是战争与

①　《邓小平文选》第 3 卷，第 281～282 页，人民出版社 1993 年 10 月第 1 版。
②　同上书，第 96 页。
③　同上书，第 79 页。
④　同上书，第 373 页。

革命的时代。在这个时代，世界的各种矛盾主要是通过战争手段和暴力革命手段来解决的。

在战后新的历史时期，随着核武器的出现与日益增加，随着科技革命的蓬勃发展，随着亚非独立国家的日益增加，也随着世界人民的觉悟的日益提高，在新的世界力量对比之下，解决当代世界的各处矛盾的手段发生了重大的变化。根据小平同志的新思路，为解决南北存在矛盾，为解决世界经济发展问题，主要要靠发展中国家（包括发展中的社会主义国家）改革与开放，吸收发达国家的资金、技术来解决发展中国家经济发展问题，发达国家也要"开放"，帮助发展中国家，才能解决自己的市场问题，解决自己的经济发展问题。在世界和平得以维护的条件下，这不只是解决南北问题，同时也是解决包括发达国家在内的全世界经济发展问题的根本出路。

这是邓小平提出的崭新的以和平与发展为基本特征的时代理论，指明一个战后新时代已经到来。

中国共产党正是在邓小平时代理论指导下，纠正了过去在一段时间内违背时代要求的错误，在建设有中国特色社会主义伟大事业中，时刻与时代同步，紧紧追随战后新时代的步伐，20年来在改革开放中取得了令世人瞩目的光辉成就。

（四）不能自觉地认识时代的新变化，违背了新时代要求，长期落后于时代，是苏联由兴转衰的以至最后瓦解的总根源。

在战后时期，当以和平与发展为基本特征的新时代逐渐来临之际，苏联领导人没有遵循列宁在他的时代理论原理中特别强调的"必须分析一个时代转变到另一个时代的客观条件"的指示，苏联领导人没有对战后新的客观条件、新的变化进行认真分析，他们死死抱住过时的理论教条，实际上认为战后时期仍然是帝国主义和社会主义革命时代，从而使得他们的内外政策越来越严重地落后于战后新时代。他们没有对苏联高度集中的社会主义政治经济模式进行改革，仍然坚持奉行重工业、军事工业优先发展的方针；仍然奉行同西方大国进行军备竞赛的路线，并借世界革命之名，乘机对外进行扩张。这样就把苏联的经济、政治和对外政策都推向了绝路。当战后西方国家在经济和科技革命取得重大进展的时候，苏联则陷于经济停滞，人民生活改善很慢，政治不满日益增长。苏联社会主义发生剧变，共产党失权，苏联陷入瓦解，并非突然到来的，有一个逐步发展过程，而苏联长期落后于战后新时代，应说是苏联剧变和瓦解的总的根源。

苏联落后于战后新时代，以致由盛转衰，最后陷于瓦解，这个严重的历史教训，表明了是否自觉地适应时代要求，对于一个社会主义国家的兴衰成败有何等重要的意义。

二、形成战后新时代的历史条件

战后新时代的出现，是多种条件综合作用的结果，而这些历史条件的形成，则同反法西斯的第二次世界大战的胜利有着直接联系。

同第一次世界大战的帝国主义战争的性质不同，第二次世界大战是反法西斯的解放战争，这个战争的最后胜利，对战后历史的发展产生了极为深远的影响。

在希特勒倾覆前夕，毛泽东同志在 1945 年《论联合政府》报告中，论希特勒即将倾覆的形势时指出："这一新形势，和第一次世界大战时代的形势大不相同。在那时，还没有苏联，也没有现在许多国家的人民的觉悟程度。两次大战是两个完全不同的时代。""反法西斯战争的第二次世界大战的胜利，给这个战后人民斗争的胜利开阔了道路"①。

我国解放战争即将全面胜利的前夜，毛泽东同志在给欧洲共产党和工人党情报局机关刊物《争取持久和平、争取人民民主》写的纪念十月革命 31 周年文章中又进一步指出："如果说，十月革命给世界工人阶级和被压迫民族解放事业开阔了广大的可能性和现实的道路，那么，反法西斯的第二次世界大战的胜利，就是给全世界工人阶级和被压迫民族的解放事业开辟了更加广大的可能性和更加现实的道路。对于第二次世界大战胜利的意义估计不足，将是一个极大的错误。"② 这个评价是极其精辟的，后来的发展证实了这个评价。

反法西斯的第二次世界大战是一次决定人类命运的大搏斗，是决定人类走向光明、走向民主和自由，还是走向法西斯奴役制度、走向黑暗统治的生死搏斗。由于这个反法西斯战争的正义性质，对于世界各国人民，不论是民主国家或法西斯统治下的人民，又不论是资本主义国家还是社会主义国家，也不论是宗主国或殖民地的人民，都发生了极为深刻的影响，起了极大的政治动员作用，动员他们为反法西斯、为民主自由、为民族解放进行殊死斗争。战争胜利是依靠各国团结作战取得的，苏联起了主力军的作用，也是依靠各参战国人民，包括殖民地人民的牺牲奋斗取得的，因此，战争的胜利必须引起大国之间力量的对比变化，引起各国内部各种政治力量对比的变化，并从总体上有利于世界被压迫民族的解放，有利于工人阶级解放，有利于社会主义和进步事业。

因此，反法西斯的第二次世界大战的胜利结局，不能不创造出一系列新的历史条件，这些条件相互作用的结果，使战后历史

---

① 《毛泽东选集》第 3 卷，第 1031～1032 页，人民出版社 1960 年版。

② 《毛泽东选集》第 4 卷，第 1030～1361 页。

时代发生了根本性变化。

这些新的历史条件是：

第一，第二次世界大战后，亚洲非洲出现民族解放运动高潮，一大批殖民地、附属国成为独立国家，帝国主义殖民地体系最后瓦解，这是第二次世界大战非常重要的结果。战后短短 30～40 年间，一百多个国家先后挣脱殖民枷锁获得独立，第三世界国家日益成为当代国际舞台上反帝反殖反霸和维护世界和平的重要政治力量。

第二，由于苏联军队的胜利推进，在苏联胜利的影响和支持下，在东欧出现了一批社会主义国家。这是第二次世界大战另一个重要结果。这是社会主义的一大胜利，一大发展，同时因为是在苏联胜利影响下发生的，许多国家照搬了苏联模式，又给这些国家后来的发展带来了一系列矛盾和消极后果。

第三，中国人民在中国共产党领导下，打败了美国支持的蒋介石，中华人民共和国宣告成立，并走上了社会主义道路。这是第二次世界大战的又一个非常重要的结果，无论对维护世界和平或者对推进世界经济发展都显示出愈来愈扩大的影响。

第四，第二次世界大战的一个直接结果，是美苏两大国拥有大量核武器，形成冷战对峙下的和平局面。这种局面持续了几十年之久。冷战对峙带来战争危险使国际局势不断出现紧张。但在冷战对峙的背后，越来越成为主流的却是世界爱好和平国家和人民共同努力维护住了的世界和平局面。

第五，第二次世界大战对西方发达国家的一个重要影响是，国家对经济的干预、调节作用大大增强。第二次世界大战期间，为了进行这个规模空前的战争，国家对经济生活实行全面控制，使之服从于战争的需要。战争结束后，特殊的临时性的需要不再存在，但国家干预、调节经济生活却逐渐成为经常性的全面的活动，国家干预经济生活的作用日益加强。国家的干预促进了经济的发展，在工人阶级斗争的推动下，社会福利制度也有了改进，工人阶级的生活有了改善，这是战后资本主义相对稳定和有较快发展局面得以出现的重要条件。

第六，第二次世界大战直接促进了战后新科技革命的发展，电子计算机的发明，火箭技术和原子能的发明与运用，都同战争直接有关。由于战争需要的多样性和紧迫性，当时几乎在科学技术所有领域都有了创新和突破，这涉及到航天技术、电子技术、核能技术、新材料技术等重要领域。战后时期，许多军用技术转为民用，出现了大批新的产业部门。在人类社会长期生产实践过程中积累的丰富科学技术知识基础上，同战后恢复的需要相结合，科学技术研究有了更大更新的发展。在这些条件下，战后一场新的科学技术革命蓬勃开展起来。这场革命在战后一直延续下来，70年代以来，有了更迅猛的发展。越来越清楚，这是推动和影响战后历史发展的最强大的力量。

第七，第二次世界大战战后时期成立了一些国际经济组织，主要有：国际货币基金组织，国际复兴开发银行，关税及贸易总协定等。这些组织虽然是在美国策划下，为了美国支配世界经济新秩序的需要服务的，但同时也是吸收了1929~1933年资本主义大危机和大国间矛盾尖锐化以致爆发大战的历史教训的产物。这些组织在稳定国际金融秩序、稳定国际贸易关系、推进世界经济的发展等方面，起了积极的作用；同时对于稳定西方国家国内经济和政治形势，也起了相当重要的作用。

以上这些政治、经济、军事、科学技术等因素综合作用的结果，是在战后时期出现了一个与战前相比根本不同的一个新的时代。

如果说，战前时代是以战争和革命为基本特征的时代，那么，战后这个新时代，则是以和平与发展为基本特征的时代。实际上，这个新时代是前一个时代的各处矛盾在战争中和战后得到解决和缓解的曲折过程中，作为战前时代对立面出现的。

三、战后新时代有一系列值得注意的特点

第一，世界和平得以相对维护。尽管有军备竞赛，有冷战，甚至有时还发生局部战争，但对抗最后总为对话所取代，局部战争最后还是停下来为和谈所取代。从朝鲜战争结束，已可看出这种倾向，东西双方都不能把自己意志强加给对方，已达到某种均衡状态。两大国争夺，是一种严峻的现实，但两大国争夺的背后，却存在一个客观的更为强大的潮流，这就是越来越多的力量参加进来，共同维护这个世界和平局面的潮流，这是不以人们意志为转移的客观的强大的力量，连核武器拥有者自己也不得不考虑的力量。这种趋向到苏联解体冷战结束后，更为明确、更为清楚了。世界大战打不起来，我们可以赢得几十年或更长的国际和平环境。总的看，这是一个经过反复斗争，世界和平得以维护的时代。

第二，最重要的一个特点，就是新科技革命的蓬勃发展。这场革命使所有科学技术领域都发生了深刻的飞跃性的变化。人类在电子信息、生物、新材料、新能源、航天等新兴科学技术领域，取得了一系列重大突破，一系列新的产业迅速崛起。其中，以电子技术为中心的信息革命的发展尤为突出。在信息革命推动下，发达国家已开始由工业经济向信息经济的转变。这是一场生产力的伟大革命。这场革命正在改变一切。其一，科技革命推动当代

资本主义发生了许多新变化。最根本的变化，就是由工业经济转为信息经济。这是当代资本主义生产力的大发展，也是生产社会化的进一步发展。其二，科技革命推动了发展中国家经济的新发展。一些发展中国家正在靠发达国家产业结构的升级换代而逐渐改变本国的产业结构，而走上工业化新兴国家的道路的。其三，由于科技革命而出现的生产力的大发展，推动了跨国公司的经营活动的扩展，推动着经济的国际化以至全球化。其四，科技革命也促进了和平得以维护的进程。科技革命推动了核武器、火箭武器的空前发展。核武器的巨大破坏力，使核武器拥有者不敢轻易发动核战争，同时也推动了全世界各国和各国人民反对核战争和维护世界和平的斗争；另一方面，日新月异的科技革命，特别是进入信息经济的现实，世界经济日趋全球化，世界各国共同利益越来越多，国际间高科技的竞争又日趋激烈，世界各国日益把主要力量集中于争夺高科技优势，借助科技手段寻求出路，解决市场困难，而不借助于战争。其五，科技革命推动了那些真正认识科技革命意义的社会主义国家的改革和开放，推动实现社会主义与科技革命的结合。同时也无情地把那些不理解或不愿意理解这场伟大的科技革命意义的社会主义国家抛在时代的后面，任凭历史潮流去淘汰。

这个新时代到来的时间，大致在50年代中期，朝鲜战争停战并最后达成停战协议，是一个重要标志。此后虽也有对抗，有时有局部战争，如越南战争，但最后都以停战言和告终。同时，我们看到，新科技革命是大致在这个期间逐步发展起来的；西方国家的经济高速发展是在50年代中期开始的；一些发展中国家和地区也是在这一时期开始走上工业化新兴国家和地区道路的，因此，以和平与发展为两大主题的新时代，在50年代中期就已开始，较之其他划分法，是更为符合实际的。

四、斯大林之后苏联愈益落后于
新时代的严重后果

斯大林战后执政时期，由于固守战前老观点，看不到世界的新变化，以致从理论到政治经济体制和内外政策都日趋僵化，这种僵化的理论和模式，影响了苏联几代领导人，使他们不能正确认识和对待战后新时代。

斯大林之后苏联领导人由于受教条主义理论影响太深，过分自信传统的社会主义模式"优越性"，对世界社会主义同资本主义力量对比，作了错误的对自己过高的估计，从赫鲁晓夫到勃列日涅夫，在将近30年期间，对和平与发展为两大主题的新时代显现出来的一些特征，或者视而不见，或者用教条主义论点加以牵强附会的理论和内外政策，以致在一系列重大问题上，如时代总形势的估计，如战争与和平问题，如何对待当代科技革命问题，以及世界社会主义问题等，都严重地落后于时代。

（一）在时代总形势估计方面，有三大理论失误：

一是坚持传统的时代论；二是坚持超越历史阶段的"向共产主义过渡"论；三是坚持过时的世界资本主义总危机论。这三大失误使苏联愈来愈落后于现时代。

对现时代看法，可举苏共二十二大通过的党纲中关于时代的定义为代表。苏共二十二大通过的党纲写道："以从资本主义向社会主义的过渡为主要内容的现时代，是两个对立的社会体系斗争的时代，社会主义革命和民族解放革命的时代，是帝国主义崩溃、殖民体系消灭的时代，是越来越多的人民走上社会主义道路，社会主义和共产主义在全世界范围内胜利的时代"。"站在现时代中心的是国际工人阶级和它的主要产物——世界社会主义体系。"这个党纲一直保留到勃列日涅夫时期，可以说，这个时代的定义代表了斯大林之后苏共对时代的看法。这个定义包括了前述的三个重大理论失误，一是时代观，二是对苏联社会发展阶段的估计，三是对资本主义和世界革命前途的估计。

这三点看来都是脱离现实，不符合战后时代实际的。

首先，拿时代定义的主要内容来说，只讲两个体系对立斗争，只讲社会主义革命和民族解放革命，讲帝国主义消灭，社会主义和共产主义在全世界胜利，其实讲的就是现时代是以世界社会主义体系为中心，搞世界革命的时代。这同斯大林时期提出的"帝国主义和无产阶级革命时代"，实质上是相同的。这个时代估计影响到苏联整个内外政策的各方面。

其次，再看"社会主义共产主义在全世界胜利的时代"的提法，这显然是以苏联标榜正在建设的共产主义为依据的。但是这个超越社会发展阶段的提法，完全脱离了苏联当时的生产力发展水平，即使后来勃列日涅夫改为"建成发达社会主义，向共产主义过渡"，也仍然是超越社会发展阶段的，是超越苏联生产力发展水平的。

这种超越社会发展阶段的理论，不仅完全脱离了苏联的实际，也背离了战后新时代的要求。

处于战后新时代条件下的社会主义，要发展就必须进行改革，而苏联超越历史阶段的理论决定了苏联不可能进行实质性改革。既然是建设共产主义、发达社会主义，自然只能追求生产关系的高级化，追求"一大、二公、三纯"，从而必然要限制个人副业、私营企业，强调集体向全民所有制过渡，多方限制市场经济的发展，多方限制企业自主权力。这是苏联多年来改革只能走过场，半途而废的最深刻的理论根源。

处于战后新时代条件下的社会主义，要发展就要对外开放。

而苏联超越历史阶段的理论，也决定了苏联不可能进行真正的对外开放。当苏联把建设共产主义作为主要任务时，当然不能允许通过开放，让那些同共产主义本性不相容的外国资本主义以各种形式在苏联出现。超越历史阶段的理论使苏联的"共产主义建设"只能关起门来进行，采取封闭的经济政策，把自己孤立于战后新时代正在广泛发展的国际经济联系之外。超越历史阶段的理论，实际上也成为苏联长期来实行封闭政策的重要理论根源。

再次，对世界资本主义的估计严重脱离实际的理论表现，就是认为资本主义已陷入总危机，而且不断深化的资本主义总危机论。

世界资本主义总危机论是斯大林在战前提出的，战后又作了新的发挥，强调两个世界体系的对立，强调资本主义总危机是包括经济危机也包括政治在内的全面危机，而且不断深化，战后这个危机又进入了新阶段，赫鲁晓夫和勃列日涅夫时期则提出进入了第三阶段。这个论断在战前虽有些根据，但已有些夸大；战后时期做这种估计，就更加脱离实际了。战后时期社会主义在欧洲的扩展和在亚洲中国革命的胜利，虽然沉重打击了世界资本主义体系，增大了战后资本主义的困难，但另一方面，我们看到，战后科技革命首先是在发达资本主义国家蓬勃发展起来的，发达资本主义国家对经济调节能力有了很大增强，战后资本主义国家经济增长也比较迅速，这些都说明资本主义仍有很强的生命力。还可推进生产力的发展。事实上，战后时期发达资本主义进入了一个相对稳定和比较和平的发展的新时期，这也是社会主义在对外开放中吸收资本主义国家资金、技术和有益经验并同资本主义既合作又斗争的竞争共处时期，这个共处时期将是长期的。社会主义终将取代资本主义，但社会主义同资本主义还将经过一个长期的较量才能见分晓。苏联领导人不去研究战后世界变化的新情况、新问题，而只是从僵化的教条主义框框出发，不顾事实，极力夸张当代资本主义已经陷入深刻危机，世界革命胜利虽说不是指日可待，但无论如何是在胜利开展着。

坚持传统的时代论，实际上就是仍然坚持内外政策都以阶级斗争为纲的理论。在国内，以阶级斗争为纲，虽然不是像斯大林时期那样搞政治"大清洗"，但在经济方面限制市场，禁止私有企业活动，绝不允许把经济搞活等等方面，是较前时期更为彻底了。在对外政策方面，以阶级斗争为纲，主要表现在长期坚持优先发展重工业、军事工业，同西方国家首先同美国坚持长期搞军备竞赛上。这两个方面，为错误估计时代所付的代价是极为沉重的，对苏联的发展影响是致命的。因此，苏联作为一个社会主义国家，在战后时期，不能摆脱教条主义理论束缚，忽视战后时期客观条件的深刻变化，从而不能正确认识自己所处的时代，这是一个极为重要的历史教训。

（二）在战争与和平问题上，苏联领导人在斯大林之后的所作所为，也完全背离了以和平与发展为主题的战后新时代的主要趋向。

苏联在战后时期，出于推行同以美国为首的资本主义国家对抗的实力政策的需要，仍然继续优先发展重工业、军事工业，当反对苏联的世界大战实际上已难以打起来时，苏联却依然加紧军备竞赛维持一个庞大的备战经济。

赫鲁晓夫在上台两年之后，在1955年1月中央全会上，就尖锐批评了马林科夫在"社会主义某一阶段可以加速发展轻工业"的观点，称之为"极端错误的反马克思列宁主义的见解"，同时宣称"党全力以赴的一个主要任务，过去是，现在仍然是加强苏维埃国家的威力，就是加速发展重工业，因为重工业是我国整个国民经济和不可摧毁的国防力量的坚实基础"。

在这期间，苏联继掌握原子弹之后，又制成了氢弹，并很快拥有洲际导弹。赫鲁晓夫在苏共二十大报告中，在谈到现代国际局势发展中的几个原则问题时，提出了战争并不是注定不可避免和和平共处的论点，表面上看，似乎赫鲁晓夫是嗅到了和平与发展为主题的新时代的一点什么气息，但其实赫鲁晓夫主张还是以军备竞赛为基础的。他认为，"目前情况已经根本改变"，"今天强大的社会力量和政治力量拥有实实在在的手段，不容许帝国主义发动战争，如果他们真的想要发动战争，那就给侵略者以毁灭性的打击，粉碎他们的冒险计划。"这里所说的"实实在在的手段"，就是指苏联已经拥有火箭核武器。因此，根据这种设想，苏联需要不断发展军备，特别是火箭核武器的生产，以取得对西方军事优势。赫鲁晓夫在1960年1月最高苏维埃报告中强调说，"我们当然尽一切努力利用我们所赢得的时间来发展火箭核武器，并且在这方面占领先进地位"。在苏共二十二大上，赫鲁晓夫又说："我们在火箭和核武器方面已经取得无可争辩的优势。"

因此，在数量和质量上争取军事技术优势，这就是赫鲁晓夫所设想的和平共处和战争可以避免论的实力基础，因而建立在核武器取得优势基础上的战争可以避免论和和平共处论，实质是苏联加紧军备竞赛，力争在核武器方面取得优势的理论。在这种理论思想指导下，苏联不断扩大军备生产，使备战经济不断发展。

勃列日涅夫执政后，鉴于赫鲁晓夫时期和平共处对外战略受挫，苏联在加勒比海危机中遭受屈辱，美国大力发展核军备等情况，勃列日涅夫当政之初就把扩充军备放在首要地位。勃列日涅夫在上台后第一次党代表大会苏共二十三大报告中宣称，"在当前复杂而紧张的国际局势"，要"保证进一步发展国防工业，完善火箭核武器和其他各类技术装备"。1967年7月，在军备学院毕业典礼上讲话中，勃列日涅夫又强调："国防工作处在我们一切工作的首位。"这些都反映出苏联下决心要同美国进行一场军备竞赛。

大约到 70 年代上半期,苏联在战略核武器方面赶上了美国。从 1971 年 5 月苏美签署的《苏美关于限制进攻性战略武器的某些措施的临时协定》规定来看,在进攻性武器较量方面,苏联在数量上不仅赶上美国,而且还略占优势。苏方面也承认:"到 70 年代中期,两个大国的战略核武器在数量和质量上已大体均衡。"

苏联不仅在战略武器方面赶上美国,而且在常规军备方面继续保持对美国的优势。苏联还大力发展海军舰只,提高远洋作战能力。

经过 10 多年的全面扩充军备,苏军不仅拥有强大的核突然袭击能力和地面进攻能力,而且具备了一定的海外干预能力。

苏联军事力量的全面扩充,推动了苏联备战经济的大发展。国防工业占很大部分的重工业继续得到优先发展,在工业总产值中长期保持 74%～75% 的比例水平上;军火生产已成为"国民经济的一个经常的固定的组成部分"。

这种种表现,说明在苏联领导人心目中,根本没有和平与发展的新时代的影子。他们实际上认为,当前这个时代就是以苏联为中心的社会主义体系同以美国为首的资本主义体系不仅对立而且是武装对峙的时代。

苏联的这种备战经济的特点是严重的比例失调。长期以来,苏联生产资料生产按官方数字在工业中大约占 75%,因生产资料作价较低,实际比重要高得多。有的苏联学者认为,苏联生产资料在工业生产中比重最低为 85%。而在发达国家,这个比重要低得多,如美国 60 年代初到 70 年代末,大致为 63%～65%,联邦德国为 69%～70%,日本 67%～72%。这也严重影响到积累与消费的关系。苏联通常统计数字要高得多。苏学者计算,有的认为达 40%，有的认为，苏联国民收入中有一半左右用于积累。而在资本主义国家，只有 15%～25%。另一方面，积累比重过高，用于消费部分比重就不能不过低。据称，轻工业和食品工业产量不到全部工业产量的 10%，而美国为 25%～30%。据戈尔巴乔夫说，苏联只有 6%～8%生产基金用来生产消费品[①]，国内生产总值中用于个人消费的比重据称不到 40%。苏联经济长期的比例失调，影响经济增长速度越来越放慢，到 71～80 年代，竟最后陷于停滞。

据苏联学者谢柳宁和哈宁合写一篇研究文章中提供的苏联经济 1960～1985 年年平均增长率的数字，表明了这一点。见下表*：

1961～1965 年	1966～1970 年	1971～1975 年	1976～1980 年	1981～1985 年
4.4	4.1	3.2	1.0	0.6

* 见谢柳宁和哈宁：《虚假的数字》，见 [苏]《新世界》杂志 1987 年 2 月。

这两位学者提供的数字，比官方的要低得多。但如果对照戈尔巴乔夫在 1987 年几次中央会会上谈到的 70 年代苏联经济出现了"停滞"和"危机"现象，"达到了危机点"，"在差不多 4 个五年计划期间没有提高国民收入绝对增长额，80 年代初这个指标甚至开始下降"等说法，这两位作者的数字是比官方数字更为接近实际的。

苏联长期来背离了战后时代的总的方向，一直维持一个庞大的备战经济，应该说这是苏联经济发展逐渐放慢以至陷于停滞的主要原因之一。

――――――――――

[①]   参见 [苏]《消息报》1991 年 3 月 25 日。

在反法西斯战争胜利结束后，本来可以利用战时盟国的良好关系，创造缓和的国际环境，把战时经济转到以和平建设为中心的轨道上来，但是，苏联领导人由于固守老的时代观，即同资本主义对峙、对抗的观点，没有抓紧时机，反而加紧了冷战对抗，以致以一个比较落后的国家的国力，长期负担同发达资本主义国家美国同样的军备开支，以致最后拖垮了经济，这个教训是极为惨重的。

（三）在当代科技革命问题上，由于教条主义的影响，也由于传统体制的阻碍，苏联领导人自满自足，对当代科技革命问题从来没有系统研究和认真讨论过。

在批判个人崇拜之后，赫鲁晓夫开始纠正对西方国家科学成就的一些错误认识。在一些问题上有所松动，但没有能完全打破传统的教条主义观念。

1955 年 7 月苏共中央全会上布尔加宁在报告中说："我们正面临新的科学技术和工业革命的前夕。这个革命就其意义来说，远远超过由于蒸气机和电的出现而产生的工业革命。"这是苏共领导第一次对现代科学技术革命的意义作出肯定的评价。当时曾经召开了工业会议，检讨了苏联工业落后于西方国家的情况。苏共二十二大通过的党纲指出："人类正进入科学技术变革时期，这个变革是同掌握核能、征服宇宙、发展化学和生产自动化以及科学技术以其他最巨大的成就相联系的。"但是，党纲仍然认为，"资本主义生产关系对科学技术革命来说，太狭窄了。只有社会主义才能实现这一革命，并利用这一革命的果实，以利于社会主义"。这样，尽管赫鲁晓夫时期在科学技术革命问题上有些新的提法和认识，但仍然拒绝承认资本主义国家可能利用科学技术革命成果，这反映出赫鲁晓夫时期苏联领导和理论界在这一问题认识上的局限性。

　　勃列日涅夫执政后，理论界对科技革命有了进一步的认识。1966 年末，凯尔迪什院士在《共产党人》杂志发表长文，论及当前人类正经历着一场科技革命，认为需要全面理解这个过程。另一学者在《哲学问题》（1970 年第 3 期）发表文章认为，科学革命已使世界上发达国家进入社会生产的新时代——科技革命时代，而尽快弄清这个新时代的意义和特点，弄清那些对这个时代产生重大影响的最重要的因素，以便尽快从已经陈旧了的生产发展的方式中摆脱出来。但对科技革命做这样高估计的，只是个别学者的见解。到苏共二十四大（1971 年 3 月），勃列日涅夫在报告中强调：“我们面临的具有重大历史意义的任务就是，把科学技术改革的成就同社会主义经济制度的优越性有机的结合起来。”到了苏共二十五大，又一次强调“加速科技进步仍然是一项首要的任务”。“只有在社会主义条件下，科学技术革命才能具有符合人的和社会的利益的正确方向”。“科学技术革命要求在经济活动的作风和方法方面来一个彻底的转变。”

　　苏共二十四大后，中央政治局决定专门召开一次讨论科技革命问题的中央全会，为此还成立了由基里连科等 3 名中央书记组成的专门委员会和起草小组，这个班子奋斗几个月，最后写了一份 130 页的报告，报告于 1973 年 5 月上交基里连科等 3 位书记，此后再无下文。直到勃列日涅夫逝世后，清理档案时，才在勃的保险柜中发现了这份文件。

　　为什么科技革命的会议开不成？利加乔夫写的一本书（《戈尔巴乔夫之谜》）中引用了阿尔巴托夫院士在杂志[①]上写的一篇文章，其中说道：在管理方面，美国有过错误、失败和失算的严重教训，其中带有普遍性的严重错误在于，多年来对电子计算机在

----

　　①　见［苏］《计划经济》杂志 1975 年第 5 期。

管理方面的评价过高，造成了"电子热"，把管理的组织结构、决策方法、"人的因素"等等推到次要地位。作者认为，"对本国和世界经济进行分析的结果使我得出结论：自动化管理系统只是组织化管理机制的一个从属部分。"利加乔夫写道：问题是，不单是院士有这个意见，主要是"某些领导人从心眼里喜欢不搞，因为自动化管理系统对他们是个妨碍"，"要知道'上面也有人表示了这种看法'，这种看法就给传统的行政命令管理方法提供了优先权"。看来担心"电子化"会影响传统的行政命令管理方法，这就是科技革命中央全会迟迟不能召开的背景。

利加乔夫这本书还写道：后来，契尔年科执政时期，中央政治局决定召开一次全会讨论科技革命问题，而且决定由戈尔巴乔夫在会上作报告。但在戈尔巴乔夫积极准备一番之后，到1984年底，已有人认为应推迟这次会议，这反映出苏联领导集团内部争权夺利的斗争一种方式，为了不让某个领导突出，取得以后当领袖的资本，就以各种理由来拆某个领导的台。这次显然是针对戈尔巴乔夫的。到最后，契尔年科宣布："有人认为讨论科技进步问题的全会现在不应举行，因为不久就要召开党代表大会了，重大问题由全会讨论显然是适宜的。"借口会议重要，要推到一年以后的代表大会去讨论，这样就把讨论科技革命和中央全会又一次推迟，而且实际上是再也不讨论了。

为准备召开一次中央全会讨论科技革命问题，从勃列日涅夫时期起，历经几代领导人，拖了11年之久，还未能召开，可见苏联领导人对待当代科技革命问题的消极态度，也就不会使人奇怪，为什么在这样蓬勃发展的新科技革命时代，苏联却反应乏力，在利用科技革命成果方面，大大落后于西方发达资本主义国家。

苏联在世界科技革命浪潮中落后的影响是多方面的。

从产业结构来说，苏联战后几十年，直至勃列日涅夫执政时期，仍以苏联的煤、钢铁、石油等传统产业占据世界首位自夸，而实际上，这时西方发达国家放在首位的已是发展高新科技产业，是电子信息产业，许多传统产业与信息产业的高新技术结合，使得消耗大大降低，质量大大提高，在这方面，苏联远远落后了，世界各发达国家都把主要力量集中于争取高科技优势上，苏联在这方面由于落后于科技革命，自然在这方面无法与发达国家竞争；同时由于吸取科技革命成果方面落后，也就难以推动苏联设备的技术改造，以致苏联工业设备老化日益严重。这些使得战后几十年中，苏联的经济发展由于缺乏科技革命的推动，实际上走的仍然是那条缺乏效率浪费巨大的老路。战后西方发达国家从 1951 年到 1970 年 20 年中，工业生产年平均增长，美为 4% ～5%，法为 5% ～6%，意为 7% ～9%，西德为 5% ～9%，日本为 13% ～16%。而且工业增长主要靠提高劳动生产率，这一时期工业增长中，劳动生产率提高的因素大约占 60% ～80%。这一时期，发达国家扩大再生产基本上是内涵型的，这是这些国家走上现代化道路的主要标志。苏联在这 20 年中，工业生产年增长，虽然在 50 年代曾达到 10% 以上水平，但到 60 年代，只能在 8% 左右徘徊。由于它的仍然是粗放经营的老路，以致工业生产增长不断下降，到 70 年代后半期，竟降到 4% 左右。这说明苏联忽视科技革命对生产增长的消极影响越来越明显了。

　　苏联在战后时期，面对蓬勃发展的新科技革命，最多议论一番，却没有什么实际行动，终于使苏联远远落在新科技革命浪潮之后。这里有教条主义思想作祟，但更主要的是体制上的问题。从前面勃列日涅夫时期和契尔年科时期"议而不行"的两个例证来看，主要是领导层有人担心新科技革命成果的运用会打破苏联高层领导的行政命令体制，他们宁愿不要电子化，也要保持他们老一套由上而下的行政命令方法，因此强调所谓"人的因素"；其次，还有领导层内部争权夺利成为深入讨论科技革命问题的障碍。领导层某些人宁愿推迟科技革命问题，也不愿意让有可能取得第一把手位置的竞争对象去做有关科技革命那样重要的报告。因此，很明显，要想为科技革命开辟道路，在苏联就要首先进行党政体制方面的改革，特别是领导体制的改革。但这点在苏联是难而又难的。苏联的高度集中的政治、经济体制多年不改，旧体制的惰性很大。打破旧体制的情况，进行体制改革，使领导层抛弃其既得利益，愿意接受科技革命，这无异于一场革命。这是在苏联进行改革的难处，也是推行新科技革命成果的难处。这也是苏联多年来面临世界蓬勃发展的科技革命，最多只在军事领域、或与军事密切相关的领域，如航天领域等取得成就，而在其他许多领域都落在发达国家之后的主要原因。

（四）在当代社会主义运动问题上，苏联也是远远落后于新时代的发展。

战后开辟了社会主义运动的新时代。这是一个各国独立自主地以多种模式、通过多种途径推动世界社会主义运动前进的时代。苏联领导人对战后这种重大变化视而不见，硬是要把苏联模式当做社会主义惟一模式强加给各新成立的社会主义国家，而且要求这些国家服从于苏联利益。因而新兴的社会主义国家同苏联之间的矛盾、冲突不断发生。首先是苏联同南斯拉夫之间的冲突。其次，1956 年波兰和匈牙利事件，都同这些国家要求独立自主地走自己的社会主义道路有关。随后又发生了中苏冲突。中苏冲突有多种原因，而最根本的原因是苏联依仗自己的大国大党地位，企图控制中国，要中国服从于苏联利益，而中国不干。中苏争论由意识形态分歧发展到国家关系的恶化，最后发展到苏联撤走专家，断绝援助，并在边界陈列重兵，从经济上、政治上、军事方面对中国施加压力。而暴露苏联霸权主义、大国主义面目最突出的事件，则是苏联为遏制捷克斯洛伐克的市场经济改革，竟悍然对一个盟国出兵实行军事占领。从苏南冲突、苏中冲突到对捷出兵，把苏联名为社会主义、国际主义，实为霸权主义国家的真面目暴露无遗了。

战后社会主义运动蓬勃发展，在一些发展中国家，引起了这些国家人民和一部分急于摆脱帝国主义、殖民主义枷锁的先进分子的向往。但归根到底，要看这些国家经济社会条件以及工人阶级成熟到何等程度。苏联领导人不顾这些条件，为了扩张势力范围，从60年代到70年代，苏联利用亚非国家人民对发展经济和对社会主义的向往，对许多国家输出超越历史阶段的理论，奉送"社会主义发展方向"、"非资本主义道路"的称号，同时使用"军援"开路，外加"经援"，大批派遣军事人员，还在一些国家中帮助建党，力图对这些国家进行严密控制。1979年5月，苏联《共产党人》杂志把安哥拉、埃塞俄比亚、阿富汗等十几个国家定为"以社会主义为方向"的国家[1]。由于苏联这套理论完全脱离实际，一些国家政局变化多端，在苏联力图控制而遭到失败的阿富汗，1979年底，竟直接出兵进行军事占领。这次行动遭到全世界的谴责，用了10年工夫，付出了大量财力和人员伤亡的沉重代价，最后还得撤出。苏联自称社会主义和第三世界"天然盟友"的虚假面目也完全被揭穿了。

苏联在世界社会主义运动中的失败说明：以苏联为中心，以苏联模式为统一的社会主义模式，依靠苏联的援助来发展的斯大林模式的共产主义运动，从苏联瓦解之后，便告终结。总结苏联的历史教训，在战后新时代的历史条件下，世界社会主义运动看来只能是独立自主地、平等地、通过多种模式发展社会主义。一

---

① 见［苏］《共产党人》杂志1979年第11期。

个胜利了的社会主义国家，在同资本主义国家关系上，只能是在五项原则基础上的和平共处的关系，它实行改革开放，吸收发达资本主义国家的资金、技术、管理经验，把自己主要力量用于自己国家建设，用自己的经济、政治、文化等方面的建设成就，来吸引、影响资本主义世界各国人民，这是一个争取人心向往社会主义的长期的渐进的过程。

五、在时代与社会主义问题上，根据苏联走过的道路，有以下三点重要的历史经验教训

第一，社会主义要发展，一定要适应时代潮流的要求。适应潮流者兴，否则就要受到挫折以致遭到失败。苏联战前实行高度集中的备战型模式，在人民忍受艰难困苦和热情支持之下，实现了几个五年计划，作为一个工业化强国，迅速崛起，并最后打败了法西斯，就因为这种体制和政策基本适应了当时战争与革命时代的要求，人民的要求，而后来苏联由盛转衰直到覆亡的一个重要原因就是把传统社会主义模式绝对化、固定化、忽视了战后时代新变化，既不改革，又不开放，脱离了本国实际，又背离了新时代的要求，以致理论僵化，政治经济陷于停滞，最后社会主义制度陷于失败。

第二，要深入研究和总结从列宁到邓小平根据时代变化制定的理论的经验。时代是发展变化的，为了确定所处的时代性质，就要研究一个时代转变到另一个时代的客观条件，要善于区别不同时代的基本特征。列宁分析了上世纪到本世纪初期的历史客观条件，提出时代已发生变化，已经进入帝国主义和社会主义革命时代；邓小平则根据第二次世界大战后形成的新的历史条件和新

的世界力量对比，指出战后时代已转变为以和平与发展为基本特征的时代。战后时期，促进新时代出现，有一系列新的历史条件。这里既有科学技术革命的大发展，又有世界人民力量的发展和壮大；既有社会主义的改革与创新，又有资本主义的新变化。在这样不断发生新变化的时代里，谁要是不能清醒地研究一个时代转变到另一时代的客观条件，就要迷失方向，就要落后于新时代，犯历史性错误。苏联的历史教训正是这样。

第三，在新的时代条件下，社会主义要与时代同步，赶上时代的潮流，就必须紧跟战后时期蓬勃发展起来的科技革命，在高科技领域占有自己的地位。

苏联在 20～30 年代，曾经采用大规模引进西方技术和管理经验的方法，经过苏联党的领导和科技管理人员的努力，在不长的时间内实现了国家的工业化，成为工业产量占欧洲第一位的强国，赶上了发达资本主义国家工业化的潮流。苏联工业化的高水平，使得有可能在需要的时候，短时间内生产出大批武器装备，最后打败德法西斯，取得反法西斯第二次世界大战的辉煌胜利。

到了战后时期，由于被反法西斯世界大战胜利所陶醉，满足于已取得的工业化成就，也由于理论思想的僵化，盲目地排斥西方的科技成就，甚至把西方学者有价值的科学思想加上"伪科学"的帽子。除去与军事领域有关的学科，如原子能、航天技术等以外，苏联开始落后于正在发展的世界科技革命潮流。到科技革命发展更为迅速的 70 年代，此时，发达资本主义国家逐步转入信息经济，利用新科技革命成就，大量节约原料、燃料，实现了科技革命基础上的集约型发展，而苏联则仍在粗放经营的老路上蹒跚而行，而且还常以钢铁、煤、石油等占世界首位而自负。

考虑到世界科技革命实际上是战后和平与发展新时代出现的

主要推动力，又是战后新时代的突出特征，真正赶上世界科技革命的步伐，只有社会主义国家坚持改革和对外开放，才有可能。苏联在世界科技革命浪潮中，长期落后，不仅助长体制与思想的僵化，更重要的是使社会主义的发展丧失动力，最后只能导致落后于现时代，落得个被淘汰的命运。

（1999 年 3 月）

苏联历史研究

建国以来的苏联东欧研究

　　建国35年以来，我国社会主义建设取得了举世瞩目的成就，随着社会主义建设事业的发展，我国对苏联东欧的研究也有了很大发展。特别是党的十一届三中全会以后，我国对苏联东欧的研究工作，在党的正确路线指引下，和其他社会科学领域一样，进入了一个新的历史时期。

　　我国对苏联的研究可以追溯到俄国十月革命胜利后的初期。毛主席说："中国人民找到了马克思主义，是经过俄国人介绍的。""十月革命一声炮响，给我们送来了马克思列宁主义。"在伟大的十月社会主义革命以后，我们的革命先辈就开始了向苏联学习和研究苏联的过程。1921年中国共产党成立之后，中国革命者为了借鉴苏联的革命经验，寻求中国革命的道路，就曾在多种革命刊物上，翻译和介绍了列宁和斯大林的著作，宣传和介绍了苏联的革命经验、理论和各项方针政策。20～30年代，不论在白色恐怖的国民党统治区，还是在艰苦条件下共产党领导的革命根据地，介绍和宣传苏联革命和建设理论及其经验的工作，一直在继续进行。在抗日战争时期，对苏联的介绍宣传，有了更大的发展。在陕北抗日根据地，在党中央直接领导下，出版了多卷本的《列宁

选集》和《斯大林选集》。为了克服教条主义的学风，毛主席在
《改造我们的学习》一文中着重指出："研究马克思列宁主义，应
以《苏联共产党（布）历史简明读本》为中心材料"，"我们看列
宁斯大林如何把马克思主义普遍真理和苏联革命的具体实践互相
结合又从而发展马克思列宁主义的，就可以知道我们在中国是应
该如何工作了。"经过这场马克思主义的思想教育运动，我党总结
了历史经验，保证了新民主主义革命的伟大胜利。广大干部经过
这场学习，熟悉了苏联的历史经验，这场思想教育运动实际上也
为今后如何正确看待苏联的经验，如何研究苏联，为我们打下了
比较好的思想基础。

　　建国以后，50 年代初期，社会主义建设的伟大任务摆在我们
党和我们国家的面前。为了进行社会主义建设，就要学习外国的
先进经验，首先要学习苏联的先进经验。在建国后的一段时间内，
我国人民在党的号召下，掀起了学习苏联先进经验的热潮。中共
中央马恩列斯编译局在很短时间内就翻译出版了《列宁全集》、
《斯大林全集》。各出版社出版了列宁和斯大林的各种专题文集、
选集和单行本。苏联出版的各种著作在我国大量翻译出版。仅在
1949～1952 年短短几年时期内，我们共翻译出版了 3000 多种苏
联出版的著作，中译本发行共达 1200 多万册。仅列宁、斯大林的
著作就有 270 余万册。在全国范围内还创办了多种介绍苏联理论
和建设经验的刊物，例如经济、哲学、历史、国际问题以及文艺
等等方面的《译丛》。

　　为了便于学习苏联和东欧社会主义国家的先进经验，各地大
量创办了俄语专科学校，并在一些外语学院中开设了东欧国家语
言的课程。我国从 1951 年到 1964 年共派遣了留学生 8000 人到苏
联留学。

　　建国以后，自 1949 年到 1959 年根据中苏两国政府签订的经

济、文化协定，我国先后聘请了苏联专家 1 万多人到中国工作。与此同时还聘请了东欧社会主义国家的专家 1400 余人。苏联东欧国家的专家们在我国各条战线上、各个领域中传播了他们的经验，并与中国人民建立了深厚的友谊。中国人民、中国专家学者们以极大的热情向苏联、东欧各国学习，并不断地了解和研究他们的经验。我国还派出各种代表团到苏联、东欧各国访问，目的是学习和研究他们各方面的经验，增进同这些国家人民的友谊。

学习苏联的过程，同时也是逐步开展对苏联研究的过程。这一时期，对苏联东欧的研究，主要是由我国有关的实际工作部门，结合我国实际情况进行的。

学习苏联经验，要有一种正确的态度，即同我国社会主义建设的实际相结合。毛主席指出："为了使我国变为工业国，我们必须认真学习苏联的先进经验。""学习有两种态度，一种是教条主义的态度，不管我国情况，适用的和不适用的，一起搬来。这种态度不好。另一种态度，学习的时候用脑筋想一下，学那些和我国情况相适合的东西，即吸取对我们有益的经验，我们需要的是这样一种态度。"① 毛主席还指出："苏联的建设经验是比较完全的，所谓完全就是包括犯错误。""我们学习苏联，要包括研究它的错误，研究了它的错误的那一方面，就可以少走弯路。"② 毛主席的这些指示，一直是我们学习和研究苏联经验的重要指针。

这一时期，不论在指导思想上、在干部准备上或对苏联东欧国家情况的了解和掌握上，都为我们后来开展苏联和东欧的研究奠定了较好的基础。我国现在这支苏联东欧问题的研究队伍基本上就是那个时期形成的。

60 年代初中苏关系发生了巨大的曲折，形势的变化在苏联东

---

① 《毛泽东选集》第 5 卷，第 401 页。
② 同上书，第 473 页。

欧问题的研究工作者面前提出了新的要求。1964年党中央提出了
要加强对外国研究的工作任务，接着在我国相继建立了十多个外
国问题研究所，我国第一个苏联东欧研究所也就是在这个时期正
式成立的。在60～70年代当中，这些有关的研究所和实际工作部
门一起对苏联东欧各国进行了不少研究工作，做出了一定的成绩。
令人遗憾的是当时由于国际斗争和国内形势的影响，我国的苏联
东欧问题研究也不能不受到"文化大革命"中那种极"左"思潮
的干扰，在研究工作中存在着简单化、片面性的缺点。

十一届三中全会以来，党的正确路线给社会科学带来了春天，
社会科学各条战线都进入了一个崭新的历史时期，取得了很大成
绩。三中全会后的6年当中我国的苏联东欧研究工作也大大活跃
起来，并有了很大进展。这些进展主要表现在以下几个方面：

第一，从全国来看，研究苏联东欧问题的机构有较大的发展，
研究力量日益增强。在研究机构的发展方面，除了对外工作的实
际工作部门及社会科学院系统以及高等院校原有的苏联东欧研究
所和各研究所的有关室，都有所加强之外，各省的社会科学院和
大学也纷纷成立了苏联东欧研究机构。最近几年，在北京、上海、
安徽、黑龙江、新疆、吉林等省市的社会科学院和高等院校新设
立了一些综合性的苏联东欧研究所或苏联研究所及专门研究苏联
教育、文学等研究所，此外在北京、上海、陕西、甘肃、浙江、
辽宁等省市的研究所或高等院校各系也设立了有关苏联东欧的研
究室。到目前为止，全国原有的和新成立的研究苏联东欧问题的
单位共有60多个。苏联东欧问题的研究人员共达4000多人。几
年来，研究人员逐步加强，已经形成了一支对苏联东欧问题有相
当研究水平的队伍。在苏联经济、政治、文化教育、对外政策、
理论、民族、哲学、历史等各个领域的研究中，都出现了一批有
较高水平的专家，其中还包括一部分青年研究工作者。在这些单

位和研究人员共同努力的基础上，于 1982 年 9 月在上海成立了中国苏联东欧学会并举行了年会，1984 年在成都召开了学会理事会，讨论了学会今后的工作。此外，还按学科和国别成立了几个研究会，如：苏联经济研究会、南斯拉夫研究会、罗马尼亚研究会等。

第二，研究苏联东欧的刊物不断增加。现在由各地苏联和东欧的研究所、室等单位出版的专门刊物已达 30 几种。按其内容来分，有以苏联东欧为对象的综合性刊物；还有以苏联一国为对象的综合性刊物；也有单独以东欧为对象的专门刊物；至于侧重苏联某一专门领域的刊物也有不少，如专门研究和介绍苏联哲学、社会科学、苏联历史、苏联科学技术、苏联文学艺术等专门刊物；专门就苏联某一地区进行研究的，有介绍苏联西伯利亚与远东地区和中亚地区的刊物等等。还有一些刊物虽然不是专门研究苏联东欧问题的，但因苏联东欧问题研究是综合性的学科，涉及到科学社会主义、经济学、马列主义、国际共运、国际问题等重要领域，因此，在相当一部分有关的刊物中，经常刊载关于苏联东欧问题的重要文章和资料。这类刊物也达几十种。此外，还出版了年书、年鉴，如《苏联经济》年书等。

这些刊物，介绍了苏联东欧各国建设经验和理论，交流了研究成果，探讨了若干重要理论问题，对于深入发展苏联东欧问题的研究工作起了积极的推动作用。

第三，几年来，关于苏联东欧问题的各种学术讨论活动也非常活跃。

中国苏联东欧学会、各研究会同有关单位合作，或者由各研究单位联合或独立组织，举行了一系列专题讨论会，讨论的问题有：苏联经济体制问题、经济理论问题、农业问题、政治体制问题、民族问题、哲学问题、教育问题、对外政策问题等；综合研究苏联与东欧各方面的问题有：苏联东欧体制比较问题、苏联东欧精神文明理论问题、苏联东欧农业问题等。此外，还就东欧某些国家的经济问题及苏联某一历史时期的政治、经济体制问题（如列宁时期、斯大林时期）举行了一些专题的学术讨论会。通过这些学术讨论会，交流了研究成果和学术观点，活跃了学术思想，提高了学术研究水平。

第四，出版了有关苏联东欧问题的专著、论文集及大量译著。

几年来，通过各种学术讨论会，通过刊物，发表了不少有一定价值的论文和研究报告，这些科研成果所研究的问题，介绍的经验，对我国当前四化建设起到了借鉴作用。与此同时，还出版了一批关于苏联东欧问题的专著和论文集，这一时期，出版的有关苏联东欧问题的译著大约有数百种。这些著作和译著的出版，反映了苏联东欧研究工作者丰硕的劳动成果，同时对苏联东欧研究工作也起到了进一步的推动作用。

第五，图书资料工作也有了新的进展，为了增加图书资料交流工作，使有限的苏联东欧图书资料发挥更大的作用，在中国苏联东欧学会和中国社会科学院苏联东欧研究所发起下，举行了有全国 40 几个兄弟研究单位参加的苏联东欧图书资料交流会议。这为今后建立起全国的苏联东欧图书资料网打下了初步基础。

第六，开展了同外国学者的交流，这几年我们开展了同美国、英国、西德、日本、加拿大、澳大利亚、法国、瑞典等国的苏联东欧问题学者之间的学术交流，我们同苏联、东欧国家学者的来往也正在发展。

近年来，我国学者应邀出国访问和外国学者来我国访问，进行学术交流的日益频繁。较大型的交流活动有：中美学者关于苏联问题的讨论会，中日学者关于苏联问题的讨论会，关于亚洲太平洋安全问题和苏联政策问题讨论会，中英学者关于苏联经济问题和对外政策问题的讨论会等等；我国同苏联、东欧各国学者之间的互访、座谈，也日益增加。

第七，苏联东欧研究课题的范围日益扩大和深入。

各研究所、各研究单位对苏联东欧问题的研究课题的领域和范围，都正在日益扩大和深入，现已在经济、政治、法律、文化、教育、哲学、历史、理论、社会学等各个领域广泛地开展了研究活动。为了配合我国社会主义四化建设和对外执行独立自主政策服务的需要，许多同志研究了苏联东欧各国的经济理论、经济体制、部门经济以及体制比较研究等问题，几年来对苏联东欧国家经济研究的方面广泛、问题多样，探讨比较深入，起了领先作用，这同我国当前进行经济体制改革的迫切需要是有联系的。对苏联东欧国家的政治机构、体制的研究也已积极开展起来。如对苏联与东欧国家的政府机构、政治体制的沿革与变化的研究，对这些国家政治体制的比较研究，对干部制度的研究。苏联的对外政策及其对各国的关系都是我国一直注意研究的问题，而现在更为系统、更为深入了。关于苏联东欧各国建设社会主义的理论问题、苏联东欧的文化建设与教育改革问题、苏联东欧各国的历史与哲学理论以及文艺理论政策等问题，有的已有相当研究基础，有的正在开拓之中。过去一段时间内对东欧有的国家研究是不够的，现在也得到了加强。总的看来，许多新建的研究单位对苏联东欧研究，从过去以翻译介绍为主，逐步地转到以研究为主。无论是从广度到深度都比过去有较大进展。当前存在的问题是，各领域研究的发展仍然不够平衡，同当前的需要相比，许多问题的研究还有待于进一步深入。

取得上述初步成就的原因，首先是由于在对苏联东欧研究工作中，我们遵循了党的十一届三中全会以来的实事求是的正确思想路线，逐步纠正了过去在研究工作中的简单化和片面性的缺点，解放了思想，从实际出发，把对苏联东欧的研究放在更加科学的基础上；其次由于我们密切结合我国社会主义建设的现实问题进行了苏联东欧问题的研究，更加明确了研究苏联、东欧各国建设社会主义的经验与教训，是为了为我国借鉴，以便更好地建设起具有中国特色的社会主义；还由于在研究工作中，我们注意到发扬学术民主，在各种学术讨论会，在刊物上，在坚持党的四项基本原则基础上，贯彻了党的"百家争鸣、百花齐放"的方针。

目前，党中央号召我们要认真学习、深刻领会、坚决贯彻党的十二届三中全会决定。在体制改革方面，要借鉴外国的经验，建设具有中国特色的社会主义。这就向我们提出了更高的要求，提出了新的任务。经济体制改革本身就是一个重大课题，同时这个改革又涉及到政府机构、干部制度、教育制度、精神文明建设、对外关系等一系列问题。我们要学习和借鉴外国经验，苏联东欧国家在这方面的经验更为直接、更为有用，这为苏联东欧研究提出了一系列新的重大课题。对苏联东欧的研究是大有可为的。更不用说，苏联是一个大国，在国际上占有非常重要的地位，同时又是我们的邻邦。任何时候都需要我们对它进行深入的研究，加深对这个国家的了解。我们现在的任务就是要进一步解放思想、实事求是、加强我们对苏联东欧的研究工作，为我国社会主义四化建设做出新的贡献。

（载《苏联东欧问题》杂志 1984 年第 6 期）

重新认识斯大林的历史作用

一、在新的历史下重新认识斯大林的历史功过

斯大林的历史作用问题,实质上也就是斯大林的历史功过问题。从苏共二十大赫鲁晓夫作了批判斯大林的秘密报告之后,关于斯大林的历史功过评价问题,一直议论纷纷。80 年代中,戈尔巴乔夫执政后,斯大林的历史功过又一度成为苏联报刊上尖锐的论题。很多人出于各自的政治需要,把斯大林描绘成苏联历史上的罪人,完全否定或基本否定他在历史上的积极作用。另外一些人,则对斯大林历史作用实质上持完全肯定态度。完全肯定或完全否定,反映出苏联一些人在评论历史人物问题时的思想方法上的主观主义和片面性。当然,也有少数学者,态度比较客观,评论比较全面,在评论中提供了一些有益的意见。我国于 1956 年和 1963 年先后发表文章,对斯大林作出“功大过小”、“主要方面正确、错误是第二位”的评价。今天回过头来看,在 30 年前,由于历史条件的局限性,斯大林历史作用的矛盾的各个侧面,还没有充分暴露和展示出来,加上受到当时中苏两党两国关系恶化的影响,对斯大林的某些功过的评价和总的估价也有不完全和不恰当之处。最近一段时间,国际上发生了一系列同斯大林评价有关的重大变化。最主要的有:第一,苏

联发生剧变,苏联解体,苏共丧失政权,并陷于瓦解,持续了 60 年之久的斯大林社会主义模式已宣告终结。斯大林和他创建的社会主义模式,经历了 60 年的历史检验,现在已有可能根据历史检验的结果,把这个历史时期作为一个整体,从这样的角度出发,来评论其成就和错误了。第二,中国在邓小平同志建设有中国特色社会主义的理论指导下,14 年来,在社会主义建设各条战线上取得了非常巨大的成就。江泽民同志代表党中央在党的十四大作的报告,回顾了 14 年的伟大历史实践,对建设有中国特色的社会主义理论作出了新的概括,充分反映了邓小平同志视察南方谈话的精神,用新的思想观点,继承和发展了马克思主义。这个理论是中国共产党根据实事求是的思想路线总结我国社会主义建设正反两方面历史经验的结果,同时也借鉴了社会主义国家兴衰成败的历史经验,其中包括苏联的斯大林社会主义模式从兴起到衰落的历史经验。有了中苏两大国社会主义建设历史经验的对比,使我们有可能更确切地、更深入地认识斯大林历史功过问题。第三,在对外关系上,我们本着实事求是的精神,总结了中苏两国、两党关系的历史教训,因而在今天评论斯大林历史功过时,与 50～60 年代不同,我们已经可以摆脱意识形态争论的影响,可以更为客观地重新认识和评论斯大林历史功过问题了。

二、斯大林历史作用的总评价和功过的新认识

在今天新的历史条件下, 回顾 60 多年的苏联历史和世界共运史, 我们可以看到, 作为世界历史人物, 斯大林在苏联历史和世界共运史中所起的作用, 他的功绩和错误, 判断起来常常遇到很多复杂情况, 包含着很大的矛盾性。这种复杂性和矛盾性表现在:不仅斯大林的功绩与错误常常互相伴随, 同时并存;而且在取得巨大成就的时期, 在总的说成就是主要的时期, 也常伴随着严重

错误的出现。这就增加了作出确切评价的困难。例如，苏联的工业化实际上是靠农业的巨大牺牲为代价来实现的，致使苏联农业到今天还很落后。尽管可以对工业化作出肯定评价，承认有巨大成就，但对农业集体化则很难这样说。再如，斯大林在一个很短时间内，领导苏联人民把苏联建设成为一个社会主义工业化强国，起了很大的积极作用，显示出社会主义制度的优越性。但是，也正是在这一时期，却出现了1937～1938年的大清洗。而且斯大林的所作所为，哪些算是功绩或错误，事实上也有一个认识的发展、深入和校正的过程。随着苏联的发展和变化，在它的后期暴露出更多的问题。有的过去认为是功绩的，现在却难以确认；有的过去没有认识到是错误的，现在却成了严重的错误。

但是，无论如何，按对历史所起的作用来说，斯大林的所作所为，基本上还是可以划分为两个方面，这就是：一方面有巨大功绩，另一方面，又有严重错误。斯大林历史作用的这两个方面，对后来苏联历史和世界共产主义运动历史的影响，都是非常巨大的。

谈到斯大林的历史功绩，根据今天的认识，主要可列举以下几个方面：第一，在列宁之后，领导苏联党和人民，在资本主义包围之下，在苏联一国建立起社会主义；第二，在短短的历史时期内，领导苏联人民实现了国家的工业化，建立起社会保障制度，初步改善了人民生活，显示出社会主义制度的优越性；第三，打败了德国法西斯，取得了卫国战争的伟大胜利，推动了战后世界进步事业的发展。

谈到斯大林的严重错误，根据今天的认识，主要可以列出以下几个方面：第一，接受和鼓励个人崇拜，实行个人专权，对待党内分歧滥用专政手段，导致严重破坏法制，大批无辜干部被镇压；第二，把在30年代特定历史条件下形成的苏联社会主义模式绝对化、教条化；第三，凭借大国大党地位，对外推行大国主义、霸权主义。

考虑到斯大林无论是功绩或错误，都对历史发生了巨大影响的这种情况,因此,如果要对斯大林的历史作用做出一个总评价的话,只能说,斯大林的历史作用有其两重性:既有巨大功绩,又有严重错误,这二者都不能忽视。

这种评价,既不同于那种完全否定的做法,也不同于把斯大林历史功绩若干方面过高评价的做法。

完全否定斯大林的历史功绩,认为斯大林只有错误、罪行,这是一种缺乏历史观点的看法,是站不住脚的。苏共失败的实践已证明,在苏联完全否定斯大林会造成何等严重的后果。然而,如果不考虑苏联已发生的变化,对斯大林的功过不做进一步分析,而只笼统说主要方面是正确的,也不符合实际。现在各方面材料表明,斯大林的功劳的确很大,但错误也确实严重。缩小了错误方面,将不利于总结历史经验教训,不利于深入和正确地认识苏联剧变的历史根源,也不利于借鉴苏联的历史教训以深入体制改革。

因此,在斯大林历史作用的总评价问题上,既要确切认识哪些是主要功绩,足够估计斯大林的历史功绩,又要确切认识哪些是主要错误,足够认识斯大林所犯错误的严重性。这就是说,在斯大林历史作用的总评价中,要承认斯大林的客观存在的历史作用的两重性。

为了对斯大林历史作用的两重性作出更充分的论证,我们不能不就斯大林的主要功绩和严重错误逐项地作进一步的考察和分析。

三、斯大林首要的历史功绩是,在列宁之后,领导苏联党和人民,在苏联一国建设起社会主义制度,即后来所称的斯大林社会主义模式

这个社会主义模式虽然有许多弊端,而且后来愈发展愈严重,然而在当时,却是一个巨大的历史性的贡献。

在 20 年代末 30 年代初逐步形成的以高度集中的行政命令体

制为主要特征的斯大林社会主义模式，主要是当时历史条件的产物。

这些历史条件是：

第一，苏联是在资本主义包围中进行社会主义建设的，当时战争危险又日益迫近，为了集中力量发展重工业，国防工业，当时实行了高度集中的计划管理体制。

第二，当时的马克思主义者对社会主义的认识有局限性。依据传统的马克思主义的理论，斯大林和其他联共（布）领导人，都把统一计划的、无市场的产品经济，当做社会主义经济的本质要求。

第三，俄国资本主义不够发达，既缺乏一定的物质技术基础，也缺乏长期在资本主义工厂中培养出来的文化程度较高的劳动者。实行高度集中的行政命令体制，在当时现实生活中是有其客观基础的。

第四，俄国在沙皇长期统治下，民主传统，专制主义、家长制思想根深蒂固。而广大农民又成为补充迅速成长的工人阶级、党员队伍、干部队伍的主要来源。

正是由于这些历史条件，联共（布）党的领导不但比较一致地支持高速度的、以发展重工业和国防工业为主的工业化，支持高度集中的指令性的经济计划管理体制，而且连中央高度集权的行政命令的政治体制，在老布尔什维克中，也没有受到反对，他们认为，在革命需要下，缺乏这些是可以允许的。

这种社会主义模式，是一种崭新的社会主义制度。它以建立美好幸福生活的远景为号召，激起了人们的劳动热情，在苏联的政治、经济、文化建设等方面，在很短时间内，取得很大的成就。除去工业化发展的高速度以外，在社会文化生活、精神面貌方面的进步也是巨大的。即使像《胜利与悲剧》这本从各方面竭力贬低、攻击斯大林的书，也不得不承认当时的一系列重要成就："人们能够普遍就业"，"得到有保障的社会保证"，"实现了普及教育"，"广大群众享有基本的文化生活"，免费的医疗保证，生活必需品价格低廉，便宜的房价，孩子们可免费入少先队夏令营、幼儿园和托儿所，多次降低食品和工业必需品价格"受到人们广泛称赞"，等等。当时社会风气也是健康的。书中写道："当时总的气氛使人感到整个社会精神健康、生活安宁。"30 年代"是前所未有的热忱、献身精神和群众性劳动英雄主义发扬光大的时期。现在我们有时都很难设想，数以百万计的人虽然往往只有最起码的维持生计的必需品，却相信他们自己是共产主义未来的真正创造者，相信他们的忘我献身精神不仅对于他们的命运，而且对于世界无产阶级命运起着决定性的作用。"这本书的作者以这样赞叹的语句所称道的苏联健康的文化社会生活和人们的高尚的精神面貌，不恰恰是苏联当时社会主义制度进步性的反映吗？

斯大林社会主义模式是世界社会主义开创阶段的一种早期的社会主义模式。在它的前一段历史时期内，主要起了积极作用，特别是同 30 年代资本主义世界经济大危机相对照，更显示出苏联社会主义制度的优越性。在卫国战争期间，显示出这个集中程度很高、备战比较充分的经济体制的高度效率，在打败法西斯之后，战后经济恢复也是迅速的。当时在苏联这个大国中存在的世界上惟一的社会主义制度，显示出来的社会面貌是崭新的生气勃勃的，向上发展的。苏联作为惟一的社会主义国家，在一个相当长的时期内，尤其是战争前后，起着推动世界历史前进的作用。这个制度的历史贡献是不可磨灭的，斯大林的历史功绩也是不可磨灭的。

这个模式有它的长处和短处。战后恢复期以后，随着历史条件的变化，随着斯大林的领导思想的僵化，没有能适应新的历史条件进行改革，这个模式的潜力逐渐耗尽，这个模式的积极作用逐渐消失，而消极方面越来越突出。僵化的模式造成的各种后果，成为苏联剧变的历史原因。但是，即使在今天苏联遭到了解体命运，苏联社会主义遭到了严重挫折，作为现代世界历史的一个重要部分，这一段世界社会主义制度的发展历史，依然有其非常重要的历史意义。不论其成功的经验和失败的教训，都将成为世界社会主义事业的极其宝贵的财富。

四、斯大林的第二个历史功绩是，在极短的历史时期内，领导苏联人民实现了国家工业化

经过战前三个五年计划（"三五"只有 3 年半），总共 13 年期间，苏联高速度发展了工业，特别是重工业、国防工业，实现了国家工业化。在这样短的时间，俄国由一个比较落后的农业国变为工业国，意义非常重大。特别在战前正值资本主义国家陷入世界经济危机之际，这种对比尤其突出，显示出社会主义制度的优越性。如以战后 1953 年与 1913 年相比，尽管在战争期间，遭受过严重破坏，苏联工业总产量增长了 20 倍。其中：石油增长 4.7 倍，煤增长 10 倍，钢增长 8 倍，发电量增长 70 倍，机床增长 60 倍。应该说，这是生产力的巨大飞跃。这是苏联经济生活、社会生活、文化生活蓬勃发展的基础，也是苏联国防力量赖以发展并在后来成为世界超级强国的基础。在今天，苏联有些人为了否定斯大林，在工业化问题上也要吹毛求疵地去进行指责，他们攻击工业化代价太大，副作用太大。有的说，实现工业化却"牺牲了人的资源"，实现的手段是"半封建的手段"。[1] 有的说，"工厂的建设靠手工劳动和非人的努力，生活条件也是非人的"。[2] 有的甚至说，加速工业化"为专制制度的发展，用官僚化的中央集权制

---

[1]　参见［苏］《十月》杂志 1988 年第 4、5 期。

[2]　［苏］尤里·阿法纳西耶夫编：《别无选择》，中文版第 913 页，辽宁大学出版社 1989 年第 1 版。

取代民主集中制创造了条件"。① 这是一批没有经历过苏联创业年代艰巨战斗的知识分子的论调。他们以所谓"非人性"的抽象议论为依据，完全脱离了具体历史条件。他们根本不理解，在那个英雄年代，在他们称之为"非人性"的条件下，以献身精神奋斗的人们，却认为是"光荣豪迈的事业"。因而，这类知识分子也无法认识和理解工业化在推进苏联的历史发展中所起的伟大作用。苏联国家工业化的成就，是客观存在的，是实实在在的，是那类抽象议论根本否定不了的有着巨大历史意义的进步。工业化使第一个社会主义国家由一个经济落后国家变成工业强国，取得了不依附于帝国主义的经济上独立的地位，工业化建立了苏联强大国防力量，为打败法西斯入侵准备了物质条件，工业化为苏联科学技术进步创立了强大基地，使苏联在高科技方面得以站在世界的前列；工业化成为苏联社会主义各方面成就的推动力，它不仅是苏联社会物质和文化生活改善、整个社会进步所依赖的力量，而且也是苏联在世界上能够发挥进步作用所依靠的基础。

《共产党宣言》写道：无产阶级要利用自己的政治统治，尽可能快地增加生产力的总量。可以说，在当时的历史条件下斯大林和联共（布）党领导苏联人民履行了这个要求。

五、斯大林第三个历史功绩是，领导苏联人民取得了卫国战争的伟大胜利

从赫鲁晓夫在苏共二十大作秘密报告，对斯大林在苏联卫国战争中的过失大肆抨击之后，苏联书刊在谈到苏联在卫国战争中取得胜利时，一般只归功于苏联军队和苏联人民，即使不得不提到斯大林时，也是同其他苏联领导人一起提出，不突出

---

① 见 ［苏］《工人阶级与世界》杂志 1988 年第 2 期。

斯大林个人，而且经常还要提到在战争初期斯大林对希特勒德国发动进攻缺乏警惕而造成的失算。在戈尔巴乔夫时期批判斯大林浪潮中，攻击大大升级。许多作者从各方面渲染战争初期斯大林由于对战争准备不足而造成的失败，大肆渲染由于军队干部大批被镇压而产生的消极后果，突出斯大林把多种职务集于一身，独揽军事指挥大权，独断专行所造成的挫折和失败。即使苏军取得最后胜利，照这些人的看法，这也决不是斯大林之功。一位评论家写道："斯大林为胜利付出了 2000 万生命，对他们的怀念要求我们说真话，斯大林差点吃了败仗，赢得战争的是我们的士兵、我们的将领、日日夜夜为前线操劳的妇女和儿童。赢得战争的是苏联人民。"①

但是，这种论调是有悖常理的。很难想象，一支没有统帅的军队，或者统帅总是犯错误的军队，竟能进行那样艰苦卓绝的战斗，而且能最后取得打败法西斯德国那样辉煌的胜利。是的，斯大林在战争初期犯了对敌人进攻估计不足的错误，搞阶级斗争扩大化，镇压了大批军队指挥员，使得苏军在战争初期由于缺乏有经验的指挥人员而严重失利，但在战争进程中，由于斯大林的坚定和领导有方，毕竟还是弥补了这个损失。戈尔巴乔夫也宣称："如果我们希望站在历史真实的立场上，那么，在谈到斯大林对上述情况有无可争辩的时候，也把他作为最高统帅、国家国防委员会主席的全部活动一笔勾销，那就不对了。斯大林拥有无限的权力，他以自己的意志领导了特殊的超集中指挥系统，使之在那种极端条件下发挥了作用。"②

① [苏]尤里·阿法纳西耶夫编：《别无选择》，中文版第 723 页，辽宁大学出版社 1989 年第 1 版。
② [苏]戈尔巴乔夫：《纪念卫国战争胜利 45 周年大会上的报告》，《真理报》1990 年 5 月 8 日。

连沃尔科戈诺夫写的《胜利与悲剧》一书，以很大篇幅攻击斯大林是"多么卑鄙的灵魂"、"多么没有道德"，是"残忍的暴君"等等，但也不得不承认斯大林作为最高统帅，在战争的危急关键时刻表现出来的决心和坚定意志。例如在1941年十月革命节，正当莫斯科保卫战的危急时刻，斯大林决定留在莫斯科，还决定在红场举行阅兵典礼。作者不得不承认在莫斯科保卫战危急关头斯大林决定留在莫斯科对稳定人心所起的重要作用。作者写道："从今天的角度来看，应当说举行阅兵的决定是大胆的、有远见的。……斯大林善于影响全国的舆论，支配人的情绪。……斯大林很明白……应当使用一切方法来加强人们的信心。"（第253页）作者虽然一再贬低斯大林的军事统帅的才能和作用，但又不得不承认："同其他统帅相比，他的优势在于，由于他所处的地位，他更了解国家的实力、国家工业和农业的实力。……斯大林具有与广泛军事知识有机结合起来的更全面的思维。"（第368页）又说："斯大林作为战略家，他的思维所依靠的是进行政治领导的知识和经验，是对经济因素、技术因素、组织因素和精神因素在武装斗争中的作用和地位的理解。这就使最高统帅能够视野更加开阔地观察战争进程，看到战争过程同国际形势、盟军行动以及其他国际政治因素的作用间的密切的相互联系。"（第384页）

作者对斯大林的军事领导才能并不佩服，而是极力渲染是依靠苏军杰出将领才得以进行领导的。作者强调斯大林得以成为一个军事家，是靠周围有一批军事杰出人物（如朱可夫等）为辅佐，"在他周围有这样一班杰出人物的情况下，很难显不出本事，这些人在军事上都各有千秋"，"不能不承认，斯大林能够看清这一点，并且重视这一点，而主要的是能够加以利用。这些天才将领的思维直接帮助最高统帅作出决定和表达意志。"（第344

页）作者还说："斯大林作为政治家和国务活动家，他的刚强和矢志不移，在消灭法西斯的斗争中起了不小的作用。"（第392页）尽管作者极力贬低斯大林军事统帅的才能和作用，但是，上面所描述的一切：大胆、有远见，有坚定信心，刚强、矢志不移，具有更全面的思维，更加开阔的视野，能够看清、重视、利用有杰出才能的军事家，等等，难道不恰恰是一位伟大统帅为了领导战争取得胜利所必需具备的品质和能力吗？

　　苏联卫国战争中一些著名将领，在回忆录和有关卫国战争的文章中，也以他们的亲身经历证明了这一点。例如朱可夫在回忆录中就曾着重提到斯大林的作用。他写道，虽然斯大林在领导武装力量工作中"发生过某些错误和失策"，但是，"随着作战经验的日益增多，错误和失策都得到了成功的纠正和弥补，并变得越来越少"。作者强调，"斯大林在战胜法西斯德国及其同盟者的事业中，做出了巨大的个人的贡献。""最高统帅成功地履行了他在这个最高职位上所能担负的职责"。[①] 作者纠正那种认为斯大林总是独断专行的看法时说："根据在战争时期的长期观察，我深信斯大林完全不是那种不允许别人提出尖锐问题、不允许别人同他争论以致坚持己见的人"。[②] 对斯大林领导军事的才能，作者说："我可以肯定地说，斯大林通晓组织方面军和方面军群战役的基本原则，并且熟练地指挥了这些战役，他精通重大的战略问题。最高统帅斯大林这方面的才能，从斯大林格勒会战开始表现尤为突出"。"毫无疑问，他是当之无愧的最高统帅"。[③] 作者驳斥认为斯大林作出军事战略决定时是独裁的说法，指出："决不能同意这种说法。如果向最高统帅汇报的问题是有充分理由，那他是很注意听取的。我自己就遇到过他放弃个人意见

---

　① 　［苏］朱可夫：《回忆与思考》中文版，第340页，三联书店1972年第1版。

　② 　同上书，第341页。

　③ 　同上书，第344页。

和改变原来决定的情况。"[1]

世界反法西斯德国及其同盟者的战争的胜利有非常重要的意义,实际上这是一场决定世界人类走向进步还是倒退的一场生死搏斗。苏联成为反法西斯战争中的主力军。苏联卫国战争胜利的影响是非常巨大的。社会主义苏联的威望空前增长,苏联以世界两大强国之一,出现在世界舞台上;随着红军在欧洲的推进,在东欧出现了一批新生的社会主义国家,后来组成了以苏联为首的社会主义阵营;这种种胜利推动了战后世界民族解放运动的高涨和世界各国进步事业的发展;这种种胜利也使中国革命的胜利和中华人民共和国的诞生变得更为容易。而领导苏联军队、苏联人民,取得反法西斯战争胜利的最高统帅斯大林自然拥有他的一份不可磨灭的功绩。

六、谈到斯大林的严重错误,首先要提出的是,接受和鼓励个人崇拜,实行个人专权,使用专政手段解决党内意见分歧,导致严重破坏法制,大量无辜者被镇压

从苏联公布的材料(主要是戈尔巴乔夫时期)看,镇压的规模很大,人数达几百万人,时间很长,1937～1938年是镇压高潮,后来延续到50年代;大批高级干部被镇压,很多是老布尔什维克,是在历次党内争论中的反对派;国家保卫机构拥有特权,它凌驾于党和国家之上,往往采用非法的刑讯逼供方法,以致大批无辜者被镇压。

从赫鲁晓夫执政时期开始,到戈尔巴乔夫执政时期,斯大林时期大量的错判案件得到了平反。但这个错误,对苏共党的消极影响,对党和人民关系的消极影响都很严重,国际上的影响也很坏。

---

① [苏]朱可夫:《回忆与思考》中文版,第606页。

　　在评价斯大林历史作用时，首先应该充分估计这个错误的严重性和由此而产生的消极影响的深远性。

　　斯大林的大规模镇压，使苏联社会主义形象受到极大损害，也使社会主义信念在世界人民心目中受到极大损害。而尤其重要的，是这些错误在苏共党内的消极影响。大批十月革命前后入党的党政领导干部、老布尔什维克被镇压，在苏共党内形成了一种不正常的气氛。由于对主要领导人持不同看法就被罗织罪名，打成反党、反革命，实行肉体消灭，这就破坏了党内民主，窒息了党的生机，败坏了党风，加强了个人专权制度，更促进了个人崇拜以及理论上的教条主义和僵化倾向。从此，各级干部对上级只能唯唯诺诺，不能独立思考，种种阿谀奉承之徒、庸碌无能、唯命是从，或当面一套背后一套的官僚之辈，逐渐爬上了各级领导岗位，而那些敢于冲破教条主义框框、敢于提出创见、有独立见解的干部，则常常遭受打击、批判、湮没无闻。苏联在斯大林之后，长时期出现不了像样的接班人，很大程度上同大镇压后更为加强的个人崇拜和个人专权制度有关。

　　同时，大镇压在苏共党内、苏联人民中引起的不满、怀疑，使得他们对社会主义信念动摇。这就为形形色色的反马克思主义、反社会主义的思潮，如后来戈尔巴乔夫的人道的、民主的社会主义之类的思潮泛滥，造成了一定的基础。总的可以说，斯大林的这些错误，为后来党的逐步变质埋下了不少隐患。

　　另一方面，在评价斯大林历史作用时，还要探讨产生斯大林这些错误的主观与客观的各种原因，探讨斯大林和他的同时代人所处的历史环境的特点，而不能像苏联有些书刊那样，把这些错误只简单归咎于斯大林的个人性格，什么"粗暴"、"残忍"、"狡猾奸诈"等等，因为这种说法，无助于弄清楚问题，更不能对总结出真正有益的历史教训有什么帮助。

斯大林所以严重破坏法制，首先是因为个人崇拜盛行，个人权力过分集中，党政领导体制有很多不完善之处。这表现在，一是，缺乏有效的制约机制，出现这种破坏法制的局面，没有有效的力量能够制止或纠正。二是，保安机构拥有特权地位，自成系统，不受地方党委监督，后来又在1937～1938年镇压高潮期间，拥有审判定罪并执行的特权。这个机构强调使用特权，加上刑讯逼供，以致造成了大量冤案。这些都反映出苏联社会主义制度在革命后的初期，许多方面还不成熟，特别是政治体制、党政领导体制以及保安体制还不完善的情况。

严重破坏法制，也同斯大林在理论上错误估计国际国内阶级斗争形势，夸大敌情有关。1937年7月联共（布）中央全会上，斯大林提出"我们进展愈大，胜利愈多，剥削阶级残余就愈凶恶，愈要采用更尖锐的斗争形式危害苏维埃国家"的理论。他还提出只有全力加强无产阶级专政，加强国家政权，才能使国家消亡的理论。他还强调为了对付"资产阶级国家派遣间谍、杀人凶手、暗害分子"，要加强惩罚机关、侦察机关。这些理论提法成为阶级斗争扩大化、严重破坏法制的理论根源。

依靠拥有特权的保安机构来进行侦讯和审判定罪以致严重破坏法制，又同沙皇俄国的封建专制的历史传统有关。像非法刑讯逼供，就是封建专制制度的残余。安娜·路易斯·斯特朗曾注意到这种历史联系，她在《斯大林时代》一书中写道："政治警察的专横权力是斯大林时代的最大的祸害。这不是斯大林发明的，它是从沙皇时代的'黑色百人团'中产生，并在列宁时代的'恐怖'中培育出来的。所有好的共产党员都说：需要有一个特殊的法律以外的工具来保卫革命。"①

---

① 安娜·路易斯·斯特朗：《斯大林时代》中文版，第92页，世界知识出版社1979年第1版。

最后，苏联严重破坏法制还反映了苏联社会主义建设所处的某种时代的特点。当时十月革命胜利不久，人们还处在战争与革命时代的狂热中。革命利益高于一切是当时的信条。主张为了革命需要，可以对打倒的反对派进行镇压，联共（布）有些领导人实际上是同斯大林抱有同类看法的。

A. 齐普科在《斯大林主义的根源》一文中写道："号召镇压那些被打倒的党内反对派领导人的事，早在'铁腕人物胜利'之前就开始了。例如，早在 1924 年，加米涅夫就力主镇压托洛茨基反对派领导人，这完全符合时代的思潮。"作者认为，这就是斯大林主义的根源，是老一辈布尔什维克近卫军的许多人对斯大林滥用权力表现容忍的原因。作者说，这并不能抹煞斯大林的过错。但在很大程度上要怪罪这样一种信念：建立无产阶级社会的利益高于一切，革命本身就是命令和法律。

作者还举出另外的例证。例如，托洛茨基举着"革命成就高于一切"的原则，他论证了对一切不愿放弃夺权竞争的政敌进行镇压的合法性。他在 1918 年，坚持对左派社会革命党人进行镇压时写道："在革命时代，这种镇压带有完全特殊的性质。它不容有一般人道的地位。这是直接夺取政权的斗争，是殊死的斗争，这就是革命。"托洛茨基是"把镇压失败的政敌看成是绝对正确的措施"。作者还指出，早在斯大林之前，俄国社会民主主义者就把维护革命的利益放在法律和民主传统概念之上，放在道德标准之上。例如，普列汉诺夫就说过："不应该独立地抽象地来看待每一个具体的民主原则"，"革命的成就是最高法律。如果为了革命的成功需要暂时限制这种或那种原则的作用，那么，在这种限制面前停步，就会是犯罪……"①

————————

① 以上均转引自 [苏] A. 齐普科：《斯大林主义的根源》，载《科学与生活》杂志 1988 年第 12 期。

　　还可看看 30 年代在苏联《莫斯科新闻》的英文编辑安娜·路易斯·斯特朗所举的例子。她的编辑部有三位工作很好的同志被捕，她向编辑部主任鲍罗廷提抗议，鲍罗廷向她解释说：全世界将在 1939 年左右遇到危机，人类从来没经历过的最大斗争就要到来，在这个斗争中拯救文明的责任要落在苏联身上，我们必须使自己尽可能强大来对付它，只要完成两个五年计划，就能够做到这一点。那些怀疑或从中阻挠的人，不但是苏维埃国家的叛徒，而且是全人类的叛徒。尽管鲍罗廷自己后来与安娜·路易斯·斯特朗同时被捕，后来死在远东，但他的关于不久要到来的人类最大斗争的形势的看法，关于为了革命需要就要对"叛徒"进行镇压的这些看法，很说明当时苏联许多干部的某种实在的心态。

　　当然，举出上述时代环境特点，并不是说作为党政主要领导人斯大林没有责任，或可减轻责任。在个人崇拜问题上，在党政领导体制不完善问题上，在理论和形势估计的失误等问题上，斯大林是有其应负的责任的。恰当评价斯大林这个严重错误，要依靠客观的全面的分析，只是从道德、人性原则，民主原则出发，不考虑具体历史条件，或感情用事地攻击一通，是无济于事的。

七、斯大林的第二个严重错误，是把在 30 年代特定历史条件下形成的苏联社会主义模式绝对化、教条化

　　斯大林把在当时历史条件下，为加强备战、加速工业化所采取的许多措施，以及某些急于向共产主义过渡、脱离苏联实际的超越历史阶段的理论和政策，都提高成为社会主义规律性的东西，使之固定化，成为必须遵循不得改变的教条。在这种"左"的教条主义理论思想支配之下，在后来很长一段时间内，苏联的政治、经济、文化体制愈来愈趋于僵化，不能进行真正的改革。其结果是，在苏联经济、政治、社会各方面的矛盾和问题积累得愈来愈多，成为后来苏联发展陷入停滞和危机以致最终瓦解的重要原因。

斯大林领导建立起来的苏联社会主义模式，曾经在苏联历史发展上起过进步作用。这个社会主义模式推动了生产力的迅速发展，初步改善了人民生活，并为卫国战争的胜利准备了基础，表现出新制度的优越性。当然，这个模式也存在不少缺点、弊端，在这个模式之下，推行的各种理论和政策措施，也有不少问题以至严重错误。这在当时条件下，苏联作为第一个社会主义国家，缺乏经验，在尖锐的阶级斗争中，出现破坏法制现象，在工业化和农业集体化过程中，出现强迫命令、急于求成现象，出现超越历史阶段的理论提法和政策措施，都是难以避免的，也是可以在社会主义建设的实践的检验中加以改正的。但是，随着苏联工业、农业迅速取得发展，随着党内斗争中斯大林的所有对手被击败，随着个人崇拜的增强，在30年代后期已开始出现的理论思想僵化和教条主义化的趋势，到战后时期大大加强了。在30年代，很大程度上出于备战需要而形成的带有战时体制特征的政治、经济体制，一些片面强调社会主义社会单一性、否认矛盾、或者片面强调同资本主义绝对对立，以及某些有空想色彩的理论观点，都被当成是社会主义所固有的规律，当成是社会主义的本质特征。如认为苏联在道义上、政治上的一致性是社会发展的动力；优先发展重工业是社会主义工业化的必然规律，苏联的农业集体化是"最进步的方法"，是农业社会主义改造的必由之路；社会主义只有两种公有制，国有制是公有制的高级形式，集体所有制必须向更高级的所有制形式即国有制过渡；高度集中的计划经济是社会主义经济发展的必然规律，而市场经济是资本主义道路，因此，要坚持计划经济，排斥市场经济；社会主义经济不会出现危机，而资本主义经济则陷于总危机而且不断深化；战后出现了社会主义和资本主义两个平行的互相对立的世界市场；等等。这些论点经过战后时期斯大林的理论著作的肯定和苏联理论界的鼓吹和传播，更为固定化、普遍化。一度是生气勃勃的新的社会主义制度，一变而成为僵化的、教条主义的社会主义，这个一度曾大大推进社会生产力发展的社会主义模式，逐步成为社会生产发展的障碍。斯大林之后，历经赫鲁晓夫、勃列日涅夫以及短短的安德罗波夫、契尔年科执政时期，这个社会主义模式，尽管有局部的改良，但它的根本体制和根本特点没有改变。这几个时期的领导人，由于各种原因，未能挽救苏联走向停滞和危机的趋势，有其各自的责任，但斯大林把社会主义模式教条化这个错误所造成的深远影响，在考虑苏联最终解体的历史原因时，必须给以充分的估计。

八、斯大林的第三个严重错误是，在对外关系上推进大俄罗斯主义、大国主义、霸权主义

这种倾向在战前苏联同波罗的海三国，同芬兰、波兰、罗马尼亚等国的关系上，已有所表现。1940 年 3 月苏联当局下令枪杀大批波兰被俘军官的"卡廷事件"，表现尤为恶劣。在雅尔塔会议上，更明显地暴露出斯大林依仗大国地位来决定别国命运，划分势力范围，以及恢复、扩张沙俄帝国领土的大俄罗斯沙文主义、霸权主义倾向。

第二次世界大战以后，苏联是战胜国，成为两大超级强国之一，随着苏联经济军事实力的进一步增强，随着东欧一系列社会主义国家的建立，苏联的这种大国主义、霸权主义的倾向，有了更全面的表现。

在同西方国家关系上，苏联强调社会主义和帝国主义两个阵营的对立，突出反对美帝国主义建立世界霸权，认为只要帝国主义存在就有对苏联发动侵略战争的危险，从而大力加强军备，卷入了同美国的军备竞赛。苏联在反对美国建立世界霸权的同时，

实质上苏联自己也在推行某种霸权的政策。只不过由于经济军事实力的限制，这种霸权政策主要还只表现在加强对苏联战后取得的势力范围的控制上。斯大林之后，苏联领导人对国际局势的估计基本承袭了斯大林时期的观点和政策。随着苏联军事经济实力的增强，同西方的军备竞赛更为加剧，争夺霸权的范围也扩展到全世界，苏联成为同美国争夺世界霸权的对手。

在同西方国家的经济关系上，苏联领导把社会主义体系同资本主义体系绝对对立，把苏联一国集中计划的封闭型的经济模式扩展到东欧社会主义国家全体，组成以苏联为中心的国家经济集团，即经互会。它的作用不仅是为了加强对东欧势力范围的控制，而且还是支持苏联加紧军备竞赛，进而为争夺世界霸权服务的经济基地。斯大林的两个平行的对立的世界市场的提法，是苏联、东欧国家只在经互会范围内实行封闭型经济合作而不对世界经济开放的理论基础。苏联后来几代的领导人实际上都奉行了同样的政策。这种理论和实践使得苏联和东欧国家长期与世界经济隔绝，难以及时吸收发达资本主义国家的资金及技术，使苏联愈来愈落后于世界新技术革命的发展。

在同社会主义国家关系上，苏联的大国主义、霸权主义最主要的表现，是把苏联社会主义模式强行推广到东欧各国，在国际主义名义下，要求这些国家在外交、政治、经济、理论思想各方面，完全同苏联一致，服从于苏联的需要。这些国家的党也要完全听从苏共的指挥。如稍有不从，就横加干涉，迫使就范。南斯拉夫同苏联所以闹翻，就是因为斯大林认为南共的社会主义自治道路，偏离了苏联模式，是资本主义复辟道路，因而大张挞伐，施加各种压力，直到两国断交。苏联这种对社会主义国家的大国主义、霸权主义政策，在以后几十年中，一直继承下来。中苏关系所以恶化，主要也是由于苏联对中国实行大国主义、霸权主义政策的结果。

斯大林对外政策的严重错误，消极影响很大。依仗大国地位、强占他国领土，以致对整个国家实行兼并，使苏联原已存在的国内民族矛盾更为加剧；同西方实行绝对对立政策，对外不开放，不断进行军备竞赛，加深了苏联经济的各种矛盾；推行大国主义、霸权主义，迫使东欧国家和执政党为苏联利益服务，不仅加剧了苏联同这些国家的矛盾，更重要的，是加深了东欧各国党与本国人民的矛盾。这些矛盾的积聚与最后爆发，成为苏联和东欧各国发生剧变的重要根源。

九、斯大林历史作用两重性的时代根源

如前所述，斯大林作为历史人物，既建立了巨大的历史功绩，又犯了消极影响很大的严重错误。他所起的历史作用，很难用"功绩是主要的"或"错误是主要的"这种公式来评价，更合适的评价，是承认其历史作用的两重性。

斯大林的历史作用呈现出这种两重性，并非偶然。这种两重性不论是功绩或是错误，都有时代的特点。它是斯大林所处历史时代的某种反映，同时又反映出斯大林对所处时代的曲折性和复杂性认识不足，对战后已在酝酿着的历史时代的转折和新旧时代交替的意义认识不足。

斯大林对苏联建设社会主义所处的历史时代，明确概括为"帝国主义和无产阶级革命时代"，并强调指出，在帝国主义下，战争是不可避免的（均见斯大林《论列宁主义基础》）。斯大林领导创建的苏联社会主义模式和内外政策，大体上反映了当时历史时代的某些要求。例如，为保障国家独立，在短期内高速实现国家工业化；适应加紧备战要求，优先发展重工业和军事工业；强调阶级斗争，强调对内外敌人的警惕性；在党内强调高度集中和

铁的纪律，实行中央高度集权的体制；对外则通过多种方式对一些国家的革命斗争给以不同程度的支援。

可以说，斯大林创建了一个适用于应付战争和推进世界革命的社会主义模式。

但是，斯大林对于时代要求的了解，在某些方面过于简单化、直线化，有时表现出急于求成，急躁冒进。例如，一直强调战争危险，因而加紧备战，影响了适度改善人民生活；为加速积累工业化资金，而对农业集体化求成过急，不惜用强制手段，从农民身上拿走得太多，长期影响了农民生产积极性；在肃反中夸大了敌情，导致阶级斗争扩大化，大批领导干部被误杀；对革命形势估计过于乐观，对别国革命常常指手画脚，等等。到了战后时期，斯大林仍然固守在战前已形成的社会主义模式和有关战争与革命的观点，对这些不但一概加以肯定，而且上升为理论。随着苏联社会主义的僵化、教条化，许多错误更加难以纠正了。

然而，更大的问题是，斯大林对战后时代的新变化认识不足。主要是，旧的时代，战争与革命时代已基本结束，一个新的时代，以和平与发展为主题的新时代，已逐渐显示某些端倪。然而，斯大林对现代资本主义在战后的某些新变化，对实际已经开始的世界性科技革命，以及实际正在酝酿着的新旧时代交替的某些征候，却由于固守旧观念，而没有重视。而且，对那些同官方不同的、事实上反映世界上的或苏联的某些新变化的看法和做法，横加批判。如：苏联学者对战后现代资本主义的新看法遭到批判；资本主义国家学者的自然科学的重大成果被批判为"伪科学"；任何对苏联经济体制的改革试验，都遭到批判和压制。斯大林的两个对立的平行的世界市场理论，则把苏联和其他社会主义国家都隔离于世界经济发展之外。如果说，苏联社会主义模式及其理论，在战前还能反映某些时代发展的要求，总的说还能对历史时代前进基本上起推进作用的话，那么，在战后，当苏联社会主义模式和理论已逐步僵化、教条化之后，就越来越同正在变化的时代不相适应，对时代前进的推进作用，越来越弱，而消极作用却越来越大了。

斯大林之后，苏联几代领导人，都没有认识到苏联社会主义模式落后于时代变化的这个根本性问题。他们固守斯大林社会主义模式的根本点，固守实质上相同的旧的时代观点，既不改革又不对外开放，结果是苏联愈益落后于时代的变化，愈益落后于世界新科技革命的发展，经济社会发展日趋停滞；终于落得个解体的下场。这是苏联历史上的一个严重的关键性的教训。

（载《关于斯大林问题的认识》文集，社会科学文献出版社 1994 年版）

赫鲁晓夫执政时期苏联社会主义
的几个问题

赫鲁晓夫在苏联执政 11 年，时间虽不长，但这是斯大林之后苏联社会主义发展历史上的一个带有转折性的时期。这期间，赫鲁晓夫和苏共领导在苏联社会主义建设的一些领域进行了一系列政策和体制上的调整和改革，做了探索和试验。有成功也有失败；有一定贡献，也出了不少问题。这个时期，又是中苏两国两党关系恶化、分歧公开化时期。受争论影响，我们当时曾对苏联和赫鲁晓夫本人做过若干结论性的论断。经过 20 多年的社会主义和国际共产主义运动的实践，某些论断需要重新探讨。赫鲁晓夫执政时期苏联社会主义的理论和政策问题是很广泛的。本文只就其中几个问题提出初步看法，供大家讨论。

一、反对个人崇拜和苏联党政领导
体制的改革问题

批判对斯大林的个人崇拜是赫鲁晓夫当政期间的一个重大行动，其影响非常深远。在苏共二十大后，我们对苏共这个行动的评价，有过一个从基本肯定到完全否定的变化过程。现在苏共二十大已经过去 30 年，国际共运有了新的发展，对个人崇拜的危害性的认识更为深刻了，因此已有可能对赫鲁晓夫时期反对个人崇拜问题做出实际的评价。这里我想有必要明确以下几个问题：

（一）反对个人崇拜是苏联社会主义发展的客观需要，也是苏共领导的共同要求。

斯大林最后几年更加专断多疑，保安机构凌驾于党和国家之上，党内生活很不正常，连领导层中都缺乏安全感。经济上发展不平衡，轻工业严重落后，农业情况更差，许多经济上的迫切问题得不到及时解决。在对外关系上，一些重要问题或处置失当，或缺乏灵活性，导致同许多国家关系紧张。理论思想僵化，教条主义、实用主义盛行。个人崇拜的领导体制和思想作风成为苏联社会主义进一步发展的严重障碍。因此，在斯大林逝世后，反对个人崇拜问题不能不成为苏共新领导面临的一个重大问题。反对个人崇拜，已势在必行。只有反对个人崇拜，实行集体领导，对斯大林作某种重新评价，才能实行一些新的改革，改进苏联的政治经济和对外关系的局面。在这一点上，苏共新的领导班子，包括赫鲁晓夫以及莫洛托夫、马林科夫等人，是基本一致的。这就是说，反对个人崇拜既是苏联社会主义发展的客观需要，也是苏共领导的共同要求。

苏共领导共同提出反对个人崇拜，最早的征兆见于 1953 年 6 月（斯大林逝世 3 个月后）《真理报》发表的一篇未署名文章。该文指责个人崇拜是“反马克思主义的观点”，强调党和国家领导的集体性是“最高原则”。

接着就是 1953 年苏共中央清除贝利亚的 7 中全会。清除贝利亚首先是苏共中央主席团绝大多数人的共同要求。从全会公报、《真理报》社论和后来透露的全会决议内容以及赫鲁晓夫自己在各种场合中谈到的情况，可以看出，苏联保安机构长期凌驾于党和国家之上，贝利亚又独揽保安机构大权，干过不少坏事，这种不正常局面，使得在斯大林逝世后，苏共中央主席团绝大多数成员不能不联合一致清除贝利亚。清除贝利亚和取消国家保安机构凌驾于党和国家之上的特权，平反大批冤案错案，这是苏联开始健全法制、发扬党内外民主的一个重要进步。苏共中央7月全会决议和《真理报》社论指出，党和国家以及经济工作的严重缺点，是由于对一些原则性问题以个人代替集体原则而产生的。决议和社论还再次指出了个人崇拜的危害，强调"领导的集体性是党的领导的最高原则"，强调反对学究式地和教条主义地研究马列主义理论，这些无疑是苏共领导共同反对个人崇拜的一个重要进展。

此后，直到1956年苏共二十大召开之前，约两年半的时间内，苏联党报、党刊以及各种理论杂志发表了一系列批评个人崇拜的文章，批评教条主义学风，也开始批评斯大林的某些理论观点，如阶级斗争随着社会主义成就愈大而愈尖锐的论点[①]以及有关哲学、语言学的论点等。在此期间，苏共领导人之间在国内外政策问题上的某些分歧虽已开始暴露，在批判斯大林个人崇拜问题上，批到什么程度，也有不同意见，但这些分歧并没有影响对个人崇拜问题的批判。而且到苏共二十大时，还是在苏共领导同意之下，由赫鲁晓夫做了反对斯大林个人崇拜的秘密报告。这些情况都表明，反对个人崇拜，实行集体领导，毕竟已成为苏共领导的共同要求。

苏共二十大关于反对斯大林个人崇拜的秘密报告是苏联国内外形势发展的结果。在清除贝利亚之后，随着对个人崇拜批判的开展，人们越来越多地看到斯大林领导后期留下来的问题，特别是违反法制的问题暴露得更多。已经恢复了大批人的名誉，受害

---

① 《共产党人》杂志1954年第6期。

者及其家属提出各种要求、意见，苏联领导人对此压力很大。这一时期，在一些领域中，已开始实行某些不同于斯大林时期的政策，对斯大林领导时期的某些理论问题人们也已开始重新加以思考。对个人崇拜问题，只是一般性理论批评已不够了。正是在这种形势的推动下，苏共领导层经过争论，终于由赫鲁晓夫作了反对个人崇拜的秘密报告。当然，赫鲁晓夫个人当时这样做（着重谈破坏法制后果等问题），其目的也许并不像他自己所说的是为了对恢复名誉者做出说明和交代，恐怕含有进一步排斥莫洛托夫等人的权力地位的意图在内。因为这些违反法制的问题与这几个长期在中央工作的人有更多牵连，同时在一系列内外政策问题上，赫与这些人的分歧意见已愈来愈大。只有削弱这些人的地位，赫所设想的改变政策措施才能更快实现。赫的主观动机自然还可作各种分析，但对这样重要的历史事件说来，主观动机只是次要因素，这里更主要的是推动苏共中央领导层必须以某种形式对斯大林的个人崇拜进行更深入批判的这种客观形势。临时决定作秘密报告对莫洛托夫、马林科夫产生了一定程度的被动，但莫洛托夫等人最后还是同意了，而且在这以前和以后，他们也同意平反冤案、错案，恢复了一大批人的名誉。更重要的是，后来又发表了苏共中央 1956 年 6 月《关于克服个人崇拜及其后果》的决议，这个决议实际上承认了秘密报告，并以苏共中央的名义作了解释。如决议说："党的二十次代表大会根据中央委员会的创议，认为必须大胆和公开地说明个人崇拜的严重后果和斯大林生平的后期所犯的严重错误，号召全党共同努力剔除个人崇拜所引起的一切后果。"这个决议是苏共领导字斟句酌地集体拿出来的文件。因此，作这个报告，可以说是大势所趋。从赫鲁晓方面说来，这个报告的片面性有其个人色彩，但同时也反映了整个苏共领导层的思想政策水平。因此，这个报告以后发生的影响，不论是积极的或消极的影响，赫鲁晓夫是起主要作用的，因为他是第一把手。但不能只归功于个人，也不能只归咎于个人。

（二）要充分估计反对个人崇拜在苏联社会主义和国际共运的发展历史上的积极意义。

苏共领导在斯大林逝世后不久即开始的反对"个人崇拜"，到苏共二十大进入了一个新的更为深入的阶段，即由一般理论上的批评进入对个人崇拜造成的各种后果的揭露和批判的阶段。理论批评领域也大大扩展了。虽然在大会上赫鲁晓夫的报告着重谈的是破坏法制问题，但其影响却远远超出这个问题的范围。

反对个人崇拜，批判斯大林的错误，首先是起了解放思想的巨大作用。我党在《论无产阶级专政历史经验》文章中，认为"苏共二十大展开的反对个人崇拜的斗争"是"苏联共产党人和苏联人民在前进道路上扫清思想障碍物的一个伟大的勇敢的斗争"。毛泽东主席在1956年同一个社会主义国家代表团谈话中谈到苏联对斯大林个人崇拜的批评时说，这种批评是好的，它打破了神化主义，揭开了盖子。事实也是如此。后来的发展表明，批判了个人崇拜，有助于苏联党员和人民群众发挥积极性和创造性，斯大林时期教条主义的束缚被打破。思想僵化的状态逐步改变，苏联理论界在各个领域都相当活跃，显示出创新精神，尽管有某种曲折或反复，但总的趋势是向着更符合苏联社会主义实际需要的方向发展。这些为以后的政策和体制的调整与改革（包括勃列日涅夫以后时期），准备了思想条件，影响是非常深远的。

其次，批判个人崇拜，促进了上层建筑和生产关系的某些改革和调整，这主要表现在苏联内外政策的调整和政治经济体制的调整和改革上。从批判个人崇拜开始以来，苏联在政治、经济、文化等方面，采取了一系列政策调整和革新的措施。如在政治体制方面，实行集体领导，限制以至取消保安机构的特权地位，健全法制，建立干部轮换制度，加强人民监督。在经济领域，提出物质利益原则问题和扩大权力，如在工业方面，先是地方扩权，企业有限扩权，然后是工业建筑业管理体制的大改组；在农业方面，实行新的农业计划制度，改组拖拉机站，统一农产品收购制度，国家与农民建立了新的经济关系。在对外关系方面，纠正了某些僵化的对外政策，强调了和平共处与竞赛，加强了对资本主义国家的研究，打破闭关自守的狭隘观念，等等。这些调整和改革措施，尽管其中有的操之过急，有的不成功甚至完全错误，但对批判个人崇拜所起的积极作用是主要的，就是在赫鲁晓夫以后，也继续起着积极作用，总的说，推进了苏联社会主义向前发展。

最后，批判个人崇拜，推动了国际共运的新发展。战后国际共运发生了许多重大变化，斯大林在世时所实行的国际共运那一套理论与方针政策，不少已不适应国际共运发展的新形势。批判个人崇拜，使人们打开眼界，对苏联社会主义模式的成就与问题进行重新思考；人们认识到苏联社会主义模式不是惟一的模式，每个党都应根据本国的实际来考虑社会主义革命和建设问题。要重新思考国际共运中的一些重大理论问题，包括社会主义国家之间如何建立关系、兄弟党之间应建立什么关系、要不要中心以及资本主义国家工人阶级解放道路问题等等。总之，打开了批判个人崇拜这个闸门，社会主义和国际共运中的一系列重大理论问题，都要放在历史的实践中来加以检验。从社会主义的发展历史、国际共运的发展历史的长远角度来看，批判个人崇拜在国际共运中所起的积极影响是巨大的。

（三）要更深入地分析苏联反对个人崇拜的经验教训。

苏共领导反对个人崇拜的教训值得进一步研究。

首先是，赫鲁晓夫及苏共领导对斯大林所作的评价，有很大片面性，以致带来不少消极后果，这方面的教训当然是值得记取的。但是，苏共领导批判斯大林个人崇拜更重要的教训还在于：理论批判的局限性，没有批判到点子上，没有能科学地回答苏联产生个人崇拜的根源问题。苏共中央 1956 年 6 月发表关于克服个人崇拜及其后果的决议，在大会后 4 个月才公布，这是下了功夫的。这个决议分析了产生个人崇拜的历史条件，但还是强调了斯大林的"不好的性格"所起的作用，而没有对产生这种个人崇拜及其后果的根源进行更为科学的分析。斯大林个人专断，在一系列问题上犯了错误，其个人品质当然起了作用。我们应当考虑这个因素所起的作用。但过多强调个人品质和历史环境的影响，则很难把这个问题说清楚。

苏共二十大以后，许多社会主义国家和共产党的领导人谈到个人崇拜产生的根源问题。如哥穆尔卡在波兰统一工人党 8 中全会上指出，在苏联，"随着党内讨论逐渐被消灭，党内讨论在党内所占的地位便为个人崇拜所代替。策划俄国走向社会主义道路的工作便逐渐从中央委员会的手中转到人数越来越少的一批人手中，最后为斯大林所独占，这种独占包括了科学社会主义学说"。"个人崇拜是一种明确的行使权力的制度"。

铁托在普拉演说中说，个人崇拜"实际上是一种制度的产物"，"是一种使得个人崇拜得以产生的制度问题。根源就在这里"。铁托这里说的产生个人崇拜根源或制度不是指社会主义基本制度，而是指斯大林时期的"官僚主义组织机构"，"领导方法和所谓一长制"，"忽视劳动群众的作用和愿望"。

陶里亚蒂在 1956 年 6 月答记者问中谈到苏联个人崇拜产生的原因时说，"斯大林的错误同苏联经济和政治生活中，也许首先是整个党的生活中各个官僚机构的分量过分增长有关"。还说，这种"个人权力凌驾"一切之上的个人崇拜，它的最严重的表现大概是在国家和党的最高领导机构方面。

这些提法，虽然还不完善，但比苏共自己的分析似乎更接近于真理。

邓小平同志在《党和国家领导制度的改革》一文中指出，导致"文化大革命"那样的"十年浩劫"，不是说个人没有责任，而是说领导制度、组织制度问题更带有根本性、全面性、稳定性和长期性。"如果不改革现行制度中的弊端，过去出现过的一些严重问题今后就有可能重新出现。"这里虽然只谈了我们国家的经验教训，但我个人认为，其基本指导思想也可以用来分析苏联产生个人崇拜的原因，更进一步地来分析 60 年来苏联党政领导制度演变历史的经验教训。

看来根本问题在于，苏联党成为执政党以后，没有解决好如何防止个人专权、权力过分集中在个人手中这个党的组织原则问题。斯大林时期，随着国际形势尖锐化，随着击败反对派和经济建设的成功，这种个人权力过分集中，实际上已经制度化了。斯大林个人也欣赏这种制度，以致最后形成了个人崇拜，造成严重恶果。

苏共领导把批判个人崇拜局限在某些理论问题及法制等方面的问题，只就破坏法制问题做文章，而且只强调了斯大林个人的责任和作用。这种批判，固然突破了斯大林时期苏联社会主义模式的某些方面，如政治体制上某些问题、滥用权力、保安机构横行、刑讯逼供，即这个模式带来的最坏的后果。但这种批判并没有从理论上认识和进而解决这个模式的核心问题，即党和国家最高级领导中个人权力过分集中的制度问题，以及与此有关的弊端问题，因此是不彻底的，也是搞不好改革的。这是后来某些调整和改革走了弯路的一个重要原因。而且实际上也给赫鲁晓夫后来把权力过分集中到自己手里，搞自己的某种个人崇拜，留下了根子，给后来的继任者，如勃列日涅夫搞自己的个人吹捧、个人崇拜、留下了根子。这个教训是深刻的。

（四）要从历史发展的角度来认识苏共反对个人崇拜斗争的总趋势。

纵观苏共领导批判斯大林个人崇拜以来 30 多年的历程，可以看到两点：

第一，个人崇拜虽被批判，却总是阴魂不散。赫鲁晓夫批判了斯大林的个人崇拜，而自己却接受了日益增长的对他本人的阿谀奉承；勃列日涅夫批判了前任的主观主义与唯意志论、独断专行，而他自己也同样接受了越来越厉害的对自己的吹捧。看来，个人集权过多，而且制度化，这个问题不解决，就不可避免地要出现个人崇拜，虽然在程度上，由于历史条件不同，不能同斯大林时期的个人崇拜相提并论，但其实质却是相同的。

第二，我们也看到，从苏共领导开始批判斯大林个人崇拜以来，尽管开始一段有缺点，有片面性，有局限性，但这些在赫鲁晓夫下台以后，都逐步有所改变。在有关斯大林一些重要历史问题的评论上，片面性有所减少，逐渐接近于历史真实情况；开始批判斯大林时某些认识肤浅、有局限性的方面，特别在经济计划管理体制存在的问题方面，认识逐渐深化并实际已进行了若干政策与体制的调整与改革。即使似乎难以克服的对苏联主要领导人个人崇拜的痼疾，也有新的变化。例如最近《真理报》发表《反对阿谀奉承》的文章，实际上所批评的就是勃列日涅夫时期的个人崇拜。这自然并不意味个人崇拜在苏联从此绝迹，但看来，个人崇拜气氛还是在逐步"淡化"，这总是个进步。

这样，在苏联，批判个人崇拜，虽是一个有反复的长期过程，但从斯大林逝世以来的 30 多年历史进程来看，总的趋势还是有所前进的。

综合观察苏联批判个人崇拜以来的全过程和产生的各种影响，

应该说赫鲁晓夫时期批判个人崇拜，其积极作用是主要的，这是苏共领导共同做出的贡献，这里虽有权力斗争的因素，但绝不能简单看成是权力之争，更不能称之为政治阴谋。只有从这样的角度出发，才能更好地认识与吸取30年前苏共领导开始的这场反对斯大林个人崇拜斗争的经验教训。

二、关于"反党集团"问题

1957年6月，苏共中央主席团开会，莫洛托夫、马林科夫、卡冈诺维奇等人，同赫鲁晓夫在苏联内外政策上发生激烈争论，并要求撤换赫鲁晓夫的领导职务。赫鲁晓夫在主席团中占少数，他要求召开中央全会。在中央全会上，赫鲁晓夫一派转为优势。最后，莫洛托夫、马林科夫、卡冈诺维奇等人被称为"反党集团"，开除出中央。这场斗争对苏联后来的发展有很大影响。对这场斗争的实质怎样看，有些什么样的经验教训，是很值得研究的。

（一）两派斗争的实质和苏共历史上党内斗争方法上的"左"的影响。

这场斗争是苏共领导层在苏联内外政策问题上两派不同意见斗争尖锐化的结果，同时，斯大林时期党内斗争那种"左"的传统，也起了很大的消极影响。

苏共领导层在斯大林逝世后，在反对个人崇拜、实行集体领导问题上，是一致的。但在一致中也有矛盾。主要是在批判斯大林个人崇拜的方式和分寸上有分歧，以及在一些国内外问题的理论和政策上，有不同意见。后来随着内外政策的调整，领导层中以莫洛托夫、马林科夫、卡冈诺维奇等为一方，与赫鲁晓夫为另一方的意见分歧，日趋尖锐化。1957年6月，则是双方的一次全面摊牌。

双方的争论点涉及到苏联对内对外一系列政策和理论问题。举其大者有：

在对内政策方面，莫、马等人反对工业建筑业管理改组，不赞成扩大各加盟共和国和地方党政机关的权利；在农业问题上，他们反对开垦荒地运动，反对赫改变农业计划制度的方法，反对废除农户义务交售农产品制度；也反对赫提出的最近几年在按人口计算的牛奶、奶油和肉类产量方面赶上并超过美国的口号。

在对外政策方面，莫洛托夫反对赫鲁晓夫有关签订对奥地利和约，以及改善同西德、日本等西方国家关系的主张。不赞成赫鲁晓夫改善同南斯拉夫关系的主张。对不同社会制度国家的和平共处，不同国家过渡到社会主义的不同道路问题上，也有不同见解。

在苏联社会主义建设问题上，在 1955 年 12 月最高苏维埃讲话中，莫洛托夫认为苏联只建立了社会主义基础，这个提法遭到了赫鲁晓夫的批评，认为在 30 年代中，苏联已基本建成社会主义社会，莫的提法会使苏联人民在苏联发展前景问题上"迷失方向"。

马林科夫任部长会议主席期间，曾在 1953 年 8 月报告中提出要加速发展轻工业，对此，赫鲁晓夫在 1955 年初的中央全会上大加批判，指责主张轻工业在社会主义发展某一阶段可以优先发展的提法，是"反马列主义"、是右倾的复活。

在消除个人崇拜造成的破坏法制后果问题上，莫洛托夫认为，斯大林时期为解决巨大而复杂的历史任务，个别错误、有时甚至严重错误，是不可避免的。赫一派则认为，莫洛托夫、马林科夫、卡冈诺维奇等人长期在苏共中央工作，应对过去破坏法制、滥用权力负有责任，认为莫洛托夫这种提法是为斯大林错误辩解，想恢复过去的政策和领导方法。

因此，为了弄清两派争论的实质，需要对两派争论的问题，做具体分析。在一些问题上，特别在对外政策和对内某些政策问题上，莫洛托夫等人落后于形势发展，有保守倾向，因此，争论中有保守与革新之争。但如果把这场斗争只归结为保守与革新之争，就未免过于简单化了。莫洛托夫等固然在一些问题上有保守倾向，但赫鲁晓夫当时提出的某些主张却不一定都具有革新意义，同样，被赫鲁晓夫批评的见解也不一定都是保守的。因此，同保守与革新之争并存的，也有冒进与反冒进之争，还有莫、马等某些值得重视的意见被错误压制的情况，还有实际上只不过是纯粹实际工作性质的争论。事实上，这几种性质的争论在当时交织在一起了，而在争论过程中以及最后处理上，那种追究个人责任、"翻老账"、"向后看""无限上纲"、"扣帽子"等等不利于团结和如实解决问题的倾向占着上风。这些情况表明，双方都还没有摆脱开斯大林时期党内生活那种不正常状态以及党内斗争的那种过"左"的方法的影响。

如果进一步考察一下争论问题的实质，就可看出，莫洛托夫等人尽管在一些问题上是有保守倾向，但有些意见却未必是错误的。比如说，苏联建成社会主义基础的提法，如果苏联领导人在理论上认真考虑一下这个问题，可能对他们更客观地估计苏联社会主义所处的发展阶段有好处，可能就不至于那么匆忙地提出"全面开展共产主义建设"的口号。再如，反对肉、奶、奶油在几年内赶上、超过美国的口号，实质上是有反对冒进的意义的，后来事实也证明，赫的这种赶、超目标远远没有实现。再如，莫洛托夫等反对按地区原则改组工业管理体制，认为进行这种改革的时间还没有到来，会产生无政府主义，事实也证明有一定道理。再如，马林科夫1953年8月主张在一段时间里要加速发展轻工业问题（马在同时也一再强调了重工业），这对社会主义建设说来，在一定时期内也是需要的，即使有个别经济学家在这个问题上论述得不妥、不全面，也不必大加挞伐，一定要扣上"修正主义"、"反马列主义"、"右倾机会主义复活"等等帽子。在这个问题上，显得更为教条主义的倒是赫鲁晓夫。再如开荒运动，莫洛托夫等人认为开荒是粗放经营方式，是不值得的事，连投资都收不回来。《共产党人》写文章反驳，说反对者是教条主义，力图证明开荒并非粗放经营形式，这就未免有些强词夺理了。[①] 再如，莫反对增加社会消费基金，主张增加房租，提高交通运输和公用事业的用费，减少助学金，实行收学费，这不过是纯属实际工作性质的问题，没有原则意义，但在苏共二十二大上米高扬的发言，来个"无限上纲"，称之为否认向共产主义过渡中社会消费基金日益增长的作用。后来事实证明，米高扬的这种说法同"全面开展共产主义建设"口号一起，都不过是超越社会主义阶段的东西。

这些问题如能正常进行讨论，可能解决得更好些，不一定发展成为"你死我活"的斗争。而且这种争论如能正常进行，解决得好，不一定会阻碍经济和政治的改革和调整，反而会使各种改革和调整进展得比较好些。但是，当时斯大林时期遗留下来的党内生活的不正常状态，以及过"左"的党内斗争方法，影响还很大，双方都有这种表现。争论中双方相互指责，都翻过去的"老账"。赫指责莫等要对 30 年代杀人太多负责，莫等则指责赫是"托洛茨基主义"、"右倾机会主义"，都想把对方整倒，不留余地。平心静气地讨论已不可能。斗争结局终于以给莫、马、卡等人被扣上"反党集团"帽子，开除出中央了事。

（二）赫鲁晓夫取胜的原因和"左"的党内斗争方法的后果。

----

① 　参见［苏］《共产党人》杂志 1957 年第 11 期。

1957年苏共中央6月全会上的总的倾向是，斯大林之后人心思改。因此，莫洛托夫等人落后于实际发展的保守倾向被集中受到批判，赫在会上则以革新者的面貌出现。特别是斯大林破坏法制问题，在全党印象犹深，而莫洛托夫等人，在这段历史中又有很多牵连；加上斯大林后期，农业没有搞好，马林科夫负有责任，而在赫执政头几年，开荒区粮食几次丰收，正是苏联整个经济状况比较好的时候。在这种情况下，反对肉、奶人均产量赶超美国的重要意义还不为人们所了解；至于莫、马等人改变斯大林时期某些传统的理论提法，如"建成社会主义基础"问题，一定时期可以加速发展轻工业问题，更难于被人们所理解和接受。因此，赫鲁晓夫的主张和政策，在争论中得到中央全会大多数人的支持，莫洛托夫一派则失败了。但是，打击"反党集团"的胜利，却掩盖了赫鲁晓夫某些做法上的冒进倾向和不够完善的方面，也埋没了莫洛托夫等人的某些正确意见，同时也使得这种传统的党内过火斗争方法再次得到肯定。赫鲁晓夫一派企图以压的方法，扣帽子的办法来解决争论，这样做的结果是，虽然打败了政治对手，但某些有正确内容的反对意见却同时遭到压制，由于这些问题都同"反党集团"这个政治问题联系起来，因之，谁也不敢再提什么不同意见，以致那些原已存在的冒进倾向，得到了进一步的发展。随着赫鲁晓夫个人在苏共领导中的权力地位越来越突出，他的独断专行、盲目冒进、主观主义的恶劣作风也随之急剧膨胀，最后终于把自己引向了失败的道路。

但在处理"反党集团"问题上，赫鲁晓夫没有逮捕或杀人，这在斯大林之后，在苏共党内斗争的历史上，开创了好的先例，这是一个进步。

（三）赫鲁晓夫篡党篡权的说法，不能成立，但这一段党内斗争过"左"的教训，值得注意。

　　尽管赫鲁晓夫在同莫洛托夫等人争论中有他自己的问题，在处理"反党集团"斗争问题上，也有缺点，以及后来主观主义大发展，犯了不少错误，但过去那种说赫鲁晓夫是篡党篡权，说赫是有计划地打倒斯大林时期的老布尔什维克，最后赫一派当权，这种说法是不能成立的。因为从两派争论的历史发展以及苏共中央6月全会争论的全过程来看，总的应该说是符合一般党内生活的正常程序的。从争论的实质来看，赫鲁晓夫的作为和主张，比之莫洛托夫等人的主张更符合苏联当时社会的要求。赫鲁晓夫的胜利和莫洛托夫等人的失败，都不是偶然的。在这样的转折关头，撤换大批不适合当前需要的干部，也是自然的事。因此，很难以撤换苏共十九大的代表多少，或斯大林时期的老人留下多少，来作为判断赫鲁晓夫是非的标准，这是不科学的。被撤换的人有各种情况，有许多人的领导职务（包括老布尔什维克）总是要变动的，打破干部终身制，应该说是一件大好事。赫主张要有专门知识的人上来，这个政策也是正确的。但另一方面，赫一派在党内斗争中取得胜利，击败了在一些问题上有保守倾向的对手，以"扣帽子"办法来解决党内争论问题，后果却是不好的。1957年以后，也是一出现不同意见，就加以打击，采取组织撤换办法。因此，追随赫鲁晓夫新上台的人，就有不少是阿谀奉承、吹捧拍马的人物，包括裙带关系的人物（如赫的女婿阿朱别依之流）并不都是什么革新力量，也不一定符合苏联社会发展的需要。这些助长了赫鲁晓夫的主观主义、冒险主义、乱改组、瞎指挥、独断专行。如果说，反对个人崇拜、清除贝利亚，曾促进了苏共领导层的民主生活，实行了集体领导，促进了苏联经济社会的发展，那么同"反党集团"的斗争所造成的这种政治气氛，却是不利于发展党内民主，也不利于经济发展和改革的。后来集体领导逐渐名存实亡，赫个人独断专行越来越严重，以致成为后来一些政策调整和体制改革陷于失败的重要原因。这是赫鲁晓夫时期苏联党内斗争的一个重要教训。

三、关于苏共纲领提出 20 年基本建成
共产主义和经济上赶超美国问题

1961 年苏共二十二大通过的苏共第三个党纲,是赫鲁晓夫执政时期的一件大事,是赫力图树立的重大业绩之一。

纲领的核心是到 1980 年在苏联基本建成共产主义,在经济上赶上和超过美国。现在 1980 年已过去 5 年,这些目标已完全落空,既谈不上赶超美国,更谈不上建成共产主义。历史实践已证明,这个纲领的基本要求是主观主义的,是超越社会主义发展阶段的空想。

最近苏共纲领新修订本草案已发表,并将在不久召开的苏共二十七大上讨论通过。新修订本已不再提这些口号。回顾 25 年来的实际情况,可以明显看出,苏联在社会主义发展阶段理论问题上,在如实估计自己经济发展水平问题上,在同发达资本主义国家比较的标准和方法问题上,是有不少经验教训值得研究的。

(一)苏共纲领提出 20 年基本建成共产主义这个超越社会主义发展阶段的口号,是有其理论根源的。

这首先同苏共历史上对苏联社会主义水平估计过高、急于向共产主义过渡的传统观念有密切关系。

在 30 年代末,苏联提出了社会主义已建成,并向共产主义逐渐过渡的任务。斯大林在 1939 年联共(布)十八大报告中说,我们在工业的生产技术装备和发展速度方面已经超过了各主要资本主义国家,但是这还不够。应当在经济上也超过各主要资本主义国家,我们才可以期望我国有充裕的消费品、丰富的产品,我们

才可以从共产主义的第一阶段过渡到共产主义的第二阶段。还提出，在最近10年到15年之内在经济上超过主要资本主义国家。联共（布）十八大的决议据此指出：苏联已进入了一个新的发展阶段，即完成社会主义建设并逐渐过渡到共产主义的阶段。

斯大林时期宣布建成的社会主义，按其经济发展水平来说，应该说是低标准的、低水平的。这是在党内激烈争论能否在一国建成社会主义的背景下，宣布基本建成的社会主义。尽管建立了生产资料的两种公有制（国家所有与集体所有），个体经济已差不多被消灭，但生产力还不高，经济、社会、政治、文化各方面也不怎么协调，还需要在社会主义阶段范围内，有一个长时间的发展。但理论上既然肯定已建成社会主义，按照共产主义两个阶段的理论，当然只能是向共产主义过渡了。在这种经济低水平的情况下，就要求逐渐向共产主义过渡，这种提法本身就包含超越阶段的因素，反映苏共领导对苏联社会主义的发展水平估计过高。

到战后期间，苏共在社会主义发展阶段问题上，在正式文件中，继承了战前联共（布）十八大的提法，强调了由社会主义到共产主义的"逐渐过渡"。斯大林在《社会主义经济问题》一书中，谈到由社会主义过渡到共产主义的三个基本条件时，也强调了采用"逐渐过渡办法"，认为从社会主义过渡到共产主义是"需要进行极大经济变更的复杂多样的事情"，反对简单化，可见，斯大林在这个问题上还是比较谨慎的。

在苏共十九大上，马林科夫和苏共其他领导人（卡冈诺维奇、赫鲁晓夫）在报告中的主要提法是，苏联现在已建成社会主义，当前的任务是由社会主义逐渐过渡到共产主义。

但是，已经出现"建设共产主义社会"这样的提法。如，苏共十九大通过的党章第一条规定："苏共的主要任务是：通过由社会主义逐渐过渡到共产主义的途径来建立共产主义社会。"赫鲁晓夫在关于修改党章的报告中，除去重复这一提法外，强调要创造必要的先决条件，"以便从社会主义经济根本过渡到另一高级经济即共产主义经济的办法来在我国建成共产主义"。还说："建成共产主义社会，已成为苏联各族人民的实际任务了。"

这类急于过渡的提法，实质上是苏共领导在历史上对苏联社会主义发展水平估计过高倾向的继续。

以上情况表明，赫鲁晓夫在苏共二十一大上提出"全面开展共产主义建设"口号，到苏共二十二大制定党纲"要求在 20 年内基本建成共产主义社会"，是有所本的，是有其理论根源的。在苏联经济和科学技术有新发展的条件下，赫鲁晓夫头脑发热，他不但继承了斯大林时期在社会主义问题上超越历史阶段的思想，而且加以发展，推向极端，这是赫鲁晓夫和苏共领导在社会主义发展阶段问题上主观主义的一次比较集中的暴露。

（二）经济上赶超美国口号的失败，主要是由于过高估计了苏联经济的发展速度。

赫鲁晓大在苏共二十二大报告中说，在最近 10 年，在工业绝对产量和按人口平均产量方面都将压倒美国，而农业生产增长更快，头 10 年将超过美国现有水平的一半。在第二个 10 年，在按人口平均计算的工农业生产品方面，将把美国远远抛在后面。而且强调说，他是"以严格的科学计算为指导"的。据当时有的经济学家列举的赶超美国的数字，赫的这些所谓"科学计算"，实际上是以前一时期苏美工农业发展速度对比为依据的。大致是，1945～1959 年，苏联工业年平均增长为 10.7%，美国为 1.7%，美工业今后预计年平均增长则为 2%；农业以最近 6 年（1954～1959）的数字对比，苏联年平均增长 7%，美国为 2.3%（见 M.C. 阿特拉斯《社会主义政治经济学》有关计算数字）。

这种计算明显是不可靠的。从 1951～1959 年，苏工业年增长的确在 10% 以上。但这是以重工业为主的，而且是主要依靠增加投资、增加就业人数、扩大生产规模，即粗放式经营而取得的。苏联农业这一段时间的高速增长，大开荒是主要因素。这两种粗放经营方式所造成的工农业生产增长的高速度，是不能持久的。而 20 年赶超美国的计算，恰恰又是建立在这种不可能持久的基础之上的。例如，规定工业在 20 年中（1961～1980 年）平均年增长为 9.7%，其中机器制造业平均年增长 12% 以上，化纤年增长 15%，塑料年增长 22%；肉类年增长 6.4%。前 10 年年增长高达 11% 这样的高指标，根本不能达到，不能不遭到破产。

（三）经济上赶超资本主义国家需要有新的更为全面的标准和比较方法。

斯大林在苏共十八大最早提出过，在经济上、在工业产品按人口平均产量方面赶上和超过各主要资本主义国家的任务。战后时期，苏共十九大、二十大大致也是这样提出任务的。二十二大党纲中提出工农业产品按人口平均计算产量来赶超美国的任务，也是按这个标准。即按若干重要工农业产品产量来计算的。但随着现代科学技术的新发展，经济上同主要资本主义国家比较，只以原有的标准，即主要看产量多少，而不顾品种、质量，特别是技术水平，是不够的。而质量和技术水平又正是苏联经济的薄弱环节。从经济结构来说，苏联农业落后，农畜产品的质量、加工、储存、运输等方面，问题很多，因而损失极大，只以产量来计算，是不能反映苏联农业的真实情况的。单拿公路运输来说，苏联公路同发达资本主义国家比，相差很远，而发展公路网是提高经济效率、减少损失，以至缩小城乡差别的一个重要条件。再如服务业落后，在苏联很突出，这对整个经济的影响是很大的。特别是在新技术领域，在发达资本主义国家中发展很快。不少领域苏联则相对落后。苏联工业统计，到 1982 年才开始列入工业机器人的产量。发达资本主义国家经过几百年的发展，已形成了现代化的经济体系。为了真正显示出经济上赶上、超过的水平，要赶、超的方面，已不能只限于苏联经常在统计中列举的若干种重要产品的产量。当然有些重要产品的产量也需要比，但同资本主义国家比较，恐怕要有更科学的方法，只是用现在的某些产品的数量比，事实证明已经不够了。

1983 年的苏美两国主要产品量的比较，就很能说明问题。现在苏联在钢、原油、矿肥、铁矿石、拖拉机、康拜因、水泥、棉、毛、布、砂糖、鞋类、牛奶等方面，按人口平均都超过美国，有的还超过很多。但从经济整体上来看，苏联落后于美国的差距仍然很大。例如，按苏联自己的统计，国民收入为美国的67%，工业生产为85%，农业生产为85%，工业生产率为55%，农业生产率为20%～25%。而且最近 10 年，这个差距没有缩小。

现在看来，赫鲁晓夫以为在若干种重要产品产量上赶上、超过主要发达资本主义国家，就可以解决苏联的基本经济任务，这种想法是过分简单化了。赫鲁晓夫脱离了苏联是在一个比较落后的大国进行经济建设，欠账还较多的这种实际，而又眼光狭窄，把本国的经济水平估计过高，把要赶、超的对手估计过低，这是赶、超美国不能不最后失败的原因之一。

（四）从苏共现行党纲到新党纲修订本。

鉴于赫鲁晓夫时期提出赶超美国和建成共产主义口号遭到失败的教训，赫鲁晓夫的后继者们陆续提出对党纲修汀的意见，他们在纲领基本任务的提法上，各有不同，总的趋向是逐渐接近于苏联的实际。

勃列日涅夫时期收起了赶超美国和建设共产主义的口号，代之以"已建成发达社会主义"的提法；后来在苏共二十六大上提出了制订苏共党纲新修订本的建议。他说："我们是通过发达社会主义阶段向共产主义前进的，这是必要的、合乎规律的共产主义社会形态形成过程中的一个相当长的历史阶段。这个结论是党在最近几年所得出并经过研究的，无疑要以应有的形式反映在党纲中。"

勃列日涅夫强调苏联处于发达社会主义阶段，而且还是"一个相当长的历史阶段"，表面上似乎比赫鲁晓夫的 20 年基本建成共产主义口号实际一些。但是，由于勃宣布苏联"已建成发达的社会主义"，而且一再强调是"成熟的社会主义"，因此，尽管说发达社会主义是向共产主义过渡的必经阶段，但既然强调在苏联发达社会主义已经"建成"，而且"成熟"，从理论上说，其直接任务自然只能还是建设共产主义。因此，在苏共二十六大报告中，勃仍提"建设共产主义物质技术基础"这个赫时期的老提法，并不是偶然的；勃对现行党纲没有任何批评，总的态度是肯定的，也就不足为奇了。而且更重要的是，按苏联社会经济发展水平的实际来看，称做发达社会主义，是名不副实的。这不过是过高估计苏联社会主义发展阶段的另一种表现形式，也就是说，理论上超越社会主义阶段的问题并未解决。

安德罗波夫继任后，在修订党纲问题上，与前任不同的重要之点有三：第一，与勃不批评现行党纲不同，明确批评现行党纲某些论点"没有完全经受住时代的检验"，"有些内容脱离现实，超越了时间的发展"；第二，估计苏联社会主义所处阶段与勃不同，强调苏联只处于发达社会主义这一长期历史阶段的起点；第三，对今后任务，安认为"总的任务是完善发达社会主义"，修订后的党纲"应当首先是一个有计划地全面完善发达社会主义的纲领"。这样，安接过了勃列日涅夫的发达社会主义的提法，但强调的却是处于"起点"，是不完善、不成熟的方面，因此，在今后任务提法上，不是简单提向共产主义过渡，而是把"有计划地全面地完善发达社会主义"放在首位。这些同勃列日涅夫时期比，是更为实际了，在突破传统的急于向共产主义过渡的理论观念方面，是有所前进的。

戈尔巴乔夫上任后，经过半年的酝酿，公布了新党纲的修订本草案。戈尔巴乔夫在苏共 10 月（1985 年）中央全会上宣称，要"批判地重新认识原党纲中那些没有经受住时间检验的提法"。从公布的党纲草案和戈尔巴乔夫的报告看，党纲修订本有关纲领任务方面的改动，实际上涉及 20 多年来从赫鲁晓夫到勃列日涅夫时期苏共党在纲领任务方面一再出现的超越阶段的理论思想问题。

1. 苏共纲领新修订本草案有关苏共现阶段任务的提法是：苏共纲领"是一个在加快国家社会经济发展基础上有计划地和全面地完善社会主义，使苏联社会继续向共产主义迈进的纲领"。把苏共的现阶段任务规定为"有计划地全面地完善社会主义"，不但改掉了现行党纲的"基本建成共产主义"的提法，而且也未出现勃列日涅夫时期大加宣传的"通过发达社会主义向共产主义前进"的提法。

2. 为了表示与安德罗波夫的某些提法相衔接，在草案中得到"国家进入发达社会主义阶段"和"处在开创了发达社会主义阶段的新的历史关头"，这些提法与安德罗波夫的"起点论"相似。但却没有出现安强调的党纲应当是一个"有计划地全面地完善发达社会主义的纲领"；在草案中有一大段专谈社会主义是什么样的社会，而没有像安在世时讲的要在纲领中"详尽地说明发达社会主义的性质"。草案只提"完善社会主义"，而不提"完善发达社会主义"，虽只是有无"发达"二字之差，但却是对苏联社会主义估计上的一个重要变化。这个变化，看来主要还是因为苏联当前所处的社会主义阶段毕竟还是不够发达，去掉"发达"字样，干脆不去空议论什么尚不存在的发达社会主义。

3. 对向共产主义过渡提法上比较谨慎，没有出现何时建成共产主义一类提法。党纲草案只说发展社会主义"也就意味着社会真正向共产主义推进"。强调的是要加速国家的社会经济发展，对苏联社会生活的所有方面进行质的改造，苏联社会将达到新的阶段，提出在经济方面要使社会劳动生产率、产品质量和生产效益达到世界最高水平。即使达到这样高的水平，纲领草案只说"这样就将在通往共产主义高级阶段的道路上向前迈进历史性的一步"，避而不谈是否基本建成共产主义问题，也不谈期限，看来，接受了过去把建成共产主义简单化的教训，比过去更为实际了。

4. 纲领草案没有同发达资本主义国家作比较，也未提任何赶超具体期限。但强调党的经济战略的根本问题是急剧加速科学技术进步，以及为实现生产集约化在经济领域必须实现的各项任务。在提高劳动生产率的要求上更为现实。党纲草案在提高劳动生产率问题上指出，在 15 年后即使达到纲领所规定的指标，也只"作为通向最高劳动生产率的道路上的一个重要阶段"，并不要求达到世界最高劳动生产率水平。这样，比之戈尔巴乔夫上台初期提出"在最短期间"达到世界上最高劳动生产率的要求，也更为现实了。

总之，从赫鲁晓夫赶超美国、建设共产主义失败教训中，我们看到，他的继任者在二十几年中，在认识上还是初步走上了更为实际的道路。从赫鲁晓夫所犯错误中总结出比较接近实际的东西，要经历这么长的时间，说明在苏联，从理论上突破老的教条主义框框，是多么不易。

四、关于赫鲁晓夫时期的经济体制改革

赫鲁晓夫执政期间，对苏联经济体制做了不少改革和调整工

作。这是斯大林之后，苏联经济体制改革的一个重要的探索改革的阶段。

（一）在苏联 30 年的经济改革历史中，赫鲁晓夫时期的改革探索有其重要意义。

我们应以实事求是的科学态度，对待这一时期的改革。

赫鲁晓夫所进行的改革和调整，对斯大林时期留下来的中央高度集权的以部门为主的经济管理体制，是一次较大的变动，农业方面尤其如此。这些改革有成功，也有失败；有的方向正确，但没有能贯彻始终（如农业中贯彻物质利益原则，实行农业新计划制度）；有的包含合理成分，但从全局来看，后果不好（如工业管理改组）；有的路子对，但因急于求成，反而带来不少问题（如拖拉机站改组）；有的议论不少，势头不错，但没有来得及实施（如利别尔曼建议的讨论）；也有的是完全错误的（如把党划分为工业党与农业党）。赫鲁晓夫下台后，勃列日涅夫在 1965 年和 1979 年进行了两次新的经济改革，但赫鲁晓夫时期不少有积极意义的东西实际上还继续保留或得到发展。直到安德罗波夫和戈尔巴乔夫上台执政期间，我们仍可感到赫鲁晓夫时期某些改革的影响。因此，我们考察赫鲁晓夫时期的经济改革，要把那些考虑不周，仓促行事，主观任性因而缺乏生命力的东西，同那些反映了生产力发展的要求，对推进经济发展起了积极作用，对后来的经济体制改革有贡献的东西区别开来。这些有积极意义的东西，在苏联经济体制改革的每个阶段，可以说都有表现，而且有其继承性。经过几十年的改革历程，有了更多的经验，哪些更合乎生产力发展的要求，也看得更清楚了。即使那些不成功的东西，也有其起因、后果，对后来的改革也有借鉴意义。因此，从总体上来说，从苏联经济改革 30 多年历史角度来看，应该承认赫鲁晓夫时期所进行的探索改革是有其重要意义并做出了重要贡献的。正因为是一次探索，必然存在很多矛盾、失败和不成熟的东西。我们要从其失败中吸取历史的经验教训。那种简单地把赫鲁晓夫时期的改革，归结为是一次不成功的"改组"，或者仅说是一种"试验"，因而谈苏联的经济体制改革只从1965年算起，我以为是不全面的。

（二）赫鲁晓夫时期经济改革中几件有积极意义的事。

从30多年来苏联经济改革的实践来看，赫鲁晓夫改革有积极意义的事，大致可以列出以下几项：

1. 在农业中提出物质利益原则问题，提高农产品的收购价格，鼓励发展个人副业，从而改善了国家与农民的关系。后来又把这一原则进而发展到在工业部门以及整个国民经济中，强调利用商品、货币关系，强调经济核算，强调利用价格、利润、信贷、财政、奖金等经济手段，并做了些理论阐述。这些为后来经济改革中主要运用经济方法来实现计划要求，从实践和理论上起了先行作用。

2. 改变了中央过分集中的计划管理体制，扩大地方经济计划和管理权力，有限地扩大企业经营管理权。在农业中改革旧的计划制度，大大减少指标，只以商品量为出发点；改组拖拉机站；制定统一的农产品收购制度。这就使国家与农业企业初步建立起一种新的经济关系，使农业企业有可能实行真正的经济核算，成为相对独立的生产者，也为后来成立农工综合体创造了条件。

3. 在农业中广泛推广机械化小组，1959年各种类型的机械化小组，一度曾达20多万个。这些小组承包土地，自愿结合，联产计酬。在农庄农场内部，在劳动者与企业领导之间，实际上建立了一种新的关系。尽管在赫鲁晓夫执政时期未能自觉坚持下去，但后来，在戈尔巴乔夫领导农业期间，直到今天，还在苏联农业中继续推广。

4. 取消中央各经济部,建立各部门委员会。这里包含某种中央部门不直接管理企业的思想,但并不彻底,因为企业改由各地区国民经济委员会直接领导,并没有解决扩大企业自主权这个根本性问题。在这方面,1962年农业部的改组也有其意义,当时规定全苏农业部主要搞科学技术,管试验基地,不直接管理农业企业,尽管还只是个别的部,但包含着政企职责分开的初步思想,在当时条件下不失为一种新的设想。

5. 发起利别尔曼建议的广泛讨论,在讨论基础上提出了扩大企业自主权、减少改变下达企业指标的建议和有关的政策规定。进行了若干"试验",进行了企业法的讨论。这些为后来勃列日涅夫时期及以后的改革,准备了一定的基础。

6. 工业按地区管理原则改组,也提供了一定的经验教训。勃列日涅夫继任后,在以部门管理原则为主进行管理的同时,也没有完全放弃地区管理原则,因为必须兼顾地区利益。在勃列日涅夫领导的后期,在西伯利亚地区成立地区原料、燃料综合体,就是考虑了地区管理的需要的。在安德罗波夫上台前后,苏联报刊广泛讨论以部门管理为主的各种弊端,所提出的部门本位主义、重复生产、技术政策分散等弊端,同赫鲁晓夫执政时所批评的差不多,这说明部门管理造成的问题依然没有解决。赫鲁晓夫时期的改组在这方面仍有经验教训可资借鉴。

7. 赫鲁晓夫主张向资本主义国家,特别是向美国学习先进的管理方法与经验,方向是正确的。在这方面,赫鲁晓夫开了一个好头。苏联在1955年7月召开中央全会,主要谈的是科技进步问题,布尔加宁报告中提出,"我们面临新的科学技术和工业革命的前夕,这个革命就其意义来讲,远远超过由于蒸汽和电气的出现而产生的工业革命。"这个提法是很有意义的。在这次会议之前,苏共中央还召开了工业工作人员的内部会议(1955年4月),中心谈苏联工业技术落后于美国等发达资本主义国家的问题。这两次会议对于促进苏联工业科技进步起了重要作用。苏联当时派出大批专家去西方国家访问，成立了科技情报研究所，加强对资本主义国家科技和经济状况的研究，这就打破了当时存在的那种闭关自守、老大自居、自以为什么都是"世界第一"的那种蒙昧状态。虽然林也干过机械照搬美国经验（如扩种玉米）遭到失败的蠢事，但不能抹煞他倡导向西方国家学习技术与管理经验的贡献。

8. 对垦荒政策也要有一个全面的评价。在赫鲁晓夫执政后期，垦荒地区粮产量的确连年下降，成为赫鲁晓夫农业政策失败的重要因素。这主要是由于林力图在增产粮食上速见成效，而忽视了在垦荒区采取必要措施所致。到勃列日涅夫时期，注意到改进耕作方法并采取一些防止风蚀的办法之后，这个地广人稀的垦荒区，一直到今天，还是苏联提供商品粮的重要基地。据苏联统计，从1954年到1978年苏联主要垦荒区提供商品粮占全苏商品粮的48%。从长期看，不能低估垦荒措施在缓和苏联粮食供应问题上的重要意义。

总之，评价赫鲁晓夫时期某些改革措施及某些政策的成败和作用，要有一个长远的历史眼光。有些政策措施，只根据一时成败来下结论，是不容易作出恰当判断的。

（三）赫鲁晓夫时期若干改革的局限性、矛盾性及其失败原因。

赫鲁晓夫时期一些经济改革措施虽有积极意义，但却是不稳定的，有局限的，常常不能贯彻始终，有的有始无终，有的前后矛盾，以致最后不能实现预定改革目标，有的甚至与预期目的完全相反。因此，这个时期的探索改革，失败大于成功。造成这种结局的原因是多方面的。

赫鲁晓夫对斯大林后期的经济问题是比较了解的。他从实践中感到并看出了一些问题。但他急于求成，对经济改革的复杂性估计不足，因而把解决问题看得过于容易，有些改革措施的实施常常考虑不周，带有很大的主观随意性，论证不足，未经试验，就仓促定案。有些措施，酝酿不足，干部思想缺乏准备，过低估计了斯大林时期形成的庞大管理机构中干部的惰性。有些做法反映出赫鲁晓夫和苏共领导过高估计苏联的经济发展水平，急于赶美超美就是这种表现。有些做法也反映出赫及苏共领导仍然抱着急于向共产主义过渡的、"左"的传统思想。此外，同"反党集团"斗争取得胜利后，赫鲁晓夫没有吸收反对派某些合理的意见，这也助长了赫鲁晓夫的主观主义和独断专行。而根本原因在于，赫鲁晓夫及苏共领导对斯大林时期的社会主义经济模式缺乏系统的深入的马克思主义的研究与总结。这样，他们就难以自觉地摆脱斯大林留下的旧经济模式，在这种模式下主要靠指令计划、靠行政方法、靠组织推动来指挥经济，企业的自主权很小。赫鲁晓夫自己虽然提出许多改革和改组措施，但由于这些改革、改组更多地是来源于实际工作中的经验和感受，并不是从理论上深入总结过去经验教训的结果，加上赫鲁晓夫是斯大林时期培养起来的领导人，对斯大林时期那种组织推动、行政方法、指令计划等一套更为习惯，更为得心应手，因而对于新的做法、创议，就不能十分自觉地坚持，对有些主观主义乱改组的东西，也不能及时发现错误，加以纠正。因之，当赫自己提出的改革措施，同老的习惯做法发生冲突而陷于矛盾的时候，最后常常是旧习惯、老做法取胜，而赫的某些创新措施则归于失败。

这样的矛盾和失败的例证是很多的。像工业管理体制大改组这样的大事，1957 年 2 月中旬中央全会通过，到最高苏维埃 5 月10 日立法，前后只有两个多月。论证不足，没有试验，干部思想准备不足，所谓全民讨论，不过是做做表面文章而已。由于仓促定案，毛病百出。走了个部门本位主义，又冒出了更多的地区本位主义；发现本位主义严重又被迫采取集中措施。改革本来是为了反对过分集中，后来又不得不趋向集中。改革本来是为了精简机构，后来却是上下都扩大和增设机构，结果是国家经济管理机构层次更多、叠床架屋，更加臃肿膨胀。

再如，采用新的农产品收购制度，提出"哪里便宜哪里买"，企图以经济方法解决国家与农民的关系。但因 1958 年以后，粮食未再丰收，国家财政力量也有限，最后还是以行政手段为主，通过高征购要农民交售农产品。因此，口称对农民要贯彻物质利益原则，但在执行中却滑到了反面，到最后还是破坏了对农民的物质利益原则，某种程度上又走了斯大林时期的老路。有人说，赫时期已是国家补助农民了，这不是事实。据苏联《经济问题》文章列举的数字，在赫执政时期，农业所创造的纯收入总额，每年有 80 亿～90 亿卢布用于其他经济部门。苏共中央 1965 年 3 月全会也指责赫时期"尽可能从农业榨取资金"，"一手增加投资，一手又以农业生产资料的高价拿了回去"。

所谓农业新计划制度也是如此。使农业企业有计划自主性，是赫鲁晓夫提出来的，但也是他自己破坏的。出于赶超美国的战略需要，苏联实行了农畜产品的生产高指标、征购高指标的政策，并采取了扩种玉米、反草田等措施，这些都是赫主观决定硬性推行的，因此谈不上什么农业企业的计划自主性。至于先是鼓励农村个人副业，待农业情况有好转后，又转为限制；1957～1958 年合并农庄和转为国营农场的浪潮，都是同所有制"一大二公"才优越的老观念、急于向共产主义过渡的老观念相联系的。赫鲁晓夫自己提倡的机械化小组、承包小组，在有些地区已显示出优越性，但由于没有认识其真正意义，因而只能任其自生自灭。

总之，赫鲁晓夫并没有从理论上弄清楚斯大林时期经济模式的根本问题，改革方向不明确，缺乏自觉性，而且又是以斯大林时期人们所习惯的行政命令组织推动一套老做法，来对斯大林时期经济体制进行探索改革，因之，探索改革过程中不能不出现许多矛盾，导致许多新措施和想法最后陷于失败。尽管有些步骤看来很有声势，组织上变化不小，但对原有体制说来，大抵多是局部性、枝节性的变动，而没有实现根本性的变革。这也许是斯大林之后，某种过渡时期中难以避免的现象。赫鲁晓夫及苏共领导在这一段时间探索改革中有积极意义的东西，当然不能使其淹没，要加以研究；而那些导致探索改革流于形式、陷于失败的原因，在今天看来，更值得引为鉴戒。

五、赫鲁晓夫执政时期在苏联
社会主义发展史中的地位
和研究这一时期的意义

如前所述，赫鲁晓夫执政期间，在政治、经济和理论等方面，做了不少事情，有贡献，也有不少问题。不论这一时期的积极方面或消极方面，对苏联社会主义的进程都发生了重要影响，而且也影响到其他社会主义国家和国际共产主义运动。由于这个时期在苏联社会主义发展历史中有其特定地位，研究这个时期是有重要意义的。

（一）赫鲁晓夫执政时期的特定地位，首先在于，它是在斯大林之后，在苏联政治、经济、理论等方面，开始进行探索改革和有所创新的时期。

在这期间，一些僵化的传统观念和体制受到了冲击，在一些方面有所突破。这些为后来进一步进行体制改革和政策调整，提供了经验，探索了途径。

这个时期做了不少对后来政治、经济和理论发展有重要意义的事情。第一是反对个人崇拜，解放了思想，为进一步实行体制、政策的变革和调整开辟了道路；第二是纠正了保安机构凌驾于党和国家之上的不正常状况，平反大批冤案，健全了法制，为发扬党内和社会主义民主创造了条件；第三是提出和实行物质利益原则，在经济领域做了若干机构和政策的改组和调整，开展了利别尔曼建议和加强企业经济刺激、扩大企业自主权的广泛讨论。虽然这些还只处于开始阶段，有不少局限性和不足之处，而且与此同时，赫鲁晓夫还干了一些蠢事，但我们首先还是要肯定这些在苏联社会主义发展中带有创新意义的事物。我们如果从当时的历史条件，即斯大林之后一段的历史条件出发，来对赫鲁晓夫时期作评价的话，那么，像反对个人崇拜，取消保安机构特殊地位以及经济方面的一些创议和行动，应该说是有开创性的，有重要意义的，是难能可贵的。这些也可以说是赫鲁晓夫时期与其前辈相比所提供的新的东西。当然这不只是赫鲁晓夫一人的功劳。这些创新对推进苏联社会主义发展所起的积极作用是不能抹煞的。我们看到，在赫鲁晓夫下台后，在苏联政治经济生活中，这些有创新意义的政策、措施，尽管在实行中有些曲折，但最后总是存留下来并在多种形式下继续得到发展。而且苏联的这些创新行动，对其他社会主义国家，首先是对东欧社会主义国家政治经济体制的改革与完善起了重要的推动作用。

(二)赫鲁晓夫执政时期又是一个在探索改革和创新中经常出现很大矛盾性的时期。

在这个大国中，由于旧的体制、思想传统的影响还很大，因此在这个时期的探索改革和创新中，常常呈现出很大的矛盾性，新的探索与旧的传统东西交错并存，有的形式虽新，而实质仍旧。这同以赫鲁晓夫为首的苏共领导对原有体制缺乏系统深入的理论认识相联系的。赫鲁晓夫虽然是以斯大林批判者的面目出现,在他执政期间,也的确改掉了苏联政治体制中某些最坏的东西(例如保安机构的特权地位和破坏法制),但不管他自己意识到与否,他又是斯大林时期若干旧的体制、政策、理论等传统的继承者。像党政领导体制上的中央高度集权、个人过分集权、党内斗争中的某些过"左"的方法、经济生活中自上而下的指令性计划、以粗放为主的经营模式等,就是这样。提出在苏联20年基本建成共产主义口号,则不只是继承斯大林时期理论上超越阶段的因素,而且还加以发展,推向了极端。至于在苏联对外政策方面的大国沙文主义,则是赫鲁晓夫言论与实际相矛盾的又一个突出的表现。例如,赫鲁晓夫可以在口头上甚至在个别文件中(例如1956年10月30日苏联政府宣言)承认苏联过去在社会主义国家关系上有过违反平等原则的错误,并且加以谴责,但他实际上仍然继承和奉行了在斯大林时期就已形成的苏联那种大党主义、大国主义。赫鲁晓夫制定了在苏联一国建设共产主义的纲领,制定了苏联一个国家的对外政策,但他没有能正确处理好苏联一国纲领和对外政策同世界各国的社会主义建设和各资本主义国家革命运动之间的关系,他不顾别的国家具体实践要求如何,都要求这些国家的党服从于苏联一国的利益和需要,而且如果别的党不听指挥,就施加政治的、经济的压力。50年代末60年代初,中苏关系恶化,苏联同某些社会主义国家关系也搞得不好,主要原因是赫鲁晓夫和苏共领导的大国沙文主义。因此,赫鲁晓夫时期的内外政策许多方面又同斯大林时期存在着某种历史的连续性。把赫鲁晓夫同斯大林截然分开,说赫鲁晓夫"全盘否定"斯大林,是不合乎实际的,实际上倒是斯大林时期许多应该被否定的东西并没有被赫鲁晓夫所破除。在赫下台之后,他的继任者勃列日涅夫在有的方面有所前进,有所改变(主要在经济方面),但在有的方面,甚至变本加厉(如对外推行霸权主义)。从赫鲁晓夫到勃列日涅夫,苏联

30 年的政治经济体制和政策沿革的历程表明,斯大林时期几十年间形成的那一套苏联型的社会主义模式,从理论、政策的工作方法、运转机制,在苏联社会各领域中的影响是根深蒂固的,要改掉那些已变得不适应今日社会主义发展需要的陈旧东西,决不是一两次的变动、调整、改组所能解决的,这只能是一个长期的探索和革新的过程。研究这个在苏联发展中有特定地位的时期,识别那些在改组、改革形势掩盖下的旧东西的实质,研究改组、变动中新旧矛盾的各种形式和表现,研究影响苏联各项改革发展的种种内外条件,可以使我们对于在苏联这个大国进行社会主义政治经济体制改革的长期性和复杂性,在一些重大政策调整方面不可避免地带有局限性,得到更为深入的认识。

(三) 赫鲁晓夫执政时期所处历史地位的特殊性还在于,由于赫鲁晓夫过高估计苏联经济发展水平,继续依靠粗放经营模式,盲目追求高速度,高指标、瞎指挥成风,以致经济上遭到很大挫折,成为主观主义造成的各种恶果一次比较集中的暴露。

这为后继者勃列日涅夫时期制定较为实际的理论和政策,提供了有益的经验和历史教训。

赫鲁晓夫对斯大林时期的经济政治模式存在的问题缺乏认识,突出表现在他想依靠这种高度集中的政治、经济体制和粗放为主的经营模式来实现苏联经济的高速增长。尽管在他当政最初几年苏联经济发展速度较快,但由于这种速度是在粗放经营基础上实现的,加上计划指标过高,乱改组,瞎指挥,以致高速度维持不住,到最后几年,工农业都陷于严重困境。农业生产以 1958 年为界,前 5 年呈上升趋势,后 5 年则每况愈下,1963 年成了“只有战争年代可与之相比的灾年。”[①]工业方面,在 1959 年前几年,苏

---

① 参见〔苏〕《共产党人》杂志 1965 年第 6 期。

联工业生产年增长率在 10％以上，1960 年以后，连年下降，1964
年竟降为 7％。工业劳动生产率由 1951～1955 年的年增 8.2％降
为 1961～1964 年的 4.6％。而且轻重工业比例严重失调，甲、乙
类工业发展速度之比，1951～1955 年为 1.15∶1，1956～1958 年
为 1.32∶1，到 1963 年为 2∶1，到 1964 年竟为 2.4∶1，生产资料占
这样高的比例，只有第一个五年计划（2.44∶1）才出现过。结果
重工业在"很大程度上处于自我服务状态"，这是在低效率情况下
又要追求高速度必然造成的恶果①。

出现这种局面，赫鲁晓夫的主观主义思想作风自然是重要原
因，但其主要根源却是来自相沿已久的粗放为主的经营模式和与
之有密切联系的中央高度集权、主要靠行政指令计划的管理体制。
在这种体制下，由于上面施加压力，提出不切实际的高指标，结
果造成下面大搞浮夸风和假报告，使得高级领导很难了解真实情
况，反过来又助长了领导的主观主义。赫鲁晓夫在农业、畜牧业
生产赶美超美问题上许下那么多诺言，拿出不只一个"先进典型"
来证明高指标的正确，最后终遭失败，就是明显例证。而在工业
中由于依靠粗放经营方式，片面追求不切实际的高速度，结果只
能出现一种低效率、低质量、高投资、高消耗的所谓高速度。这
种高速度由于缺乏效益，到头来只好降下来，难以为继。赫鲁晓
夫执政时期，依靠粗放经营方式，突出发展重工业，依靠行政命
令，盲目追求高速度，最后造成严重比例失调，生产速度急剧下
降，这一恶果表现得最为突出，种种问题也暴露得最为充分。勃
列日涅夫领导时期是吸取了前任的某些教训的。比如，他在理论
上收起"建设共产主义"的口号，对社会主义发展阶段问题，采
取了比赫鲁晓夫较为审慎的态度；在组织和干部方面，采取了更

---

① 参见 ［苏］《共产党人》杂志 1965 年第 16 期。

为稳健的方针；在经济方面，采取了更为实际的政策，并经过一段时间酝酿，制定并提出了向集约化经营过渡的方针等。

另一方面，我们也应看到，在赫鲁晓夫执政期间，苏联总的经济实力还是有较大增长的。从 1953 年到 1964 年，农业产值增长 70%，工业产值增长 1.8 倍，其中石油从 5280 万吨增长到 2.4 亿吨，增长了 3.5 倍，钢从 3800 万吨增为 9100 万吨，增长了 1.4 倍。在这个基础上，军事实力也得到增强。苏联的战略火箭部队是在这个时期建立的，苏联远洋海军，特别是导弹潜艇部队也是在这个期间开始发展的。在 10 年左右时间，苏联发展成为在世界范围内有较大影响的经济—军事大国。勃列日涅夫执政期间，得以在军事上发展到同美国平起平坐、建立"战略平衡"，成为另一个世界超级大国，是和这个基础分不开的。总之，不论赫鲁晓夫时期的进展或挫折，对勃列日涅夫时期的发展都是起了重要影响的。

以上从三个方面概述了赫鲁晓夫执政时期在苏联社会主义发展史中所处的地位和意义。仅从这几个方面看（自然不只这几个方面），这个时期值得研究的问题，值得借鉴的经验教训是很多的。特别是因为，这是斯大林之后的一个时期，面临的问题不少同我国有类似之处，因此，我们应该加强研究，更为确切详尽地掌握苏联历史上这个时期的情况和问题，更深入地了解这个时期的经验与教训。这将不只有助于我们加深对苏联社会主义的认识，而且有助于搞好我国当前的经济体制改革，建设好我们有中国特色的社会主义。

（载《苏联东欧问题》杂志 1996 年第 1、2 期）

苏联内政问题

勃列日涅夫时期苏联农业落后的
原因及其发展前景

　　苏联在勃列日涅夫时期，农业有了较大的进展，但是也暴露出许多问题，1979年以后又连年歉收。在1982年5月苏共中央全会上，勃列日涅夫提出了1990年前的苏联食品纲要，企图解决苏联农业长期存在的一些问题，保证对居民的食品供应。安德罗波夫上台以来，大致遵循了这个纲要的基本方向，但在某些方面有所调整并有新的侧重点。本文拟就勃列日涅夫时期苏联农业落后的主要原因作些分析，并对安德罗波夫上台后实施"食品纲要"的动向和前景作些探讨。

一、苏联农业落后的主要原因何在？

　　勃列日涅夫当政18年，由于多次提高农产品收购价格，大量增加投资，苏联农业固定资金提高了3倍，农村人民生活有了较大的改善。在推广农业专业化、集中化过程中，苏联农业已走上了初步的工业化道路。在此基础上，苏联农业总产值"十五"期间与勃执政初期相比，增长了50％，谷物的单位面积产量增长了56％。

但是，勃列日涅夫当政 18 年的农业情况，前期、中期和后期又有所不同。大致说来，前期，即"八五"期间，农业完成计划较好；到"九五"期间，问题逐渐暴露；"十五"期间，困难暴露更加明显。主要表现为：第一，农业投资逐年增加，年平均增长 7%以上，而农业产值增长率却越来越下降，从"八五"期间的 4%下降为"九五"期间的 2.5%，"十五"期间的 1%左右。从1979 年起，则连续下降（1979 年减 3%，1980 年减 2%，1981 年减 1%），只到 1982 年稍有回升（增 4%）。第二，谷物产量总的是增产的，但灾年减产幅度愈来愈大。1975 年和 1979 年两年，减产竟分别达 5500 万和 5800 万吨，这是前所未有的；而且 1978年以后，谷物产量连续 4 年都在 2 亿吨以下（1981、1982 两年没有公布谷物产量数字，据苏刊材料估计，分别只有 1.5 亿吨和 1.8亿吨左右[①]）。第三，主要畜产品肉类、奶类，从"九五"中期起就分别停滞在 1500 万吨与 9000 万吨左右；土豆、向日葵产量从"九五"初期起，就走上了下坡路。而肉、奶得以勉强维持上述水平，在很大程度上又是靠大量进口粮来维持的。因此，15 年来，食品供应每年平均增长不到 1%，而居民对食品的购买力的增长速度差不多为食品增长速度的 7 倍，现在居民货币收入每卢布的食品供应额只有 15 年前的一半左右[②]。这就形成了苏联领导人所说的"食品供应尖锐化"的局面。

勃列日涅夫在 1982 年 5 月苏共中央全会上的食品纲要报告中，曾对苏联食品供应困难的原因作了一些说明。列举的原因有：食品需求超过食品产量；农业和综合体效率提高得不够快；生产单位未能有效地利用土地；收购价格间必要的生产费用不相符合，等等。上述这些事实无疑是存在的。但这里仅仅罗列了一些现象，

---

① 参见［苏］《计划经济》杂志 1983 年第 4 期。
② 参见［苏］《社会主义工业报》1982 年 4 月 9 日。

为了说明苏联农业出现困难的真正原因，还是要从勃列日涅夫时期的农业政策和理论指导思想方面的问题中去寻求答案。这里主要有三方面的问题：一是过高估计了苏联经济发展水平，过急过快地推行农业专业化和集中化，过早地限制个人副业，以致造成了一系列不利的经济社会后果；二是苏联历史上长期存在的重工轻农思想没得到纠正，因而在工农业部门之间出现了不等价交换，在农业与其他非农业部门之间出现了不平等的伙伴关系，这些对农业生产起了不小的消极作用；三是在农业管理体制上没有能摆脱对农庄农场管得过多过死的老毛病，压制了农庄农场的主动性和工人农民生产的积极性。而这三者都同过高估计苏联工业和农村经济发展水平，因而采取了超越苏联实际经济水平的政策与做法有关。正是这些政策和指导思想上的问题才是造成苏联农业落后的主要的深层原因，也可以说，这是苏联农业集体化以来，长期存在的一些老问题，在经济有新发展的条件下，在勃列日涅夫时期又以新的形式出现。

（一）操之过急的农业专业化与集中化。

影响苏联农业发展的一个重要原因，是苏联领导过高估计了苏联为农业服务的工业和农村经济发展的水平，从 70 年代初开始，在条件不够成熟的情况下，以行政手段过急地全面推行农业和畜牧业的专业化、集中化，造成了一系列的经济社会的不利后果。

农业生产转到工业基础上，实行农业、畜牧业的专业化、集中化，这是目前经济发达国家的共同趋向，苏联农业也要向这个方向发展。苏联提出这个方针作为发展方向是正确的，在某些方面也取得了一定成效（如禽蛋生产）。但是，从苏联为农业服务的工业以及农村经济发展水平看，实际上还不具备在短期内全面推广农业专业化、集中化的成熟条件。例如，在发达资本主义国家，农业劳动的基金装备率一般要比工业高 50%～100%，而在苏联，农业劳动的基金装备率则比工业低一半①。1980 年从事种植业劳动的共 520 万人，其中以马拉或手工劳动的就有 320 万人，占 62%②。农机数量不足，而且质量很差。为农业生产服务的加工部门水平也很低。农村基础设施则更为落后。在与农业有关的工业部门、服务部门及各种基础设施还处于不发达的状态的基础上，希图以行政命令方法在短期内实现农业、畜牧业的工业化、专业化、集中化，必然达不到预期的结果。

农业生产的专业化以及在肉类、奶类等产品生产方面采用工业方法的方针，主要是在苏共二十四大上提出的。根据这一方针，1971 年 4 月苏共中央与部长会议通过决议，要求苏联各地区采取必要措施来实现畜牧业的专业化和集中化，在城市附近的农庄和农场中建造生产猪肉、肥育牛和生产牛奶的综合体。要求在三年内建造 1170 个生产畜产品的大型国营综合体。最大的养猪场养猪头数达 10.8 万头，养牛场达 1 万头。

1975 年大歉收以后，苏联领导并没有去总结造成农业困难的真正原因，反而更急于靠专业化、集中化的方法来解决农业生产效率低下、农畜产品供应不足的问题。1979 年 6 月苏共中央全会又作出"进一步发展农业生产专业化和集中化"的新决议，中心是要求多部门经济的农庄农场在广泛协作的基础上实行专业化和集中化，而农庄农场本身则集中力量生产谷物、技术作物等专业化的生产，要求各地"更积极地贯彻"这个方针。

在全会之后，有些地方由于不顾当地条件，盲目推行农业专业化、集中化，已暴露了一些问题，如缩减个人副业，过早取消农庄农场的畜牧场等。最典型的是俄罗斯联邦坦波夫州的情况。

---

① 参见［苏］《经济问题》杂志 1975 年第 2 期。
② 参见［苏］《社会主义工业报》1982 年 10 月 1 日。

据报道，这个曾受到表扬的"大规模地采用工业方法生产畜牧产品的州"的经验，原来是浮夸风的产物。这个州花了3亿卢布建造了75个大型畜牧综合体，但饲料短缺，收益很低。例如，建造了一些养4000～6000头牛的畜牧场，而每头牛的产奶量却由每年3000公斤降到1000公斤；建造了22座饲料工厂，3年内一直停工。由于热衷于建造大型畜牧场，过早地取消了许多小畜牧场，这个州的肉类、奶类和羊毛的生产不但没有增加，反而连年下降。在1978年3月，这个州委遭到苏共中央严厉批评，州委书记被撤职。

尽管出现了这些警号，但在1978年7月苏共中央全会上勃列日涅夫在报告中对这些问题只是一般提了一下，仍强调要加速农业的专业化、集中化，批评"慢慢来"的倾向。《真理报》接着又发表文章批评一些单位"迟迟不在跨单位协作的农工一体化的基础上实行专业化、集中化，而要等待条件成熟"；强调"无论（经济上）强的还是弱的单位都可以办"，要求"在一切地区运用先进工作者的方法"。

这样，先是硬性规定3年内建造1000多个大型畜牧综合体，随后又表扬那些实际是浮夸虚报的单位，1976年又进一步要求加快农业专业化、集中化。于是造成了以下一些后果。

第一，在大型畜牧业综合体建设过程中，大批农庄农场的畜牧场、加工业被解散。第二，新建许多专业化的大型综合体，成本很高，效益很低。过去十年中有3000多个综合体投产，但大部分的综合体工作时断时续。饲料基本上是靠国家储备来保证的。[①]第三，在农业专业化、集中化呼声中，农村个人副业生产在各种人为限制下遭到了缩减。第四，其社会后果是农民加速离开农村。

---

① 参见［苏］《计划经济》杂志1982年第5期。

苏联领导对于推行专业化、集中化过程中暴露出来的某些问题，虽有所察觉，并在 1978 年初到 1979 年初，曾发表讲话和文章试图加以纠正，但也只能限于提出一些表面现象，批评一下"本位主义"、"地方主义"，并未能触及问题的实质。[①] 对已形成的农村经济格局，一时也难以改变，如已建成的大型畜牧业综合体基本上只能靠国家储备供应，在饲料基地跟不上的情况下，只好硬着头皮大量进口粮食来维持。勃列日涅夫在关于"食品纲要"的报告中说，要"减少从资本主义国家进口食品"；吉洪诺夫的文章说，"要摆脱极不合算的谷物进口"，这都说明苏联大量进口粮食是迫不得已的措施，很难说是什么国际贸易有进有出的正常状况。

对于这种带有盲目冒进性质的政策问题，在勃列日涅夫时期，只能讳莫如深，或指责下属干部，但从苏共的历次决议和勃列日涅夫的讲话看，其根源在于苏共领导的指导思想。勃列日涅夫尽管批评了赫鲁晓夫执政时期的"主观主义"，忽视经济客观规律，但他自己，在农业取得初步成就之后，却提出了一些按苏联经济发展水平来说短期内难以实现的任务，这说明，在勃时期的农业指导思想上，仍然没有摆脱忽视经济客观规律的主观主义的思想框框。

（二）工农业的不等价交换和农业与非农业部门的不平等的关系。

影响苏联农业发展的另一重要原因，是苏联领导的农产品价格政策和农业部门与农业有关的各种专业化部门的不平等地位。

勃列日涅夫上台后，提高了农产品的收购价格，并大大增加了对农业的投资。"八五"计划期间的苏联农业曾以较快的速度发

① 参见 ［苏］《真理报》1979 年 2 月 2 日。

展。但在非农业部门的各种专业化机构纷纷成立以后，局面就发生了变化。随着农产品收购价格的提高，与农业有关的工业产品和服务价格涨得更快，出现了苏联报刊上所说的农业部门与工业部门之间的"不等价交换"，农业部门与非农业部门之间的"不平等伙伴关系"。这样，就使农庄农场长期处于不利地位，使农业生产的发展大受影响。

造成这种局面，首先是由于苏联制定的工农业产品价格政策，是有利于工业而不利于农业的。根据苏联现行的工业价格的规定，"生产生产资料的工业部门有条件相对自由地调整自己产品的价格，它们有权同检查机关协商制订新产品和现代化产品的临时价格"，而农产品收购价格"定得低于价值"，"国家通过立法规定所有主要农产品价格的上限"，其结果，是"农产品收购价格的变动经常落后于工业品的批发价格"。① 提高农产品收购价格——工业产品涨价；再提高收购价格——工业产品再涨价，这种"水涨船高"的现象，可说是贯穿于勃列日涅夫的整个时期，例如，1966～1967年，农机平均涨价70%，化肥涨价20%，饲料涨价100%，牛舍造价涨130%，猪舍造价涨300%。1966～1976年，由于非农业部门提供的农机和服务价格的上涨，农庄农场的开支增长了110%。尽管农产品收购价格几次提高，但农产品同各单位工业品交换所需数量增长了60%。② 以后几年，工业产品涨价更快了。至于为农业服务的各种专业化组织，往往自行规定价格，以保证高额利润，而不顾农业生产的结果如何。图拉州的一批农庄主席联名写信给《消息报》诉苦说：现在中央各部门下层机构越来越多，对农庄农场用"欺诈"手段来赚钱。农业技术供应委员会所属的技术服务站只不过供应了修理农机所需的零件，但索

---

① ［苏］《经济问题》杂志1982年第7期。
② 参见［苏］《真理报》1978年8月4日。

取的却是修理服务费用；畜牧业设备安装公司根本不按价目表规定的价格，而是自定高价；运输部门向农庄农场派出汽车，收取过高的运输费用，有一个农庄单运费支出一项就几乎等于农庄出售农产品一半的收入。肉奶加工业则用压低牛奶含脂量等方法，使农庄农场遭受重大损失。① 在乌克兰共和国，在收获期间，农庄农场出售谷物给收购部门，每公担为8.9卢布，一转手作为饲料卖给农庄农场时，未经加工的谷物上涨为14卢布；加工过的配合饲料为24卢布，而在农庄农场联合组织的加工厂里加工，只需15卢布。② 农庄农场却只好容忍这种"不平等关系"，因为这些国家部门"拥有经济杠杆，拥有资金"，农庄农场不敢同这些伙伴发生冲突，否则会遭到更大的损失。而且这些机构拿到国家发展农业的资金，并没有都用于农业。国家对农业投入大笔资金，但这些钱却以各种形式和途径转移到各种专业化组织手里，"伙伴们赚钱，而农庄农场亏损"。国家再一次增加投资，又照老路流回到这些专业化组织手中去。这种种情况，不能不影响农庄农场生产的积极性。据吉洪诺夫院士计算，过去15年中，苏联农业创造的纯收入的80%，即6900亿卢布，被集中为国家的纯收入，并用于全民需要③。其中除去农业投资、提高收购价格、农村优抚、国家生产资料补贴等开支，粗略计算，农业创造的纯收入每年至少有上百亿卢布用于其他经济部门。吉洪诺夫说，农业部门"对形成积累的来源作用极大"，是有其根据的。

因此，如果只看到对农业增加投资、提高收购价格，给农业生产资料以优惠价格等方面，而不同时看到通过价格政策，通过各种国家机构，以工业利润和周转税等形式，实际拿走更多的农

① 参见［苏］《消息报》1981年9月25日。
② 参见［苏］《消息报》1982年1月5日。
③ 见［苏］《经济问题》杂志1982年第7期。

业创造的国民收入这一方面，从而得出结论，说农业已处于受"补助"的地位了，这并不符合苏联的实际情况。

勃列日涅夫时期所以出现种种矛盾现象——一方面提高农产品收购价格，另一方面又不能不提高工业品价格，而且提高得更快；一方面宣称要重新分配国民收入，给农业多投资，另一方面，又经过各种途径和手段使这些投资很大部分流回到专业化组织手中去，最后仍不免使农业处于一种向其他经济部门提供资金的地位——出现这种情况的根本原因，从领导思想上来看，是苏联历史上长期以来的重工轻农的思想并未彻底解决。因此，与农业相比，抓工业、特别是重工业、国防工业，还是苏联领导首先考虑的问题。苏联领导即使在强调农业地位重要的时候，他们也还是把工业，特别是国防工业放在第一位。在价格问题上，优先考虑的也是工业价格。其次，苏联领导人过高估计了苏联的工业和与农业有关的专业化部门的经济水平，以为通过这些专业化部门的投资活动，以为依靠苏联的工业力量，就可以提高农业生产，这个指望是落空了。因为苏联工业部门本身的效率和质量问题远未解决，为农业服务的部门也处于不发达状态，它们"力图依靠价格使条件比较差的企业也能获得利润"[①]，在同农业部门交换中，以损害农业利益来维持其赢利，就成为不可避免的趋势。

（三）过了时的农业计划管理体制。

苏联的农业计划管理体制，二十几年来，虽然几经改变，但迄今还没有摆脱管得过多、统得过死、指标繁琐、行政命令老一套的做法，这是影响苏联农业生产发展的又一个重要原因。

在 1965 年 3 月全会之后，提高了农产品收购价格，农庄农场有利可图，还讲究点经济核算，也有些自主权，但随着农用生产

① ［苏］《经济问题》杂志 1982 年第 7 期。

资料价格的上涨，农庄农场遭受亏损的情况下，经济刺激失灵，各地为了完成上级规定的任务，老一套做法又复活起来。推行农业专业化、集中化之后，在共和国及州和区一级的专业化组织越来越多，据报刊宣称：在共和国和中央领导这些组织的部和管理局有 20 个；在州里各种各样为农业的生产、采购和加工服务的组织有 70 个；每个区为农业服务的组织达 40～50 个。① 这些组织都有自己的计划和指标，也都向农庄农场下达强制性计划。这样一个庞大的多部门的国家指挥机器压在农庄农场头上，都来发号施令，就根本谈不上农庄农场的自主权。一些农庄农场为"完成"上级规定的硬任务，就采取形式主义地完成任务的做法。有的农场经理"因为不愿意在区的报告上列在最后一名"，用没有选过的种子去突击播种，出苗只有通常 1/3。有的农场为凑够区里规定的耕地数，就命令翻耕根本不需翻耕的土地。而且"类似这种只关心区的报告而不管收成怎样的例子，能举出很多"。

为了扩大播种面积，强行压缩休闲地面积，造成严重后果，更是典型例子。按苏联国家计委专家的建议，为了应付频繁的旱灾，保证农作物产量相对稳定，全苏休闲地应为 1900 万～2000 万公顷。而 1975 年竟缩减到 1100 万公顷。特别是易遭旱灾的谷物产区大幅度缩减休闲地，这是 1972 年后苏联谷物产量波动幅度加大的一个重要原因。1972 年前，苏联歉收年减产最多为 2330 万吨，而 1974、1977 两年减产数则分别达到 2600 万吨和 2800 万吨；1975 年和 1979 年减产数竟分别达到 5500 万吨和 5800 万吨；1981 年减产也达 4000 万吨。从这里我们不难看到不适当地缩减休闲地面积同粮产波动幅度加大的直接联系，而这正是不顾各地具体条件，靠行政命令、瞎指挥所造成的后果。当然，我们不能

---

① 参见 [苏]《计划经济》杂志 1982 年第 3 期。

忽视自然气候条件的影响，但在这里毕竟只起着次要作用。

勃列日涅夫在多次有关农业问题的讲话中，更多地是强调机械化、改良土壤与水利、化学化等等，而对于休闲地问题则很少谈及。过分集中的农业管理体制，加上指导思想上的失误，就不能不给农业生产带来重大损失。

在这种高度集中，管得过多、过死的农业管理体制之下，农庄农场领导人习惯于以命令主义、搞运动的方式来领导农业生产，谈不上生产的民主，工人农民只是干活拿工资、缺乏对土地、对生产最终结果的责任感。

勃列日涅夫上台初期，苏共中央 3 月全会决定在农庄实行参照国营农场工资标准的"有保证的现金劳动报酬"制。随着实物报酬逐渐取消，农庄同农场一样，实际上都实行了工资制。国家多次提高农产品收购价格，其中一半以上实际上是用于提高工资。这种做法虽然起了改善农村工人农民的生活的作用，也起了一时的刺激生产积极性作用，但随后其消极后果逐渐显露出来。一是工资提高得过快，在 15 年中，提高了 100%～130%，[①] 而农业劳动生产率和农业产值的增长则大大落后；二是农业各种农活主要是计件工资制，但没有同农业生产最终结果联系起来，工人农民只关心完成或超额完成定额而拿更多工资，不关心农业生产的最终结果。因此，出现了例如拖拉机手以各种手法增加公顷作业量而不顾质量的现象；而农庄农场领导人则为了完成上级的计划任务，对这些现象视而不见，见而不管。

近几年来苏联报刊对苏联各地早已存在的小组承包制的优越性，作过不少宣传。但小组承包制并未得到广泛推广。小组承包制在苏联历史上曾有过几次反复。赫鲁晓夫时期就曾提倡过农业

---

① 参见 [苏]《苏联财政》杂志 1982 年第 7 期。

机械化小组，1959 年声称有 20 多万个机械化小组，但大部分都没有坚持下来。"八五"计划期间，苏联曾推行过包括承包制在内的工作队经济核算制。据统计，到 1970 年，实行这种核算制的占工作队的 69％，畜牧场的 58％。5 年期间，农业生产总值增长了 20％，农庄农场个人收入也有增加。但到 70 年代，由于亏损的农庄增加，大部分单位的经济核算流于形式，到 80 年代初期，在农庄农场中，工作队和小组按集体承包制方法进行工作的只剩下 8％。[①]

小组承包制所以推行不广，时起时落，有多种原因，最主要的是农庄农场领导人的认识和态度问题。他们许多人有的习惯于命令主义指挥生产的老传统；有的平均主义思想严重，害怕工人农民收入太高；更重要的是担心损害自己的管理权力。尽管有不少小组承包制成绩不错，但只能时起时落，在曲折的道路上发展。苏联报刊说这是"试验"，但有些"试验"已经进行了 20 几年！

农庄农场缺乏自主权，基本上是奉令生产；工人农民没有主动性、主人公责任感，只是干活拿工资，而两者都不顾生产最后结果如何，这是勃列日涅夫时期，尽管农业固定基金增长几倍，而潜力并未得到很好发挥，一遇灾年就束手无策的非常重要的原因。

二、苏联农业的前景如何？

勃列日涅夫于 1982 年 5 月苏共中央全会上提出 1990 年前的苏联食品纲要及其实施措施。提出要以"综合方式"解决食品问题，"使农业本身工作和为农业服务的工业、运输业和商业部门的

[①] 参见 ［苏］《经济问题》杂志 1982 年第 12 期。

工作结合和统一起来，服从于最终目的，生产高质量食品，把食品送到消费者手里"。具体措施是：增供农机、化肥，扩大灌溉面积以提高农业单位面积产量；加速发展与农业有关的部门，如储存、加工工业等；把农工综合体作为独立的计划和管理单位，区到州一级成立农工联合公司，加盟共和国和中央一级成立农工委员会；1983年1月起，再次提高农畜产品的收购价格，勾销和延期偿还农庄一部分贷款；增加国家对农村的住房、文化生活服务设施的援助；推广作业队包工制、集体包工制及包工奖励制，使劳动报酬与生产最终成果联系起来；提出扩大实物报酬，并扶助个人副业和充分利用各国营企业经营的农业副业等。规定的农业生产指标为："在十二五"期间，谷物年平均产量为2.5亿~2.55亿吨，肉类2000万~2050万吨，奶类1.04亿~1.06亿吨，蔬菜3700万~3900万吨，水果1400万—1500万吨，而且强调是"最低指标"，以期基本解决苏联对居民的食品供应问题。

应当说，勃列日涅夫为首的苏联领导看出了苏联农业存在的若干问题，并针对这些问题采取了一些相应的措施。在农业管理体制方面采取的一些措施可以说是一次重要的改革，明确提出集体包工制也是一个重要进展。还有一些措施，带有就事论事或应急性质，还没有提高到理论高度，从指导思想上解决问题。但纲领的真正实施，却是在安德罗波夫继任之后。

安德罗波夫上台后，在若干重大理论、政策问题上，提出一系列新的论点。如对发达社会主义这个理论问题，提出苏联现在还只"处于这一长期历史阶段的起点"，今后几十年的任务是"完善发达社会主义"；指出过去经济工作所以出现缺点，是由于"偏离了经济生活的准则和要求"，要求"避免用形形色色的与经济本质格格不入的方法管理经济"；提出"谨防在接近共产主义最高阶段的程度方面出现夸张"，反对"盲目冒进"；批评"以随心所欲的方式超越可能的水平，朝前奔跑，追求共产主义的分配方式"，反对平均主义；批评"破坏超前提高劳动生产率的客观经济要求"去提高工资，也提出不应把集体农庄机械地变为国营农场，实现两种所有制的融合，还有别的途径；并一再强调要仔细研究"一些其他社会主义国家发展的经验"等等。总的看来，安德罗波夫在有关苏联经济建设的理论和政策方面，采取了比较审慎的和求实的态度。

因此，安德罗波夫虽然基本上遵循了勃列日涅夫时期制定的食品纲要总的方针，但在实施中有新的侧重点，某些方面对过去的做法实际上有所批评，有所改变。今年年初以来，连续召开了几次贯彻"食品纲要"的会议，如今年2月的苏联国家计委扩大会议、3月的全苏农业会议、更重要的是今年4月苏共中央召开专门讨论农业工作的州委书记会议，安德罗波夫在会上作了长篇讲话。最近几个月又作出了几个有关农业问题的专门决议。从这篇讲话和前几次会议以及最近几次决议的材料，可以看出苏联领导贯彻食品纲要的某些新的侧重点。

第一，把保证农业的稳产和提高单产放在首要地位。强调各地区要根据自己的特点，加速推行有科学根据的耕作制，要在最近一两年内实行轮作，目的首先是保证谷物、饲料作物的稳产高产。根据已制订的耕作制度，规定在全国绝对休闲地应达到2000万～2200万公顷，占全国耕地9%，而在干旱地区，应占15%～20%。[①] 这是在勃列日涅夫时期曾经忽略的方面，规定的数字比前一时期国家计委专家的建议又有增加。

第二，突出强调在农业中推广集体承包制。安在全会讲话中提出，要提高农村工作者对土地的主人翁感，要求广泛采用经过

---

① 参见［苏］《计划经济》杂志1983年第4期。

实践检验的组织生产和刺激劳动的有效形式，大力发展和加强经济核算制。在此以前，苏共中央主管农业的书记戈尔巴乔夫主持召开全苏农业会议，中心就是讨论在农村推广集体承包制。他在会上强调，组织生产和刺激劳动的重要方法之一，就是推行集体承包制，应把今年作为普遍推行集体承包制的开始阶段，以期在第十一个五年计划期间内，把这种先进的劳动组织和刺激形式在所有农庄农场牢固地建立起来。

第三，对新成立的联合公司，强调要协调一致，并以决议形式就农业与国民经济其他部门的经济关系的具体问题作出规定，要求与农业有关的各部门做好对农业的服务工作。目前在苏联已成立区级农工联合公司 3100 多个，州一级联合公司 157 个。同时撤销各种托拉斯及附属机构 3000 多个，裁减管理人员 10 万多人，5000 多个农场已归区管理局直接领导。安在讲话中要求新的联合公司要保障与农业有关的各组织协调一致，苏共中央与部长会议并于 7 月 22 日联合发布改善农业与国民经济其他部门经济关系的决议，要求农机制造、农业技术供应、农业化学、水利、采购等一切与农业有关的部门做好为农业服务的工作，保证完成承担的合同义务，今后这些部门所属单位的工作的评价与奖金数额要取决于所服务的农业单位的生产与劳动生产率提高情况。安在讲话中，批评了那些申请靠国家供应饲料来建设畜牧业综合体的单位。这表明对新建的一些靠国家供应饲料的畜牧业综合体采取"刹车"态度。并要求各地要更好地利用内部潜力和有利条件解决饲料问题，而不是向国家伸手。

第四，强调农庄农场有效地利用现有的物质技术基础，同时要求"为加强纪律进行更坚决的斗争"。他强调更好地利用现有的农业设备，要求提高农机质量，做好对农机的保管、维修、技术服务工作。今年 4 月，发布了关于提高农机技术水平和质量的决定，其特点是突出了个人所负的责任。如规定："生产和供应低质量、不配套的农机的公职人员、违反农机作用、保管、报废、操作、维修规则的人员，要'严加追究'，对实现决议所规定的各项任务，有关各部、各主管部门、地方机构、联合公司、机关和组织的'第一把手'，'对此要承担个人责任'。"同时，在农村加紧实行以行政手段加强劳动纪律的措施。

第五，比较多地宣传要学习东欧国家的农业方面的经验，同时也研究西方国家经验，但不主动宣扬。例如，对匈牙利、保加利亚建立农工联合企业和联合公司、个人副业等方面的经验，苏刊这一段时间刊登许多文章加以介绍，并撰写有关匈经济改革经验的专著，认为匈牙利使多种农业生产全盘机械化的经验，以及个人副业与集体经济一体化的经验，也适用于苏联。对西方国家经验也进行了研究与考察。但不论东欧或西方国家的经验，苏联能采用到什么程度，还要看以后的实际发展。

看来，安在实现食品纲要的措施中，主要是依靠推行轮作制，推广集体承包制，调整经济关系，加强劳动纪律，以有效利用现有农机设备，并提倡个人副业和工业企业办农业副业，总的方向是力图在对农业投资不大增加的情况下，达到农业增产的目的。如果上述几个方面的措施，能真正得到贯彻，苏联农业生产的抗灾能力薄弱、波动很大的局面，可能有所好转，并取得一定的进展。

但是，如前所述，影响苏联农业进展的几个重要问题，都是些老大难的问题，不是短期间就可以解决的。

第一，农工联合公司虽已成立起来，并作出了协调关系的决议，这种新的管理组织是否在短期内能使各部门有效地协调一致，消除部门利益的牵扯，还有许多工作要做。在农工联合公司中，农业与工业及其他服务部门是否能真正做到等价交换和建立真正平等的关系，也还是一个问题。1982年1月起，许多重要原料、燃料，因为开采成本增高，批发价格又一次涨价，例如石油提价130%，煤45%，煤气31%，电力14%，各种建筑材料提价21%~33%，而优质农机按照今年4月的决定又可以有为期两年的鼓励性加价。尽管1983年1月起，提高了农产品收购价格，很可能又进入"水涨船高"的新的一轮循环。苏联国家计委第一副主席表示，要对供应农业的工业品价格，在全国范围内进行经常的监督，并注意保证等价交换的建议。但鉴于过去的经验，是否能控制住工业价格，还很难说。

第二，集体承包制的推广，还有不少阻力。安德罗波夫在1983年4月的讲话中，曾明确提出：政治局认为，农村实行集体承包制这项重大的大事应得到各级党组织最广泛的支持。可是塔斯社在广播后，又更正删去这一段话。戈尔巴乔夫在1983年3月农业工作会议上讲话中，提到集体承包制推行仍缓慢，他列举了一系列承包小组不能巩固的原因，如未遵守自愿原则，报酬与奖金不听取小组成员意见；行政方面不按合同办事，把小组人员调来调去；许多地方硬是"爱好"计件工资，而且高于承包所得，等等。其主要阻力仍是来自农庄农场的行政领导。可见，从上到下，都有不少阻力。尽管最近承包制有了新的发展，但这种阻力不可轻视。而且实行承包，原则上是为期1年，这就使承包者难以做长期打算，增产收效多大，也还是一个问题。

最后，还有一个军费开支的影响问题。安德罗波夫上台之后，在美国不断增加军费的形势下，在军备竞赛方面，苏联势必同美国周旋到底。安德罗波夫在6月中央全会上声明，苏联同美国的军事战略平衡，决不允许被破坏，这一点已成为苏联对外政策的既定方针。在这种情况下，军费开支压力很大，要再增加农业投资已无大可能。为了发展农村建设，在农业基础设施方面，特别与农业经济关系甚大的硬面公路问题，都需要大量资金。目前看来，较短期间内，肯定无力解决这些问题。

因此，苏联农业如能在安德罗波夫强调的几个方面解决一些问题，农业生产会有所前进，波动幅度可能减小。但由于上述因素的牵制，农业及工业中的质量、效率问题得到改进尚需时间，在"十一五"农业计划已肯定落空的情况下，到1990年如期实现纲要计划，是相当困难的。单是为了保证肉、奶等畜产品的供应，大量进口饲料，还得继续相当一段时间。今年7月苏同美签订为期5年的每年购买900万吨，最多可达1200万吨谷物的协议，虽然也有政治考虑在内，但在相当程度上可以说明，就是苏联领导自己，也没有把农业生产、首先是畜产品供应的困难看成是较短时间内就能解决的问题。

（载《苏联东欧问题》杂志1983年第6期）

苏联对发达社会主义理论的修正
与苏联经济的发展前景

从安德罗波夫到戈尔巴乔夫，苏联在 28 个月当中，换了三位主要领导人。从安德罗波夫开始，对勃列日涅夫时期的发达社会主义理论作了重要修正，对苏联社会所处的发展阶段作了较为实际的估计，提出了苏联面临的各种困难和难题，从而为调整经济政策和经济体制做好了理论思想准备。

戈尔巴乔夫就任总书记，标志着老年领导班子时期结束，标志着苏联一个新时期的开始。戈尔巴乔夫继承了安德罗波夫以来的理论和政策的基本方向，在若干方面有了新的发展。当前以戈尔巴乔夫为首的新领导班子的中心任务是在未来 5 年中实现向经济集约化轨道的转变，并在此基础上加速经济的增长。围绕这个中心，苏联领导正在调整经济政策和经济体制，苏联经济已开始出现了一些比较重要的变化，从而开始了一个调整、改革和转变时期。如何看这些变化，苏联经济转变的前景如何，本文拟就这两个问题谈几点看法。

一、苏联发达社会主义理论的
重要修正及其意义

安德罗波夫执政以后，提出苏联处于发达社会主义这一长期历史阶段的起点，这是对勃列日涅夫时期的发达社会主义理论的重要修正。

勃列日涅夫提出苏联"已建成发达社会主义"，他更多强调的是苏联社会主义的"发达"和"成熟"的方面，实际上过高估计了苏联社会的经济发展水平。安德罗波夫提出，"要清醒地认识苏联的处境"，他强调的则是当前苏联社会不完善不成熟的方面，指出目前苏联社会主义并非"尽善尽美"，经济、社会方面还存在许多困难和问题：农业、运输、服务业落后，手工劳动比重很大；投资效益不高，生产中掌握科学技术成就缓慢；工作中常常"偏离经济生活的准则"；商品量供应不足，造成各种不良后果，实际上就是说，不够成熟，不够发达，离真正的发达社会主义还相当远。

勃列日涅夫虽然也说发达社会主义是长期的，但更强调的是苏联即将向共产主义高级阶段过渡，他们正在建设共产主义物质技术基础。安德罗波夫则指出发达社会主义"也有自己发展的各个时期和阶段"，而"这些时期和阶段将持续多久和采取哪些具体形式"，还有待于经验和实践去证明。这样，发达社会主义的"起点"，也成为当前苏联发展的一个阶段，按照安德罗波夫的说法，本世纪最后几个十年苏联的总任务是完善发达社会主义，它的持续时间还是比较长的；发达社会主义有它自己的有待今后实践证明的各个时期和阶段，时间就将更长，当然谈不上很快就向共产主义过渡的问题。

勃列日涅夫对赫鲁晓夫时期定下的现行党纲是完全肯定的。他曾在苏共二十六大上宣称:"苏共现行党纲总的说来是正确地反映了社会发展规律",苏联"国内所有变革和国际所采取的一切行动,都是根据党纲的规定进行的"。而安德罗波夫则公开批评现行党纲的"某些论点""没有完全经受住时间的检验","有些内容脱离现实,超越了时间的发展",同时不指名地批评了其前任的"盲目冒进",提出要"谨防"在接近共产主义最高阶段方面可能出现的夸张。

因此,安德罗波夫提出苏联目前只处于发达社会主义这一长期历史阶段的起点,批评了现行党纲,对苏联当前社会经济发展水平作了较为实际的估价,不但是对勃列日涅夫时期发达社会主义理论的重要修正,也是对苏联社会主义发展阶段理论问题的一个新突破。

契尔年科大致继承了这些论点:强调"不要把苏联的发达和成熟说成是十分完善的东西",并列举了许多苏联经济面临的困难和问题。

戈尔巴乔夫执政以来,在他的多次讲话中,都比较坦率地指出当前苏联经济所面临的困难和问题。在1985年4月苏共中央全会和科技进步问题会议上,他讲得更为具体。诸如,生产基金老化,固定基金更新系数偏低,技术经济水平不高;粗放经营方法盛行,经济集约化远未实现;投资分散,建设周期拖长;基础设施落后;产品质量差,浪费严重。他指出苏联经济在"很大程度上是一种浪费的经济"。戈尔巴乔夫强调当前"困难远远没有被消除",而产生困难的原因主要是没有采取坚定措施加快经济集约和对经营管理方法作及时的变革。戈尔巴乔夫所列举的这些问题,实际上也就是目前苏联所处的发达社会主义这个"起点"时期所要解决的问题。

关于发达社会主义"起点"问题，去年年底苏联《共产党人》杂志刊登的一篇文章是值得注意的。这篇文章明确地指出："苏联所处的初期阶段，它的独特性在于，一方面……表明国家已进入发达的社会主义阶段，另一方面，在这一初期阶段还存在着无论如何也不能认为是发达社会主义所特有的现象。"文章把进入发达社会主义同发达社会主义加以区分，它说："必须把科学而又准确地制定国家进入发达社会主义阶段的标准同充分地全面地确立成熟的社会主义的标准区分开来。所以无论在理论中，还是在实际政策中，把苏联社会的目前状态同发达社会主义的标准之间画上等号是不合理的。"文章还提出，"社会主义社会甚至是在进入了成熟的社会主义阶段以后，在很长一段时间内仍然在共产主义形态的第一阶段的范围内存在和发展"。[①]

这篇文章似乎是对安德罗波夫执政以来几任苏联领导人所主张的发达社会主义"起点"的涵义的更为明确的阐释。

苏联社会主义发展阶段理论的这种新发展，对于今后苏联社会主义经济建设的实践有重要的意义。

既然苏联社会主义只是处于发达社会主义的漫长时期的起点，那么苏联今后长时期要解决的问题，自然只能是继续不断地进行社会主义建设的问题。

但是，安德罗波夫的发达社会主义"起点论"也有其不明确的方向。他既提出了完善发达社会主义的战略方针；同时又提出"随着这种情况将发生逐步过渡到共产主义"问题[②]。在 1983 年 6 月全会谈到新党纲时，又把"全面完善发达社会主义"与"继续向共产主义前进"并提。因此，"完善发达社会主义"，可以解释为长期建设社会主义，也可以解释为苏联已进入发达社会主义，

---

① 参见〔苏〕《共产党人》杂志 1984 年第 18 期。

② 参见〔苏〕《共产党人》杂志 1983 年第 3 期。

再经过一段时间的"完善"，就可向共产主义过渡。由于苏联在社会主义发展阶段理论问题上，长期存在着超越阶段的倾向，过高估计苏联社会经济水平的倾向也相当顽固。理论上不够明确，超越阶段的理论倾向就会有隙可乘，旧病复发。这在苏联历史上是有先例的。勃列日涅夫执政初期，曾经批判过赫鲁晓夫的主观主义，苏联报刊也出现过批评赫鲁晓夫超越阶段错误的文章，然而曾几何时，在苏联经济情况较好之后，勃列日涅夫在若干政策上，又犯了安德罗波夫所批评的超越阶段和冒进的错误。这是一个历史教训。戈尔巴乔夫上任以来，强调现实主义、务实精神，但就他所提出的在短时期内使社会劳动生产率达到世界最高水平的要求来看，说明他有过高地估计苏联经济技术水平的苗头。苏联发达社会主义"起点论"今后将如何发展，还有待于观察。

二、苏联经济政策的新变化

苏联领导人比较实际地估价苏联社会主义发展所处阶段，承认苏联经济集约化还远未实现，突出地强调科技革命在经济集约化中的作用，这种状况是前所未有的。

从安德罗波夫执政时期起，几任领导人都强调通过科学技术进步来实现经济集约化，而戈尔巴乔夫显得更为急切。他在刚就任总书记的苏共中央 3 月全会上就提出，"必须力求在国民经济转入集约化发展轨道方面取得决定性的转变"，"在短时期内占领最先进的科学技术阵地，使社会劳动生产率达到世界最高水平"。在科技进步问题的会议上，戈尔巴乔夫又提出，实现国民经济集约化，"主要途径是加快科学技术进步"，"别无其他途径"。还强调说，国家的命运以及整个社会和每个苏联家庭的安宁，都取决于这些问题的解决。

　　戈尔巴乔夫对加快科技进步如此强调，首先是由于来自国际方面的压力。美国的"星球大战"计划，对苏联来说，不只是在军事方面的挑战，同时也是经济和科学技术方面的挑战，苏联为了不致落后，必须起而应战；其次，当前世界范围的科技革命正蓬勃兴起，正如戈尔巴乔夫说的，"科技革命的新阶段已经到来"，使苏联领导更深刻意识到加速科技进步的迫切性。从国内需要来看，苏联长期以来，产品质量不高，浪费严重，劳动力紧张，出口竞争力差，这些都与科学技术水平的相对落后有关。戈尔巴乔夫也承认这是"许多困难和问题的根源"。为了消除长期粗放经营造成的严重后果，迫切要求加速科技进步。

　　为了解决加速科技进步问题，戈尔巴乔夫提出的主要措施有：1. 改变投资政策，重点放在企业的设备更新上，用于这方面的投资占总投资额由过去的 1/3，增加到占 1/2。下一个五年计划结束时，通过设备更新与新建，新设备将占全部设备的一半。为此，要停建或缓建一些项目，节约能源，原料的工艺投资应成为投资政策的主要方向之一。2. 增加对机器制造、电子工业、电机工业、生物工艺等对科技进步有战略意义的部门的投资。机器制造业的投资要增加 0.8 倍到 1 倍。要求大批生产满足自动化需要的新一代技术设备，加快微电子、计算技术设备、仪表制造以及整个信息技术工业的发展。强调发展机器制造业是发展的总方向，并提出"目前和今后应牢牢掌握这个方向"。3. 调整计划和管理工作，使经济最大限度地适应科技进步的需要，使加速科技进步取得成就的集体占据优势地位，使人们感到生产过时产品和无效产品不合算。为此，在 8 月初，苏联领导人作了广泛采用新的经营方法以推动加速科技进步的专门决议，规定了根据产品质量高低而进行奖惩的具体措施。4. 改进科技体制，使许多研究所和设计单位加入联合公司和企业的编制，要求大型科学生产联合公司成为"科技进步的先锋";同时规定要给科技人员提高工资,提高待遇,有成就者重奖。5. 加强同经互会国家合作,制定到本世纪末的"科技进步纲要",并在五大领域:电子化、全盘自动化、原子能、新材料和新工艺以及生物工程等几个优先领域合作攻关,目的是在先进技术方面达到自给,保持经济技术的独立性,免受帝国主义国家"经济侵略"。同时发展同西方国家的经济关系,引进新技术,"使出口和进口具有更先进的性质"。

科技进步问题是赫鲁晓夫时期首次提出的。1955年7月,布尔加宁在苏共中央全会报告中提出:"我们面临新的科学技术和工业革命的前夕,这个革命就它的意义来讲,远远超过由于蒸汽和电气的出现而产生的工业革命。"勃列日涅夫在"二十四大"以来的几次代表大会上,一再强调了科技进步对加速经济集约化的重要意义。戈尔巴乔夫时期抓科技进步与以前几任相比,其特点是:1. 具有更大的紧迫感,强调短时期内要在科技方面赶上世界先进水平,不解决这个问题,谈不上国民经济的集约化,这是事关国家命运的大问题;2. 强调不能搞小修小补的"进化式"的改进,而要有"革命的变革",强调向崭新的工艺系统和产生最高效益的最新几代技术过渡;3. 抓住当前科技进步的关键领域进行突破,并与经互会国家合作攻关,就是选定五个优先的领域来进行的,而不是一般地提出赶超要求;4. 有具体措施,同各部门的设备更新相结合,同经济体制改革相结合。苏共政治局对"十二五"计划和到2000年前国家经济和社会发展基本方针草案要求进行修改,就是因为缺乏向集约化轨道过渡的具体措施。

因此,通过切实抓科技进步来实现集约化,在采用新技术、降低消耗、提高产品质量的基础上,加快经济发展速度,实现戈尔巴乔夫所说的"另一种性质的增长",这是勃列日涅夫之后,苏联经济政策的一个重要变化。

三、经济体制改革的主要趋向

安德罗波夫时期，于 1984 年初开始在 5 个部、700 多个工业企业中进行企业扩大自主权试验。1985 年初，已有 26 个部、近 6000 家联合公司和企业实行扩大企业自主权的试验。今年 8 月初，苏联领导又通过关于广泛采用新经营方法以加速科技进步的决议，规定了鼓励生产优质产品的奖惩措施。并计划于 1986～1987 年，将这个决议的新规定连同参加试验的企业实行的经营方法在全部工业企业中推广。从已进行的扩大企业自主权试验和戈尔巴乔夫有关讲话中提出的改革设想来看，改革主要趋向已经比较明确。大致有这样几点：

（一）为了提高计划和管理的效率，要加强中央计委，使之成为集中大科学家和主要专家的科学经济机关；资源利用的效率、产品更新的规模、质量和劳动生产率等指标的提高，将在计划中占主导地位。

（二）建立大型国民经济综合体和管理机构，将有关部门结合在一起，以取得最高效果。戈尔巴乔夫提出将从农工综合体和机器制造部门开始，建立一批同类部门的管理机构。

（三）改变各工业部的职能和作用，部门的注意力将主要集中在制订远景计划，利用新发明，提高产品技术水平，保证生产优质产品，各工业部将成为科学技术进步的参谋部。

（四）精简各部的管理机构，取消多余的中间环节——处于工业部和企业之间的全苏工业联合公司。各共和国的部和管理部门也要精简，以实行一体化和集中化。

（五）扩大联合公司和企业的独立性、权力和责任。实行完全的经济核算制，大大减少中央规定的计划指标，企业活动将逐渐靠经济定额来调节。生产发展、技术改装和物质鼓励的资金将主要靠企业的盈利来解决，并使企业能广泛地使用贷款。

（六）鼓励生产优质产品，对优质产品给以加价、补贴等物质奖励；对劣质产品降价，亏损由企业物质鼓励基金补偿。

（七）广泛推广集体承包制，劳动报酬要与集体劳动成果直接挂钩，积极建立实行经济核算的大型的综合作业队。

总的趋向是：加强和完善国家集中计划管理体制，扩大基层企业的自主权，精简机构，改变各工业部职能，取消部和主管部门的直接管理权力。在企业扩权中，通过合同制、承包制，利用经济方法进行奖惩，以完善国家集中计划管理体制，提高集中的计划管理的效率。

这样，勃列日涅夫时期那种过分集中、以部门管理为主，企业权力有限，主要靠行政方法来指挥生产的经济管理模式，便发生了相当大的变化。

但是，中央集中的计划管理原则仍要保持下去。这同苏联传统的理论观念影响有关，也同对内对外需要有关。在企业扩权试验中，把企业按合同规定的数额、品种、质量来提供产品作为评价企业成果的第一个标准，改变过去实际上以总产值为标准的方法，这应该说是一个进步。但采取这种做法，以实物的品种、质量为主要指标，就势必要加强中央集中计划。

至于提倡企业进行经济核算，实行集体承包制，推广作业队形式等，在苏联领导看来，这是利用商品货币关系为加强统一集中的计划服务，而不意味着是利用某种市场机制或公有制形式的任何变化。在这方面，新任中央书记、政治局委员利加乔夫在苏共中央科学院毕业典礼上的讲话中讲得比较清楚。他强调说："我们的道路将经过大力加强集中计划工作，同时扩大企业的独立性和提高它的责任，将经过发展经济核算制和在符合社会主义生产方式的基础上利用商品货币关系。"

苏联之所以必须坚持这种集中计划体制，有其国际上的首先是同美国进行军备竞赛、包括科技竞赛的需要。因为只有通过中央集中的计划，集中人力、物力、财力才能达到在一定时期内赶上世界先进水平的目的；同经互会国家协调计划，保证相互供货，保证科技进步纲要的实现，也只有通过集中计划才有可能。苏联在进行经济改革时，尤其注意对东欧国家在政治上和意识形态上的影响。对东欧国家改革中利用市场机制和小规模私营企业活动的某些倾向，苏联一直是抱有戒心的。因此，苏联领导认为，如果在改革中削弱中央计划控制，鼓励市场机制的作用，在东欧国家中，将产生对苏联不利的后果。利加乔夫特别强调，苏联"所拟定的经济领域中的变革，将在科学社会主义的范畴内进行，而毫不胡乱偏向'市场经济'和私人经营活动"。又说，"在目前准备对苏联社会经济与管理结构进行深刻改革的同时，苏共始终注意到了世界社会主义的利益，并且致力于使我们在社会经济和意识形态方面的工作能够对所有社会主义国家的发展产生有益的影响。"在同一时间内，《真理报》6月21日发表文章，批评东欧国家一些学者"从修正主义立场来解释社会主义所有制"，"削弱国家集中计划，提倡市场竞争和扩大私人经济成分的比例"，是"背离马克思主义"的"民族主义"倾向，认为这将在同社会主义国家关系方面，导致"削弱国际主义的联系"。看来，苏联领导人主要担心的是，如削弱国家集中计划，将助长东欧国家闹独立性，并削弱同苏联的联系。

因此，苏联尽管声称要进行"深刻改革"，但仍然要强调集中统一的计划，强调改革只能在加强集中统一计划之下，来扩大企业自主权和利用商品货币关系。目前，苏联不会像有的东欧国家那样去利用市场机制和小型私营企业。由于苏联领导人从政治方

面的考虑和传统的意识形态的影响，因此，勃列日涅夫时期比较
僵化的经济管理模式，尽管发生了若干重要变化，但这种变化还
是有限的。恐怕这也就是在当前国内外条件下苏联所能进行的经
济体制改革。

当然，苏联的经济体制改革还在发展中。这一段时间，经济
理论界的思想比较活跃。在西方一度流传的所谓"秘密报告"的
作者扎斯拉夫斯卡娅院士，也以答记者问的形式在《消息报》上
出现。值得注意的是她对农业中家庭承包制的看法。她说，这是
以传统的形式，但是在经济上却是很有效的形式，正在广泛传播
开来。她称之为"家庭集体承包制"并认为在正确运用这种形式
的条件下，可以同社会利益很好结合起来。尽管她所说的"家庭
承包制"仍然是在国家统一计划之下的承包制，但这里提到的，
已不是只限于格鲁吉亚的山区的家庭承包制，而是在更广泛的意
义上提出和加以肯定。此外，还有其他一些学者的各种建议，同
时许多"试验"还在进行中。在今后一段时间中，由于经济发展
和科技革命的需要，在改革的实践中，创新的做法与某些过时的
传统东西的矛盾将不断发生，许多观点和做法将在实践中受到检
验。因此，未来5年，在苏联将是新的经济改革体系确定下来加
以推广的5年，也将是在国家集中计划原则不变的情况下，继续
探索、有所变革的5年。

四、关于苏联经济的前景

现在苏联正在加紧制定"十二五"计划及到2000年的远景计
划。如前所述，苏联经济发展的总方针是在以科技革命为核心的
经济集约化基础上使经济以更高的速度增长。实现这个方针，大
致分两步走：即吉洪诺夫所说，"最近的第12个五年计划应该是

转折性的一个五年计划，它应该为整个长期的远景定下调子"。①
因此，向集约化轨道转得成功与否，今后 5 年，即实施"十二五"
计划时期是关键时期。

　　实现这个方针是有其有利条件的。苏联领导人在理论上对苏
联社会主义所处阶段和苏联经济发展水平较之过去已有更为清醒
的认识；对于抓科技革命和经济体制改革以解决面临的问题，有
了更大的紧迫感；苏联在集中资源、人力解决重要关键问题方面
有较为丰富的经验。苏联工业农业已发展到相当高的水平，科技
力量和资源的潜力都比较大。从安德罗波夫开始，采取了整顿劳
动纪律，惩治渎职干部，调整各级领导班子，进行经济改革的大
规模试验等措施。经济上已开始出现了好转的势头。1982 年苏联
经济增长率降到战后最低点，国民收入和工业产值增长率只有
2.6%，而 1983、1984 两年到 1985 年上半年，其经济年增长约为
3%～4%左右。这些都为戈尔巴乔夫执政后，推行经济集约化方
针，继续保持这种增长势头创造了较好的条件。

　　但从未来 5 年看，贯彻这个方针还有不少阻力和困难。首先
是长期依靠粗放经营方法发展起来的苏联经济，以集约化标准来
要求，欠账太多，5 年内完全实现所期望的"转折"，还有困难。
如苏共领导自己指出的几个落后部门：农业、运输业、服务行业
落后程度都很大。拿农业来说，机械化水平、基础设施等方面，
要作的事情很多，而投资水平已宣布达到"理想规模"，看来不会
再增了。即使是较先进的部门，要求以真正最新一代技术装备起
来，短期内也有困难。以机床制造业为例，1983 年年产 19 万台
机床，其中程序控制机床只有 1.1 万台，即 6%左右。而且价格昂
贵，平均为普通车床价格的 6 倍。这样高价的新技术（且不论质

————————

① 1985 年 6 月 25 日，吉洪诺夫在经互会 40 周年会议上的讲话。

量、效益如何）是难以推广应用的。再如，列宁格勒不论从工业
生产和科学技术水平来说，在全苏都属于高水平的地区。列宁格
勒州到 1990 年的集约化纲要曾受到苏共领导表扬。而按照这个纲
要，到 1990 年，手工劳动只不过由 37% 减到 27%。列宁格勒州
尚且如此，其他地区进展更不可能太快。

其次，苏联庞大臃肿的国家管理机构，对贯彻集约化方针和
改革措施是有阻力的。勃列日涅夫留下了一个上百个部门的庞大
的国家管理机构，这些机构日益膨胀，现在已近 2000 万人，其中
1/3 是各种名称的“首长”，商业部门“首长”更多，竟占 1/2。
中央各部以及各共和国各部，都有 11、12 个副部长，中央各部的
部务委员多达 30 人。这种充满了“首长”的庞大机构，办起事来
层次繁多，互相扯皮，工作人员（包括技术员）的大量时间都花
在制定文件、开会、外出检查和应付上级检查上。而且这种机构
的特点是善于应付上级，夸大成绩，掩饰缺点，言行不一。所谓
“决定都已执行，但机构却使它化为乌有”。例如，在安德罗波夫
时期曾作出决议加以推广的作业队，1984 年在工业部门已推广到
占人数 60%，但在提高生产效率方面没有什么起色。再如，苏共
领导多次作出决议要精简机构，但是，越精简人员越多。如建筑
材料工业部，精了 10 年，逐年上报共减少 7 万多人，但实际人
数却增加了 2 万多人。戈尔巴乔夫曾一再批评一些领导人浮夸，
报喜不报忧，抱着旧的工作方法不放，陈腐的习惯势力很大，批
评在经济体制改革问题上“已绕了多年的圈子”，是明显的“保守
主义作怪”。这些都说明必须进行改革来对付这个庞大机构的惰性
和保守势力。尽管现在已开始精简机构，并作了不少人事变动，
但来自这个庞大机构的惰性和阻力，仍是不容忽视的。

最后，军费开支降不下来，也是影响贯彻其加速集约化方针
的重要的消极因素。苏联领导决心保持同美国的战略均势，看来

国防费用难以削减。这固然可以借此推动某些与军用有关的先进技术的发展，但由于科技力量及财力的限制，必然会对民用部门以至整个经济进展产生消极影响。

因此，苏联今后5年实现向集约化转变的程度如何，这取决于苏联领导人对影响经济发展的这些问题是否处理得当。其中，克服这个庞大管理机构的惰性与保守势力尤为重要。按照苏联新领导现在的做法，在集中的计划管理体制下，精简和改组一部分机构，扩大企业自主权，实行承包制、合同制以及奖惩手段，严格纪律等措施，可以预计，以科技革命为核心的经济集约化将会取得相当的进展，某些重大科技项目也可能有所突破，对此不能估计不足。但如戈尔巴乔夫所提出的"短期内"实现社会劳动生产率达到世界最高水平，大概是难以实现的。苏联社会劳动生产率现在只为美国的40％，工业劳动生产率只为美国的55％，农业只为20％～25％，而且从1975年以来，这个差距未变，"短期内"赶上这个距离，是不现实的。

从贯彻集约化方针的角度来看，今后观察苏联经济的增长，不但要看数量的增长，而且更主要地要看是如何增长的。如果能在相当程度上实现苏联领导人所要求那样，降低消耗，提高质量，增加品种，采用新技术，即在集约化因素有进展的基础上的增长，那么，即使年增长4％左右，也是很可观的成就了。

（载《苏联社会主义研究》杂志1985年创刊号）

关于社会主义与现代科学技术革命

第二次世界大战后，在世界范围内兴起了一场蓬勃发展的科学技术革命。这场革命对 20 世纪下半期的人类发展产生了深刻影响。如何认识这场革命及其对社会主义理论和实践的影响，是近半个世纪苏联理论界思考的一个新的重要的课题。

一、战后时期苏联领导人对现代科学技术革命的认识及其变化

（一）斯大林时期对西方国家自然科学思想的错误批判及其后果。

战后，苏联领导对现代科学技术革命的认识，经历了一个曲折的过程。新的科学技术革命发展非常迅速，苏联领导对这个新技术革命的认识，则相对落后，行动也比较迟缓。战后"冷战"时期，苏联同以美国为首的西方国家在政治上尖锐对立，并把这种对立扩展到思想领域，对西方国家的科学思想一概排斥和批判，对资本主义国家经济和科技发展的可能性作了完全否定的估价。这种教条主义、主观主义的理论观点影响深远，对后来苏联的科

学技术革命发展起了消极作用。

1. 对资本主义国家战后经济的发展作了错误的估计。1948～1949 年按照联共（布）中央的意旨，苏联学术界对苏联科学院院士叶·萨·瓦尔加等一批经济专家研究资本主义经济政治的著作（包括瓦尔加的代表作《战后资本主义经济的变化》）进行了批判。批评这些著作"包含改良主义和世界主义性质的严重错误"和"歪曲了列宁和斯大林关于帝国主义和资本主义总危机的理论"，掩盖了现代资本主义的阶级矛盾，"用改良主义来解释资产阶级国家在经济发展中的作用"，其作者"走上了崇拜资产阶级科学与技术的道路"，"忽视了社会主义经济大大优越于资本主义经济的这个事实"。[①] 斯大林在《苏联社会主义经济问题》中的论断，又使苏联对发达资本主义国家经济的不合实际的判断有了进一步发展。斯大林认为，他本人过去关于资本主义总危机时期市场相对稳定的论点，以及列宁在 1916 年春天提出的关于资本主义虽然腐朽，但整个说来，资本主义比以前发展得更迅速无比的论点，都已经失效。他还认为，"各主要资本主义国家（美、英、法）夺取世界资源的范围将不会扩大而会缩小，世界销售市场的条件对于这些国家将会恶化，而这些国家企业开工不足的现象将会增大。"斯大林认为，"这是世界市场瓦解所造成的世界资本主义体系危机的加深"的表现。

2. 对西方国家科学成就盲目排斥与否定，鼓吹所谓新型的苏维埃爱国主义，大反所谓世界主义。当时苏联理论界普遍认为，"帝国主义时代的垄断资产阶级比从前任何时候都更加阻碍自然科学理论广泛的发展。"资本主义的腐朽性，也在科学中反映出来。各种新的发现，都是准备或企图达到毁灭人类的目的，达到战争

[①] 《经济科学应为社会主义建设服务》，载〔苏〕《经济问题》杂志 1949 年第 9 期。

的目的。帝国主义时代的科学，也进入危机的时期。"现代资产阶级科学的特征是它的整个派系都变成了伪科学……资产阶级的这些派系就是魏斯曼—摩尔根主义，优生学，土壤论和种族论。这样的腐败过程触及了物理学和化学。"①

根据这种推断，凡属当代资产阶级的科学，都是伪科学，是为帝国主义服务的。苏联科学界把孟德尔—摩尔根主义称之为"唯心主义的"、"伪科学"、"资产阶级文化衰败和堕落的表现"。直到1953年控制论也被否定。他们认为，控制论是为反动资产阶级服务的②。他们把西方的有机合成化学新思想也称为"唯心主义的"。当时苏联理论界多方证明，在数学、物理学、化学、无线电、生物学等领域，领先的发明者都是俄罗斯人，称那些主张同外国科学家"共同建立世界范围的一般生物学"的说法是"媚外"、"无耻"，是"在反动的外国文化面前卑躬屈膝"，是"反爱国主义"、是"培植人们意识中资本主义残余的温床"③。

3. 斯大林关于两个对立的世界阵营的理论和两个平行的世界市场的理论，导致苏联及东欧国家同资本主义世界经济隔绝，自我封闭，难于吸收世界科技进步的新成就。

这些情况，使得在斯大林时期，除在军事技术上，如在原子弹、氢弹方面，有所发展外，在控制论、合成化学、遗传学等许多新的科技领域方面的研究落后，影响了许多重要科学领域的进展。

（二）赫鲁晓夫时期，纠正了过去对科技革命的若干错误观

---

①　亚历山大罗夫等著：《斯大林语言学著作中的哲学问题》第361页，三联书店1953年第1版。

②　载〔苏〕《哲学问题》杂志1953年第5期。

③　〔苏〕伐西耶夫等编：《论新爱国主义》第402～404页，作家书屋1951年第1版。

点，但不彻底。

赫鲁晓夫批判了个人崇拜，开始纠正对西方国家科学成就的一些错误认识。他采取措施来加强对西方国家科学技术进展情况的了解，在许多理论问题上虽有所松动，仍未能完全打破传统的教条主义观念。

1955 年 7 月苏共中央全会上，布尔加宁在报告中说，"我们正面临新的科学技术和工业革命的前夕，这个革命就其意义来说，远远超过由于蒸汽机和电的出现而产生的工业革命。"① 这是苏联领导第一次对现代科学技术革命的意义作出肯定的评价。应该说这种评价是有眼光的。

在这一时期，随着对个人崇拜的批判，那种排斥西方科学家一切成就的状态开始被打破。例如，1961 年 11 月邀请美国著名化学家、共振论创始人、诺贝尔奖金获得者鲍林教授访苏，在座谈会上，苏联哲学家米丁说，在西方，确实推进了科学的理论，它往往伴随着各种在我们看来是不正确的哲学构想。例如，对相对论、量子论、共振论等等都曾发生过这种情况。这种情况使某些唯物主义哲学家产生了对这些理论的否定看法，当然这种否定的看法是不对的。米丁还说，现在，我们已经摆脱了或正在摆脱这种偏见②。从米丁的谈话可以看出，虽然承认有错误，但并不彻底。这是同苏联领导人认识的局限性有关。例如，赫鲁晓夫从实用主义出发，认为米丘林主义生物学的成就"有助于创造丰富的农产品和解决我国土地上建设共产主义的问题"③，因而支持李森科继续反对孟德尔—摩尔根学派。1961 年苏共二十二大通过的党纲指出："人类正进入科学技术变革时期，这个变革是同掌握核

① 参见 ［苏］《真理报》1955 年 7 月 11 日。
② 参见 ［苏］《哲学问题》杂志 1962 年第 2 期。
③ 参见 ［苏］《真理报》1962 年 7 月 12 日。

能、征服宇宙，发展化学和生产自动化以及科学技术的其他最巨大的成就相联系的。"但是，党纲仍然认为："资本主义生产关系对科学技术革命来说，太狭窄了。只有社会主义才能实现这一革命，并利用这一革命的果实，以利于社会主义。"这样，赫鲁晓夫时期尽管在某些方面批评了斯大林的错误，并在科学技术革命问题上有了新的提法与认识，但仍然拒绝承认资本主义国家可能利用科学技术成果，这反映出赫鲁晓夫时期认识的局限性。

（三）勃列日涅夫时期，对科技革命的认识有进展，但缺乏行动。

在这一时期，苏联领导人对现代科技革命有了进一步认识，而理论界关于科技革命的讨论也有了新的发展。赫鲁晓时期那种偏听偏信、支持李森科和打击反对李森科的科学家的专断行径得到纠正。在赫鲁晓夫下台的当年，《哲学问题》杂志①就发表文章，批评两种生物学——资产阶级生物学和苏维埃生物学——的提法是错误的，指出："从 40 年代末起，对生物学的基本理论问题的健康的创造性的学术讨论，特别难以进行，有时根本不能进行。""李森科及其某些追随者越来越不顾事实和科学的实际发展，认为在研究遗传性上只能存在一种方向，认为他们自己的观点是惟一正确的和不可侵犯的，而任何其他研究途径都是反科学的。"

1966 年末，凯尔迪什院士在《共产党人》杂志发表长文，论及当前人类正经历着一场科技革命，认为需要全面理解这个过程②。还有的学者认为：科技革命已使世界上发达国家进入社会生产的新时代——科技革命时代，要尽快弄清这个新时代的意义和特点，弄清那些对这个时代产生重大影响的最重要因素，以便尽

---

① 《深入探讨生物学的方法论问题》，参见［苏］《哲学问题》杂志 1964 年第 12 期编辑部文章。

② 参见［苏］《共产党人》杂志 1966 年第 17 期。

快从已经陈旧了的生产发展的方式中摆脱出来①。在苏共二十四大上，勃列日涅夫在报告中号召："我们面临的具有重大历史意义的任务就是，把科学技术改革的成就同社会主义的经济制度的优越性有机地结合起来。"

但是，在整个勃列日涅夫领导时期，并没有采取坚定措施从结构政策、投资政策等方面来实施科技革命，特别是未能采取坚决措施来改革管理体制，以加速科技进步。当世界上新的科技革命在迅猛发展时，苏联科学院院士、美国问题研究权威阿尔巴托夫却在《计划经济》杂志撰文强调：美国多年来"明显过高估计了电子计算机在管理中的作用，'电子热'把有组织的管理结构，通过决议的手段，管理中的'人的因素'等等，排挤到了次要地位"，作者断定自动化管理体系同有组织的管理体系相比，是"次要的因素"。这种论断实际上反映了当时领导的观点。因而勃列日涅夫领导时期实际上是耽搁了时间，以致最后使经济发展陷入停滞。结果，加速科技进步的任务变得更加紧迫。

（四）戈尔巴乔夫时期，对科技革命意义有进一步的认识，也采取了某些实际措施。

戈尔巴乔夫上任不久，就在1985年4月中央全会上强调以革命方式来加速科技进步。在随后召开的专门讨论科学技术进步的会议上他又提出"科学技术革命的新阶段已经到来"。"加速科技进步是党的经济战略的主要方向，是实现国民经济集约化和提高其效率的主要杠杆。"并强调，要依靠加速科技进步来实现加速国家社会经济发展的根本任务。

在苏共二十七大上，戈尔巴乔夫更明确提出了加速社会经济发展的战略方针。强调"实现这一方针的主要手段是科学技术进

① 参见［苏］库拉科夫：《管理与科学技术革命》，载［苏］《哲学问题》杂志1970年第3期。

步和对社会生产力进行根本改造"。要求以最新科学技术成就改造苏联社会生产潜力，同时改造经济机制和管理体制，以保证"加速战略"方针的贯彻。

但是在随后的几年中，由于加速社会经济发展方针规定得不符合实际，也由于政局剧烈动荡，上述目标根本未能实现。

二、关于现代科学技术革命的性质、 内容、特点和作用

苏联领导人与苏联理论界对现代科技革命的性质、内容、特点、作用和意义等问题的认识，也经历了一个发展过程。

（一）关于现代科技革命的性质和内容。

在战后初期，由于对西方的某些科学成就带有偏见，持批判态度，同时，当时新科技革命还刚开始，因此，苏联没有提出科技革命的概念。赫鲁晓夫时期，1955 年苏共中央 7 月全会正式提出了科技革命的概念，认为"科技革命是指与科学技术急剧进步的结果有关的新现象与新过程的总和"。但所说的科技革命，是同工业革命连在一起讲的。布尔加宁在这次全会上还指出，"我们处在新的科学技术和工业革命的前夕"。后来他又在苏共二十大关于第六个五年计划报告中说，"如果说 19 世纪是蒸汽时代，那么 20 世纪就是电气时代，这个时代眼看就变为蕴藏有发展生产力的无穷潜力的原子能时代。"苏共二十二大通过的党纲中提出科学技术变革和科学技术革命概念，但其范围还只限于核能、征服宇宙、化学和生产自动化等方面，指出"这个变革是同掌握核能、征服宇宙、发展化学和生产自动化以及科学技术的其他最巨大的成就相联系的"，其内容实际上与 1955 年 7 月中央全会所提的科技革命内容大致相同。这可能同赫鲁晓夫时期继续支持李森科学派、

批判魏斯曼—摩尔根学派这一方针有关。在这种情况下，对新科技革命就难以作出整体的认识，因而也不容易就什么是科技革命概念作出比较准确的概括。赫鲁晓夫下台之后，苏联科学界立即对李森科进行了批判。1966年底，凯尔迪什院士在《共产党人》杂志第17期发表长文，论述"人类正经历着一场科技革命"，"现代科技革命不仅包括社会主义国家，也包括发达的资本主义国家"。文章认为，对整个社会发展将产生巨大影响的并将有重大突破的自然科学领域有：基本粒子物理学、宇宙学、控制论、生物学。这样，对科技革命领域认识有所扩大，把生物学包括了进去，同时承认现代科技革命也包括发达资本主义国家。这代表着苏联理论界在当时对科技革命认识的新水平。此后，对科技革命问题的探讨，更为系统和深入了。

1973年苏联出版的《人、科学、技术》一书认为，现代科技革命是现代社会生产力中因科学迅速发展而发生的根本转折。科技革命是对科学和技术及其联系和社会职能的根本改造，它将导致在社会生产力结构和动态中发生巨大转变。转变的基础是，在工艺上综合利用科学作为直接生产力，科学渗透于生产所有组成部分，并改造着人们生活的物质条件。有的学者认为："科技革命的实质就是从材料和能源的利用起到机械系统和组织管理形式、人在生产中的地位和作用为止的整个生产技术基础和全部工艺的改造。"人类最主要的活动形式有：科学、技术和管理。而科技革命给这些形式综合为统一的体系创造了前提。科技革命的主要方向是：(1)发现和利用新能源；(2)创造和使用自然界不存在的新物质；(3)建立包括生产和管理自动化体系在内的生产综合自动化；(4)给所有基本生产形式及与之相联系的活动打下科学基础①。

---

① 格维什阿尼：《科技革命与社会进步》，载［苏］《哲学问题》杂志1974年第4期。

　　到 1985 年末，苏联制定了一个 20 年《科学技术进步综合纲要》，并同经互会国家一起，签订了到 2000 年的科技进步纲要，明确提出：经互会国家将在五个优先方面组织全面合作来研制和采用崭新的技术和工艺，这五个方面是：微电子技术、综合自动化、原子能动力工业、新材料和生产及加工新材料的工艺、生物工程。这个纲要表明，经过长期研究讨论之后，苏联在科技革命的主要内容、主要方向方面，从理论到实践，算是明确下来了。

　　（二）关于现代科技革命的特点和作用。

　　现代科技革命的一个极为重要的特点是，科学成为直接生产力，而且其作用日益增长。但对这个问题的认识，也有一个过程。在斯大林时期，苏联理论界虽然承认科学在生产力发展中起着巨大的、日益增长的作用，但并不认为科学可以直接成为生产力。在讨论斯大林的《马克思主义和语言学问题》的一本文集中，就有文章批评"把物理学、化学和生物学这样的科学也列入生产力"的观点，认为这种观点是和斯大林的生产力定义直接矛盾的。文章认为，不能把科学列入社会生产力，而只能把科学看做是发展生产力的工具①。还有学者认为："自然科学、技术科学的发展本身不能说明生产力的发展。科学发现只能创造技术发展的可能性。但是使这种可能性变为现实，科学发明在生产中的应用，以及科学思想发展的方向，却完全依赖于生产方式，依赖于这个社会的基本经济规律，依赖于社会制度的性质。"②

　　这种观点，在赫鲁晓夫时期已逐渐有改变。1963 年莫斯科出版的《哲学辞典》，在"科学"辞条中写道："离开科学，现代化生产是不可想象的，科学的作用不断地增长着。在建立共产主义

---

　　①　《斯大林语言学著作中的哲学问题》第 390 页。

　　②　康士坦丁诺夫主编：《历史唯物主义》中文版第 114 页，人民出版社，1956 年第 1 版。

物质技术基础过程中，科学同生产的接近，使它日益变成社会的直接生产力。"到勃列日涅夫时期，这方面的论述日益增多。《哲学问题》杂志（1968 年第 11 期）著文称："在现代科技革命条件下科学已在很大程度上成为生产力……越来越多地非体力劳动者集团完成着物质财富生产者的职能。生产劳动与非生产劳动的界限正在泯灭。这个过程既在资本主义国家进行着，也在社会主义国家里进行着。"[1] 1972 年《共产党人》（第 17 期）发表文章，认为当前科学和技术在社会生活中的作用大大增强，科学成为直接生产力，其特征已不仅通过科学的物化（技术）因素，而且通过人的因素、人的知识、经验的完善、人的教育、文化、职业技能水平等等体现出来。1974 年《哲学问题》第 4 期连载一批有关科技革命的文章，其中苏联部长会议国家科技委员会副主席的文章强调："科学技术革命已成为资本主义和社会主义竞赛的具有世界历史意义的舞台。"谈到科技革命的影响，文章说：科技革命是对生产力的根本的质的改造，是变科学为直接生产力，因此也是社会生产物质技术基础的革命改变，是它的内容和形式、劳动性质、社会劳动分工的革命改变。这些过程正在对包括教育、日常生活、文化和包括人们心理在内的社会生活一切领域产生影响。

《苏联大百科全书》（1974 年俄文版）则把现代科技革命特点概括为以下五点：（1）由于科学技术和生产中的变革融为一体，三者之间相互作用加强。新的科学思想从产生到应用于生产的周期缩短，科学已成为直接生产力；（2）社会分工进入新的阶段，科学成为具有群众性的经济和社会活动的主要领域；（3）生产力三要素：劳动对象、生产工具和劳动者本身都发生了质变，整个生产的集约化过程日益加强；（4）劳动的性质和内容发生变化，

---

① 参见［苏］《哲学问题》杂志 1968 年第 11 期。

创造性因素在劳动中的作用提高，生产过程由简单劳动过程向科学劳动过程转化；（5）在此基础上为克服脑力和体力劳动之间、城乡之间、生产领域与非生产领域之间的对立和非本质差别创造了物质技术前提。

阿·马·鲁缅采夫等则把科技革命特点概括为：它具有全球的国际的性质，因为它实际上席卷了整个世界，具有无所不包的性质；因为它对社会生活的一切领域都产生影响，具有综合的性质；因为在科学领域和技术领域所发生的革命变革，在科技革命中有机地融成一体并相互影响。

戈尔巴乔夫执政时期，苏联理论界对科技革命的认识进一步深化，戈尔巴乔夫在苏共二十七大报告中说："人类的进步也是同科学技术革命直接相关的。科学技术革命一步一步地逐步成熟起来，后来，在最近 1/4 世纪里，使人的物质和精神能力开始大大增长。这种能力是双重性的。一方面是人类生产力发生了质的飞跃，另一方面，是在破坏手段中，在军事领域中发生了质的飞跃，这种飞跃有史以来第一次'赋予'人以消灭地球上一切生命的实际能力。"

普里马科夫在解释苏共二十七大有关科技革命政策的文章中提出："科学技术革命也是人类进步的动力。"[①]

（三）科学技术革命对世界政治和经济的影响。

苏联理论界过去认为社会主义和资本主义两大部分是完全对立的，没有统一性，各自按自己的规律发展，谈不上共同规律。现在则认为，由于科学技术革命的进展，世界这两大部分越来越互相依存、联系和统一，两种经济不但有其特殊规律，而且有全世界经济的共同规律。

---

① 参见［苏］《世界经济与国际关系》杂志 1985 年第 5 期。

斯大林在《苏联社会主义经济问题》一书中，论述了战后社会主义与资本主义两个阵营的对立，原来统一的世界市场瓦解为两个平行的也是互相对立的世界市场；同时论述了现代资本主义和社会主义的基本经济规律的特点和要求，这都是从两个体系完全对立的角度出发的。在赫鲁晓夫时期，这个基本思想在某些方面受到过批判。例如，米高扬就曾在苏共二十大发言中批评了斯大林关于资本主义国家经济将绝对停滞的论点。但两个世界体系对立的观点，在赫鲁晓夫时期还是继承了下来。赫鲁晓夫指出，"随着社会主义越出一个国家的范围，形成了社会主义世界市场"，"社会主义大家庭"将"建立更加团结的统一联盟，来同帝国主义力量的联合阵线相对抗"①。在勃列日涅夫时期，一部分学者曾就世界经济中社会主义与资本主义两大部分的相互联系和依赖关系，以及世界经济是不是一个整体等问题开展过讨论。戈尔巴乔夫执政以后，才联系科技革命新发展，提出了世界经济相互依赖、相互联系的问题，提出了世界经济不论是在资本主义或社会主义，除去各有特殊规律之外，还有共同规律的问题。

戈尔巴乔夫在十月革命 70 周年报告中指出："尽管现在世界矛盾重重和组成现世界的各国有着根本的差别，然而，这个世界是相互联系的，是相互依附的，它是一个固定的整体。这是由下述情况造成的，即世界经济联系国际化，科学技术革命具有无所不包的性质，信息和通信手段起着全新作用，地球上的资源、总的生态危机、发展中世界的涉及所有人的引人注目的社会问题。然而，主要一点是，产生人类生存问题，因为核武器的出现和使用的威胁，使人类生存本身成了问题。"

在与参加十月革命庆典的各国党和运动的代表会晤中，戈尔

①　见《和平和社会主义问题》杂志 1962 年第 9 期。

巴乔夫又重复加以说明，他说："在 80 年代，世界发展的特点已经清楚地显示出来，这些特点是在战后时期积累和成熟起来的。这首先是把人类本身的生存问题提到首位的核时代的特点；其次，这是受科学技术革命推动的世界经济联系复杂化的进程，是世界各国人民相互依附性加强的进程，并且在多样化和充满矛盾的情况下形成了世界的整体。"

学者普里马科夫写文章阐释"世界既是矛盾的又是相互联系的整体"这一观点说，过去苏联理论界对当代世界的对立面的统一研究得不够，而当前对立面的相互依赖性、相互联系性和统一性越来越成为当代世界的特征。他认为，这首先表现在军事政治领域，这就是由于大规模毁灭性武器的出现和质量的完善，人类面临共同生存问题。其次，在世界经济领域，这种相互依赖性、统一性也不断增长。世界经济有多种生产方式，不论是资本主义或社会主义，都有其固有的特殊规律，同时，也存在着世界经济的共同规律。而科技革命就是资本主义和社会主义制度下当代生产力发展的共同规律。也正因此，才可把科技革命称为全人类进步的动力。正是由于有共同规律，社会主义国家就有可能在经济建设中利用资本主义国家中的某些管理经验，为发展科技、进行科学研究、试验设计而采用的组织管理和进行资助方面的经验[①]。这些论点成为当时苏联对外开放、发展经济联系的理论依据。

三、对资本主义国家科技革命认识的变化

苏联理论界过去对资本主义国家科技革命及其影响的认

---

① 参见[苏]《世界经济与国际关系》杂志 1985 年第 5 期。

识，片面性较大，实质上认为资本主义已处于停滞阶段，难以有新的发展，因此，科技革命在资本主义发达国家是难以想象的。但在斯大林之后，这种片面认识逐渐变化，现在已转向承认西方发达国家的科技革命对于缓和资本主义矛盾和危机有重要作用，对过去有关帝国主义的一些传统的理论概念也因此作了若干改变。

（一）发达资本主义国家的科技革命能否发展问题。

过去苏联理论界认为资本主义在发展的现阶段，对科学技术的发展主要起阻碍作用。50年代初苏联出版的《历史唯物主义》教科书写道："在垄断组织和市场垄断价格占统治地位的条件下，却出现了另一种情况：资本主义垄断组织往往害怕科学技术的发现。垄断的腐朽的资本主义阻碍将现代科学和技术的伟大发现应用到生产中，因为这是和资本主义垄断组织的利益相矛盾的。新的发明将降低正在发挥机能的固定资本的价值，要求更换设备。大多数资本主义国家生产机构的大量的并且是经常的开工不足，作为资本主义总危机时代的特征的经常失业现象，阻碍许多的科学技术发现的应用和利用。"[1]

这种观点曾长期流行于苏联理论界，在斯大林个人崇拜被批判后，有某些变化。例如，《政治经济学教科书》（第三版）写道："资本主义总危机并不意味着生产发展的完全停滞和停顿，也并不意味着技术进步的终止。""由于还有可能通过采用新技术来降低商品生产费用和提高利润，所以技术进步的倾向依然存在"，"与欣欣向荣的世界社会主义经济体系进行的经济竞赛，也迫使资本家不得不加速采用技术发明。"但是，这些说明的落脚点，仍然是资本主义由于技术进步而使矛盾更加尖锐，"由于生产自动化以及

---

[1]　康士坦丁诺夫主编：《历史唯物主义》第113页。

今后原子能日益广泛的应用，目前正在技术发展方面进行一场变革……这场变革使资本主义社会的矛盾更为加深，向资本主义社会提出了新的、它无法解决的问题。"①

勃列日涅夫时期，苏联理论界仍然持这种论点，比较有代表性的《科学共产主义》一书（1976年版）写道："在资本主义社会，科技革命具有矛盾的特征；一方面，它是生产力进一步发展的需要；另一方面，它的发展又不可避免地要与资产阶级的生产资料私有制关系发生不可调和的矛盾。""随着科学技术革命的开展，资产阶级私有制关系将越来越束缚它的发展。"

在戈尔巴乔夫执政之后，这些论点发生了较大的变化。戈尔巴乔夫在苏共二十七大报告中提出："现阶段的总危机并没有导致资本主义的绝对停滞，并没有排除其经济增长和掌握新的科学技术方向的可能性。资本主义'允许'保持具体的经济、军事、政治和其他的阵地，而在某些方面甚至可能进行社会报复和收还过去失掉的东西。"然后列举了各种矛盾的新形式。

普里马科夫在阐释苏共二十七大方针的文章中，更为清楚地指出："被竞争驱赶的垄断组织本身常常是科学技术进步的动力……资本主义制度在产生对劳动人民极其有害的后果的同时，常常带来西方的科学技术进步的发展。""必须以现实主义态度注意到资本主义经济已进入科学技术革命的新阶段。"由于这个新阶段的到来，"各主要资本主义国家在20～25年内把经济转移到全新的生产技术和工艺上来，实际上是可能的"。

（二）科技革命与资本主义发展前途。

在相当长的时期内，苏联理论界把资本主义发展描绘成总危机不断加深的过程。斯大林首先提出资本主义从总危机第一阶段

① 苏联科学院经济研究所编：《政治经济学教科书》第462～463页，人民出版社1959年第1版。

发展到战后总危机的第二阶段。到苏共二十二大时，赫鲁晓夫又确定资本主义的总危机已进入第三阶段，其特点在于它不是同世界大战相联系。苏共二十二大通过的党纲还详细列举了资本主义总危机的各种表现。

对于科技革命和资本主义发展前途问题，在戈尔巴乔夫执政前后，出现了一些新的提法。在1984年末，苏联《真理报》就《科技革命发展的新阶段的某些问题》发表文章指出"最近几十年在美国和日本大力发展新技术，在过去15年中，电子工业年平均增长率10%。工业机器人、生物技术设备的生产，增长得特别迅速。如果看不见资本主义在这种重要的科学技术和生产领域中取得了又一种后备力量，那将陷于迷误。"又说："在这个领域，资本主义也在被迫适应正在创造的新条件，包括为高技术创造的新条件。"①

戈尔巴乔夫在十月革命70周年报告中提到十月革命以来正在进行的社会革命时，指出了这个革命的长期性。他认为，"科学技术革命新的工艺阶段只是刚刚开始，而按资本主义方式加以利用的主要结果还在前面。对这个问题有充分根据的理论研究也是刚刚开始。通过关于资本主义总危机不断加深的提法只能看到在生产方式方面所发生的事情的本质，还谈不上政治预测。"

普里马科夫等著文更为明确地说："有人认为，现代资本主义是沿着资本主义总危机的一个又一个阶段发展的，资本主义生产关系与生产力的发展水平越来越不适应，因而使资本主义日益接近崩溃。我们认为这种看法是经不起时间检验的。这种说法忽视了在资本主义形态内生产关系发展的最重要的进程，这种进程表现在国家垄断资本的经济机制是相当广泛地适应科技革命时代生

---

① 载〔苏〕《真理报》1984年11月23日。

产力发展规律的。我们认为，可以假设存在着资本主义的一个新阶段，这就是现代科技革命时代的资本主义。"①

戈尔巴乔夫就当代资本主义同科技革命关系问题说："现在我们可以说，马克思对资本主义自我发展的可能性估计不足。资本主义能够吸收科技革命成果并形成一种社会经济结构来保证其生命力，在发达的资本主义国家为多数居民创造很高的福利条件。当然，这不会消除其深刻的内部矛盾。"②

（三）现代资本主义与战争问题。

斯大林时期，苏联官方的理论观点是：只要帝国主义存在，战争的不可避免性就仍然存在；现代资本主义的本性就是要实行军国主义化，要掠夺殖民地和落后国家人民，要进行侵略战争；资本主义国家之间的战争也是不可避免的。

在赫鲁晓夫时期，由于科学技术的新发展，首先是火箭、核武器的出现，这个观点开始有所改变。在苏共二十大报告中，赫鲁晓夫已开始提出"战争并不是注定不可避免的"的论点。他的理由是：由于目前情况已根本改变，出现了国际社会主义阵营，和平力量不仅具备防止侵略的精神手段，而且具备了防止侵略的物质手段。所谓"防止侵略的物质手段"，指的就是苏联拥有火箭核武器。其后，赫鲁晓夫和苏联理论界进一步提出，由于火箭核武器的出现，根本改变了以前关于战争的概念，核武器的空前毁灭力量，使得战争不可能是政治的继续，它不论对进攻一方还是防御一方都是非常危险的③。有关资本主义国家之间战争的可能性，也出现了新的提法。赫鲁晓夫在苏联二十二大上认为，"现在

---

① 参见［苏］《世界经济与国际关系》杂志 1989 年第 6 期。
② 参见［苏］《真理报》1989 年 11 月 26 日。
③ 参见苏共中央 1963 年 7 月 14 日公开信；H. 塔林斯基：《裁军与其反对者们》载［苏］《国际生活》杂志 1961 年第 12 期。

已经不能单纯从资本主义规律的作用着眼来看待时代的根本问题，例如战争与和平的问题"，因为"目前成为世界发展决定因素的不是帝国主义，而是具有和平和进步理想的社会主义"。一些学者认为："在现代条件下，资本主义不平衡的经济政治发展的规律的作用，不一定导致战争爆发，因为现在人民能够防止战争。"①

关于战争可以避免的问题，当时赫鲁晓夫及苏联理论界，主要是从社会主义力量强大，首先是拥有火箭核武器的角度，从政治和军事的角度出发来提出这个新的论点的，而对于科技革命在这方面的影响（火箭核武器正是这场科技革命的重要产物），则没有多少论述。

到戈尔巴乔夫时期，世界战争可以避免的论点，有了新的发展，而许多问题则是同当代科技革命紧密联系起来提出的。

首先一个问题是，能否对帝国主义的本质加以影响，杜绝它的最危险的表现，即避免核冲突问题。戈尔巴乔夫在苏共二十七大报告中的回答是肯定的，认为科技革命"有史以来第一次赋予人类从肉体上消灭地球上一切生命的能力"、"现代武器的性质使任何一个国家也不能指望单靠军事技术手段来保卫自己"，"赢得军备竞赛及核战争本身的胜利已经是不可能的了。"由此出发，认为，资本主义与社会主义之间的抗衡，仅仅并且只有通过和平竞赛和和平竞争的方式进行。

其次，关于资本主义国家之间的战争的可能性问题的认识，也有进一步发展。戈尔巴乔夫在十月革命 70 周年报告中指出："战后时期证明了决定世界经济和世界政治主要进程的矛盾的深刻变化，我首先指的是，主要进程的这样一种发展，它在过去不可避免地要引起战争，引起资本主义国家本身之间的世界战争。现

---

① ［苏］A. 布坚科《战争与革命》，载［苏］《共产党人》杂志 1961 年第 4 期。

在的情况不同了。资本主义不仅由于上次的经验教训，而且由于
害怕自己在已成为世界体系的社会主义面前被削弱，不愿使自己
内部矛盾发展到极限。内部矛盾已经转化为相互间的技术竞赛，
利用新殖民主义来和缓一下。""资本主义经济技术基础和组织基
础的改造有助于调解矛盾，平衡利益。"在这里，戈尔巴乔夫提出
了帝国主义国家间某种新的"和平的重新划分"问题，而其主要
矛盾形式已转化为"技术竞赛"，这是值得注意的。

　　再次，资本主义经济能否在不进行军事化的情况下发展呢？
戈尔巴乔夫以日本、西德、意大利的"经济奇迹"为例，证明现
代资本主义经济在军费最低的条件下迅速发展是可能的；而超级
军事化却最终导致美国经济局势日益激化。他认为，在当代科技
革命条件下，由传统军事生产转为和平生产是可能的。

　　最后，资本主义体系如不搞新殖民主义是否能维持下去？戈
尔巴乔夫认为，有这种可能性，"人们目前尚未彻底认请和掌握我
们时代国际经济进程和政治进程的新的实质。但是需要朝着这个
方向前进，因为业已展开的过程具有客观规律的力量。要么垮台，
要么共同探讨新经济秩序……现在看来，有人正在探讨建立这种
秩序的道路，这就是实现'为发展而裁军'的构想。"

　　（四）现代资本主义与社会主义革命。

　　赫鲁晓夫在苏共二十大报告中，曾提出资本主义国家有可能
通过议会道路向社会主义过渡问题。在戈尔巴乔夫时期，一些学
者认为，由于在发达资本主义国家中科学技术革命的发展，这些
国家将不会发生革命，而是通过进化的途径走向社会主义。有学
者写道："尤其是 20 世纪后半期，由于实现了现代化的科技革命，
以及发达的资本主义国家逐步采用了高科技的生产方式……因而
开始为越来越多的人在体能和精神方面的发展提供更加广泛的保
障。""你不能指望在瑞典、英国、西德、法国或者美国爆发社会

主义革命。""目前，对于资本主义国家来说，进化的途径是其走向社会主义的主要途径。"①

另一位学者写道："正是在资本主义内部产生了技术革命，在我们面前形成了新型的劳动者和人们的新关系。劳动的社会性和私人的占有形式的矛盾，由于发展了集体所有制和股份所有制以及国家的宏观调节，在相当大的程度上得到了克服。由于建立发达的社会保障体系，劳动和资本间的矛盾失去了对抗性质。政治民主机制可以有效地解决社会冲突，因而使经典形式的革命变成了不合时代要求的事物。"②

四、科技革命对苏联社会主义的
重要意义

在过去相当长的时期内苏联领导人和理论界坚持认为，苏联凭借传统的政治经济体制就可以为科技革命发展提供广阔大地，为生产力的发展创造最好的条件。即所谓"只有社会主义才能实现这一（科技）革命"。甚至在50年代末他们就认为苏联的科技成就，已同资本主义国家并驾齐驱，或某些方面已走到前面。到了70年代前后，苏联领导人对资本主义世界科技革命的蓬勃发展有所认识，但仍然以为，在传统的经济政治体制之下，也会促进科技的发展。到了戈尔巴乔夫执政时期，他们才对苏联科技革命的发展的落后情况，有较为实际的认识；对科技革命在苏联社会主义体制改革中的重大意义有更多的了解。他们开始确定以科技

① ［苏］B.冈恰洛夫：《社会主义的现实和未来》，载［苏］《莫斯科大学学报》1990年第6期。

② ［苏］A.克列杰尔：《共产主义运动的危机：根源和出路》，载［苏］《世界经济与国际关系》杂志1990年第10期。

革命为中心的经济集约化方针，并确定对苏联社会主义传统政治和经济体制进行改革，以加速科技的进步与发展。

（一）现代科技革命要求社会主义进行改革。

长期以来，苏联的领导和理论界都认为苏联所实行的社会主义制度，会自动地推进生产力的发展。在《马列主义哲学原理》（1958 年版）一书中写道："在社会主义社会中，科学成就被用来为劳动人民谋福利，社会主义生产关系为一切经济部门的技术进步、为在运用科学成就基础上发展生产力创造了良好的条件。"又说："在社会主义制度下，为技术的加速发展，创造了各种条件，因为劳动群众已经成为主人；他们迫切要求最广泛地使用机器，这样不仅可以提高生产率，而且也能减轻人们的劳动。社会主义生产方式使技术的发展摆脱了资本主义经济制度所产生的障碍和矛盾。"苏共党纲（1961 年）也说："资本主义生产关系对科学技术革命来说太狭窄了，只有社会主义才实现这一革命并利用这一革命的果实以利于社会。"

勃列日涅夫时期，苏联理论界基本上沿用了这个论点。例如阿·马·鲁缅采夫指出："在社会主义条件下，生产资料的全民所有制，不存在对抗性矛盾，对社会的科学管理，有计划地发展国民经济，劳动群众广泛参加管理生产，人们不断增长的物质和精神需求的满足，没有失业，贯彻执行统一的国家科技政策，——所有这些使开展科学技术革命并最充分地利用其成果的任务得以胜利完成。"

在社会主义制度下，科技进步、科技革命必然会顺利进行。这是长期流行的理论观念，但它并不符合苏联的实际情况。戈尔巴乔夫执政之后，从苏联领导到理论界，根据实际情况开始对一些重要问题重新考虑。例如，戈尔巴乔夫在十月革命 70 周年同各国党领导人会晤时的讲话中，就承认"现实社会主义在技术发展水平方面暂时落后于资本主义"。在苏共二十七大报告中，戈尔巴乔夫并不认为在社会主义社会，科技革命就是那么顺利无阻，条件就是那么好。他说："如果认为科学技术革命就不向社会主义社会提出问题是不正确的。经验证明，科学技术革命的发展与社会关系的完善、思维的改变、新的心理的形成、作为生活方式和生活准则的活力的确有着密切联系。科学技术革命迫切要求经常修改和更新既定的管理模式。换句话说，科学技术革命不仅开辟前景，而且对整个国内和国际生活的安排提出更高的要求。"这实际上是说，科技革命需要社会关系和管理模式的改革，需要改变思维和形成新的心理，需要有活力的生活方式和生活准则。总之，不是简单地重复社会主义生产关系将为科技革命创造良好条件之类的旧观点，而是明确指出，苏联社会主义政治、经济体制和人们的思维、心理都必须适应科技革命的要求而进行变革，这是认识的新发展。

（二）关于以革命方法来推动科技进步的问题。

这是戈尔巴乔夫在 1985 年 4 月中央全会上提出的。过去苏联也讲技术进步，但大多是修修补补，作些局部改进，而没有按照世界科技革命的最新成就去考虑进行一整套的改革。在这次全会上，戈尔巴乔夫首先强调这一点，他说："在多数部门，科学技术进步搞得不景气，实质上是进化式的，多半是采用完善现有工艺和使机器设备部分现代化的方法。当然，这种措施也有一定效果，但是这种效果太小了。需要革命的变革——向崭新的工艺系统和产生最高效益的最新几代技术过渡。这实质上指的是在现代科技成果的基础上对国民经济各部门进行改造。"

对于这种"革命式的变革"后来有些学者作过阐述。在 1985 年 6 月苏共中央召开的关于科技进步的会议上，阿甘别吉扬就对此有所说明。他说，科学技术革命的特点是在技术设备和工艺方面质的跃进，不是完善现有的机器和工艺，而是转向采用崭新的工艺系统。同时，这种新的系统通常具有整体性质，包括自始至终的生产进程，不仅改造基本生产，而且改造所有辅助性和服务性工作。实施这个新的工艺流程要依靠相互联系的机器、设备和仪器系统。

在强调要采用最新工艺时，戈尔巴乔夫1986年7月31日在哈巴罗夫斯克党的积极分子大会上的讲话中认为，"时代和任务现在完全不同了"，"要注意科学技术进步，采用新工艺、新经营机制，与其他措施相比，这些东西会产生最高的经济效益"。"全世界技术战线上都在进行着这样一场斗争。技术可以大大加速任何一个社会的前进速度，提高劳动生产率并产生巨大的效益——迅速的效益。"戈尔巴乔夫认为，苏联"犯了一个严重的错误"，即在科技政策中曾经坚持许多部门都以中等技术水平为标准，重复使用同一解决方案的方针，并将旧技术塞进新建企业的新设计方案中去。结果是，当"胡子工程"还在建设之中时，技术就已完全无形地过时了。这样一来，就扩大了落后面。

（三）科技革命和实现苏联经济集约化。

赫鲁晓夫时期，虽然提出了科技革命问题，但在实践中仍是以粗放经营为主。在赶超美国的经济指标上，是以完成和超过产量与产值为主要方向的。赫鲁晓夫当时认为，只要靠斯大林时期留下来的粗放经营方式，在工业和农业方面就可以达到赶超美国的目标。他几乎根本不提集约化方针问题，甚至在同莫洛托夫等人的争论中，把开垦几千万公顷荒地、熟荒地的行动，也说成是"集约化"经营[①]。

到勃列日涅夫时期，西方国家科学技术革命正处在蓬勃发展

---

① ［苏］鲁缅采夫：《创造性的马克思列宁主义和党的政策》，载［苏］《共产党人》杂志1957年第11期第16页。

的形势下，苏联经济面临由粗放经营向集约化经营转变的任务。这种国内外的形势不能不对苏联领导人产生影响。勃列日涅夫在1968年12月苏共中央全会指出："科技革命不仅在我们这里，不仅在社会主义国家，而且也在资本主义国家开展起来。这个革命日益扩展到广泛的领域。"到1969年12月苏共中央全会，勃列日涅夫在报告中说，以前我们还可以主要依靠数量的因素来发展国民经济，即增加工人人数、高速度增加投资，这样的时期，称为粗放发展的时期，实际上已经走到尽头了。他指出，"今后我们不能不首先考虑经济增长的质的因素，提高国民经济的效率，提高集约化程度。"

1971年苏共二十四大上勃列日涅夫强调："坚定不移地加速科技进步，仍是一个主要任务。在科学作为一种直接的生产力的作用越来越明显地表现出来的时代，成为主要方面的已经不是科学的个别成就……而是整个生产的高度科学技术水平。"还提出："要使党的全体干部十分关心加速科技进步"，"我们面临的具有重大历史意义的任务是：把科技革命的成就和社会主义经济制度的优越性有机地结合起来。"

勃列日涅夫在苏共二十四大上讲的有关科技进步的一些话，方向是对的，但还没有明确把它与集约化方针联系起来。他明确提出集约化方针是在苏共二十五大上，但他又没有把它同加速科技进步结合起来。1981年苏共二十六大把前两次代表大会所提出的方针更明确地概括为："由此也产生了两次代表大会关于向经济增长以集约化为主的因素坚决过渡的方针，即提高整个工作的效率和质量的方针。"并把第十一个五年计划（1981～1985年）主要任务定为"加速科技进步和把经济迅速转到集约化道路上来"。这个提法比前几次代表大会更进了一步。

虽然如此，当时苏联领导人对科技革命的作用认识还是有局限的，没有把科技革命放在解决集约化的关键问题的地位。而且没有采取实际措施。虽然很早就打算召开有关科技革命的中央全会，但由于领导思想上重视不够，在勃列日涅夫时期年复一年，讨论科技革命问题的中央全会终于没有开成。

在苏共中央 1985 年 4 月全会上，戈尔巴乔夫批评他的前任们对于科技进步没有采取切实措施加以实现，同时强调提出："党把加速科技进步作为国民经济集约化、更好地利用积累的潜力的主要战略杠杆提到首位。"在苏共中央 6 月召开的会议上，再次强调"重要的是要意识到，不加速科学技术进步，我们就行不通"。"党认为加速科技进步是自己经济战略中的主要方向"，"这个任务是如此刻不容缓……它涉及到目前的许多问题：经济的、组织的、社会的、发展文化和教育、上层管理机关的活动和国民经济的每个环节。它涉及到每个集体、每个共产党员、每个苏联人"。在苏共二十七大上，他更具体地提出在科学技术进步基础上实现国民经济改造的各项方针政策。在《改革与新思维》一书中，戈尔巴乔夫对这些政策作了更为概括的说明。他说："给经济结构进行重大的改革，改建经济的物质基础，采用新的工艺，改变投资政策，建立高水平的管理体制。所有这一切归结为一个要点：即加速科学技术进步。"

（四）科技革命与苏联社会的全面改革。

赫鲁晓夫时期虽然提出科技革命概念，并进行了经济体制的初步改革，但他没有触动高度集中的以行政命令方法为主的管理体制的实质。他仍然以传统的管理体制来发展科学技术事业，虽然也取得了某些成果，如人造卫星上天，火箭核武器方面的成就，但这种管理体制终究未能使苏联的科学技术取得更为迅速的进展，而后期的分散趋势加强，使得统一的技术政策遭到更大破坏。勃列日涅夫对经济体制改革本来就是半心半意的，终于半途而废。

以行政命令方法为主的改良式的高度集中的管理体制，并不能推进科技革命的发展。尽管在勃列日涅夫时期从理论上对科技革命、科技进步问题议论不少，而在实践中，在传统管理体制之下，企业依然不愿采用新技术。勃列日涅夫承认"在国民经济中利用科学技术成就问题至今没有在我们的计划中得到应有的反映"①；"采用新成果的过程变成困难、迟缓、病态的过程。"②

　　科技进步这种总的停滞不前的局面，成为勃列日涅夫时期一个极为重要的带有根本性的问题。戈尔巴乔夫评论这一时期时说过："那些年代通常被称做停滞时期"，这样的评价看来远远不够。那是个错过时机的时代，为社会主义事业造成了严重的损失。那时对科学技术中发生根本变化的意义估计不足，也没有采取实际的步骤，尽管关于必须把科技革命尤其是科技革命最新阶段的成就同社会主义优越性结合起来的问题谈了许多，其结果是，在许多主要领域……我们仍然停留在过去的技术时代，而西方国家已进入了……高科技时代③。

　　戈尔巴乔夫执政以来，强调以最新科技成就对生产力进行根本改造，同时又强调为了发展科技进步，并适应科技进步的要求，必须对经济、政治体制进行全面的根本的改革。

　　首先，为适应科技进步要求，要改革经济管理体制。

　　戈尔巴乔夫在苏共二十七大上提出，在当前形势下，对经济管理体制不能局限于局部的改进，而要"进行根本改革"管理体制的这种根本改革，是为了"使经济最大限度地适应科技进步，保证国民经济所有环节在这方面的切身利益"。戈尔巴乔夫1985年6月11日在加速科技进步问题会议上的报告中批评对体制改革

---

① 见［苏］《真理报》1971年3月31日。
② 同上。
③ 参见［苏］《真理报》1989年11月26日。

持保守主义态度时说："加速科技进步坚决要求深刻改革计划和管理制度以及整个经济机制。我们在这个问题上已绕了多年的圈子，反复衡量怎样办才更好，但实际前进很少。看来是害怕采取坚决措施而犯错误，有时是明显的保守主义作怪……我们越来越明显地感到，再也不容许在这个工作中有消极情绪和惰性了。"

其次，科技进步本身就要求发展社会主义民主，发展劳动人民的主动性和创造精神，要求发挥人的因素的积极作用。这同经济体制改革的要求是一致的。经济改革本身就要求实现管理民主化，使劳动者成为生产的真正的主人。戈尔巴乔夫1988年5月在苏共中央全会上的讲话中说："如果拿改革精神尺度来衡量的话，改革就是在大家心目中充分恢复社会主义价值观的巨大意义的一种有决定性意义的尝试，其中的一个主要价值观是重视劳动者。应该从社会主义价值观和理想中除掉官僚主义的锈斑，把人们最出色的创造力解放出来和保证人的精神繁荣。"只有在这种条件下，才能使科学技术进步得到有力的持久的向前发展的保证。

最后，不论经济或政治的改革，以及精神文化的革新，其总的目的是："使社会主义具有符合科学技术革命条件与要求，符合苏联社会智力进步的最现代化的形式。"① 这是一个比较长的社会变革过程。

然而，由于戈尔巴乔夫在改革中急于求成，对经济结构的改革缺乏有力措施，政治改革超前又引起政局严重动荡，以致原定改革目标都一一落空。苏联《计划经济》杂志在1990年9月报道这些改革的失败情况说："第十二个五年计划规定的结构性改革实际上没有进行。"苏联"国民经济的结构今天还不是以消费者为方向，而主要是以重工业和国防工业为方向"。戈尔巴乔夫十分强调

---

① ［苏］《真理报》1987年11月3日。

的加速科技进步问题，与原定计划差得更远，文章写道："在加速科技进步方面，从整体上看，没有发生明显的变化。""近两年（1988～1989年）科技进步发展指标的下降尤其令人担忧。""1990年情况更加恶化了。在398项重大的科研和设计、试制、提供崭新种类的工艺和原料的国家订货任务中，头半年只完成33项。"[①]

（五）科技革命与苏联的对外政策。

戈尔巴乔夫在苏共二十七大报告中承认科技革命一方面是人类生产力的质的飞跃，另一方面又是军事破坏手段的质的飞跃，这种飞跃使人类有史以来第一次具有从肉体上消灭地球上一切生命的能力。科技革命又使世界经济更加相互依存、联系更加密切。这两个方面，都使得苏联对外政策有必要作出新的调整。

首先是对核战争和国际安全问题提出了新观点。戈尔巴乔夫在苏共二十七大报告中说："现代武器的性质使任何一个国家也不能指望单靠军事技术手段来保卫自己"，"赢得军备竞赛及核战争本身的胜利，已经是不可能了。"因此，资本主义与社会主义之间的抗衡，仅仅并且只有通过和平竞赛和竞争的方式进行。解决当前最紧迫的国际安全问题时，最高准则是把维护和平的任务摆在意识形态矛盾、民族利己主义、集团利益和策略考虑之上。

其次，在发展对外经济关系问题上制定了新的方针。苏联领导承认现在世界经济对立面的相互依赖性、相互联系性和统一性越来越成为当代世界的特征。苏联经济是世界经济的一部分，苏联经济事实上是受世界经济影响的，各国经济间存在着共同利害关系和经济"一体化"的需求。因此，苏联要参加国际经济分工，要吸引外资和技术，要利用资本主义国家的经济管理和发展科学

---

① 卡尔普宁：《1990年的社会经济状况》，载［苏］《计划经济》杂志1990年第9期。

技术等经验。也就是在新形势下，苏联要大大发展对外经济联系。

最后，提出了对外政策新思维，提出"全人类利益高于一切"的观点。戈尔巴乔夫说："新思维的核心是承认全人类价值高于一切，更确切地说，是承认人类的生存高于一切。"其根据是，"产生了人类生存问题，因为核武器的出现和使用使人类存在本身成了问题。"① 新思维理论的宣传者，苏共中央国际部副部长扎格拉金说：苏联的新思维"已开始变成世界的新思维了"，"因此，对外方针过去以阶级利益为主，转到现在以全世界人类利益为主"。而且设想："各国的安全保障将越来越取决于政治，取决于在履行国际事务中法的、全人类道德的主要作用，而不是各方面之间的军事潜力对比。"②

戈尔巴乔夫提出的新思维理论，突出强调全人类共同利益，而忽视国际上还存在的阶级斗争和民族斗争；根本不问核威胁来自何方，只笼统地强调核武器面前人类的共同利益，这些论调预示了苏联对外政策从开始战略收缩转而倒向西方的不可避免的结果。

（载刘克明、吴仁彰主编：《从列宁到戈尔巴乔
夫：苏联社会主义理论的演变》，东方出版
社 1992 年版）

---

① ［苏］《真理报》1987 年 11 月 3 日。
② ［苏］瓦·扎格拉金：《纵然荆棘丛生，也要奋勇前进》，载［苏］《国际生活》杂志 1988 年第 8 期。

苏联外交问题

关于中苏关系问题

　　中苏关系问题是研究苏联问题和国际问题的同事们都非常关心的，现在由于中苏两国正在举行国家关系的谈判，更加引起了人们的关注。因为中苏关系如何发展，不仅关系到中苏两国，而且对亚洲和世界局势，都有重大的影响。

　　中苏两国曾经是友好的盟国。但是在赫鲁晓夫和勃列日涅夫时期，两国关系一步步变坏。中苏关系恶化到今天这样的地步，完全是由于苏联领导长期来坚持霸权主义立场，加紧侵略扩张活动所造成的。中国为了维护国家的独立和主权，为了保障国家的安全，为了争取一个和平的国际环境，不能不同苏联的霸权主义进行斗争。苏联领导推行霸权主义有一个发展和暴露的过程，人们对它的认识也有一个深化的过程。现在看得更清楚，20多年来，中苏关系的历史，实质上就是苏联推行霸权主义，中国反对它的霸权主义的斗争史。这个斗争从内部争论发展到公开，从意识形态的分歧发展到国家关系上来，今天已超越两国关系的范围而发展成为在全世界范围的战略方针和政策的对立，成为与世界各国和各国人民同苏联霸权主义斗争的全局密切联系的一个组成部分。

为了说明苏联在中苏关系上推行霸权主义的情况，也为了研究中苏关系发展的前景，有必要看一看20多年来苏联对中国推行霸权主义的种种事实。概括地讲，有如下9点。

第一，对中国进行干涉和企图加以控制。早在50年代中，苏联领导集团就力图把苏共二十大路线强加给中国，要中国跟着它的指挥棒转，后来还想在军事上把手伸进中国。1958年苏联向中国提出，苏联的几个海军港口都易被封锁，中国的海岸线很长，条件很好，要求同中国建立所有权各半的共同舰队，实际上就是要控制中国的海岸线。1959年以后的几年中又竭力阻挠中国拥有自己的核武器，声称社会主义国家中苏联一家有核武器就够了，想把中国置于苏联的核保护国地位。1965年又以援越为名企图在中国建立根据地，提出在中国南方建立机场并驻扎苏联军队，还要在中国领空开辟空中走廊。至于1960年苏联片面决定撤回全部在华专家，撕毁大量协定和合同，对中国施加经济压力，更是尽人皆知的。

第二，在中国边疆地区对中国进行分裂活动。苏联在新疆地区的分裂活动最为突出。早在1962年以前，他们就通过苏联驻乌鲁木齐总领事馆、驻伊宁领事馆和遍及新疆各地的苏侨协会，干涉中国内政，进行颠覆分裂活动。经过长期的策划和准备，于1962年4月煽动大批新疆居民外逃，人数多达6万多人，同年5月，又在伊宁市策动反革命暴乱。他们不断把经过训练的外逃人员派回中国，进行间谍活动。苏联还妄想把中国的内蒙地区分裂出去。赫鲁晓夫1964年曾说："独立的蒙古人民共和国已经出现并发展起来，而蒙古人民住的另一部分领土却在中国版图内。"实际上就是企图把内蒙并入外蒙。苏联报刊和电台不断诬蔑中国政府对新疆、内蒙、西藏和其他少数民族地区实行"奴役政策"、"殖民主义政策"，煽动这些地区的群众进行反政府暴乱，其目的就是要把中国这些少数民族地区从中国分裂出去。

第三,持续不断地对中国进行颠覆破坏活动,妄图在中国培植亲苏势力,建立亲苏政权。从 60 年代以来,苏联领导集团一直企图扶植他们所谓的中国"健康力量"或"国际主义力量"起来颠覆中国的领导。他们竭力反对毛泽东主席领导中国人民所走的革命道路,利用和支持中国人民的叛徒王明进行反对中国共产党和毛泽东主席的活动。勃列日涅夫等人对毛泽东主席和毛泽东思想进行百般的攻击。在毛泽东主席逝世后,他们又把攻击的矛盾指向以华国锋为首的中国新领导,说什么现在中国的问题是中国领导的"毛派方针"同广大劳动人民群众利益的"冲突。"① 苏联《远东问题》杂志发表文章,提出了一个所谓"中国国际主义者为中国社会主义前景而斗争的纲领",声称中国劳动人民的"惟一出路"在于"反对毛分子的军事官僚专政"② 等等,实际上就是号召推翻中国现政权,而建立一个亲苏政权。

第四,顽固地坚持霸权主义立场,阻挠中苏边界问题的解决。中苏边界问题本来是不难解决的。中国政府早就不止一次地声明,尽管有关目前中苏边界的条约是沙俄帝国主义在中俄两国人民都处于无权地位的情况下强加给中国的不平等条约,但中国并不要求归还根据这些条约被割去的领土,仍然准备以这些条约为基础全面解决边界问题。中国政府还曾提出在中苏边界问题取得全面解决前,维持边界现状,避免武装冲突,双方武装力量在中苏边界一切争议地区脱离接触的合理建议。但苏联当局却顽固地坚持沙俄帝国主义立场,坚持霸权主义立场,违背两国总理已达成的谅解,拒不承认中苏边界存在争议地区,致使边界问题谈判 10 年,毫无结果。勃

①　[苏]鲍里索夫:《谈北京冒险主义政策的教训》,载《苏共历史问题》杂志 1979 年第 6 期。

②　参见[苏]《远东问题》杂志 1979 年第 2 期。

列日涅夫甚至蛮横地说,谁提出争议地区,谁就是向苏联提出领土要求。(1974年11月26日在蒙古国庆50周年集会上的讲话)这就是说,不仅根据不平等条约划去的领土要归苏联,而且所有争议地区,即他们违反条约侵占的领土以及他们虽然没有占领但在他们地图上划过去的领土,也要归它。尤其值得注意的是,苏联官方人士公然写文章说,19世纪时俄国只是"部分地收回了清帝国于17世纪和18世纪从俄国夺去的领土"①。这实际上就是为他们提出新的领土要求制造舆论。联系到苏联政府声明中所说的中俄建立关系时,中国的北方国界是长城,西部边界不超过甘肃和四川,而满洲的边界是"柳条边"(苏联政府1969年6月13日声明),这就充分说明苏联当局今天对中国怀有比老沙皇更大的领土野心。

第五,在中苏边界大量增兵,挑起武装冲突,进行武力威胁。勃列日涅夫上台后,苏联在中苏边界地区的驻军不断增加,从10几个师增加到现在的40多个师,武器装备也明显加强。与此同时,苏联不断破坏边界现状,进行武装挑衅。1969年3月,苏军侵入中国黑龙江省的珍宝岛地区,挑起了严重的武装冲突;8月又侵入中国新疆自治区的铁列克提地区,制造了流血事件。在这段时间里,苏军领导人一再对中国进行恫吓,苏联还放风要袭击中国的核设施。近几年来,苏联继续增强在东部地区的军力部署,经常举行针对中国的军事演习。1979年3月,勃列日涅夫在苏国防部长乌斯季诺夫的陪同下到东部地区视察部队,在中苏边界附近观看军队演习,有意向中国炫耀武力。不久前苏联还成立了一个新的指挥机构,以统一和加强对中国对面的3个军区的指挥。苏联领导人很清楚,中国并不威胁苏联。他们除在中苏边境地区屯驻重兵外,还不断增加远东地区的海空力量。当然,这不仅是为了对付中国,而且也是为了

---

① 参见[苏]《国际生活》杂志1972年第6期。

加强苏联在亚洲和太平洋的整个战略部署。

第六,派大批军队进驻蒙古,把蒙古变成对中国进行军事威胁的前沿基地。1963 年 7 月,苏蒙签订了关于苏联帮助蒙古加强南部边界防务的军事协定;1966 年 1 月,又签订了具有军事同盟性质的《友好合作互助条约》。这些年来,苏联派遣大批军队进驻蒙古,这些军队主要驻扎在中国周围地区。苏联在蒙古设置军事基地,包括导弹基地,频繁举行以中国为对象的苏蒙联合军事演习,他们的许多军事领导人不断到蒙古境内进行针对中国的军事活动。苏联驻军蒙古是它的整个反华军事战略部署的一个重要组成部分。

第七,阻挠和破坏中国的四个现代化建设。苏联除了在中苏和中蒙边境地区加剧武力威胁,支持越南反华,妄图干扰和破坏中国的和平建设以外,还竭力诽谤中国的四个现代化建设是搞"军国主义化",并采取各种手段阻挠西方国家同中国发展正常的贸易关系和经济合作。勃列日涅夫就曾多次亲自出面给西欧一些国家的首脑写信进行威胁。这几年苏联不但有意削减它自己同中国的贸易,还不让东欧一些国家发展同中国的经济贸易关系。

第八,近几年来加紧了孤立中国的活动,竭力破坏中国同世界各国的关系。它攻击中日缔结和平友好条约、中美建立正常外交关系;阻挠破坏中印改善两国关系的努力。为了挑拨中国同东南亚国家的关系,它诬蔑在这些国家中的华侨是什么"第五纵队",说什么中国在华侨中"已经建立起一个世界范围的间谍网"[①],甚至反复散布中国对所有邻国都有领土要求,总面积达 1000 多万平方公里之类的离奇谎言。苏联拼凑"亚安体系"的活动经过几年的沉寂之后,近年来又重新活跃起来,他们还把"亚安体系"问题写进了苏联和阿富汗的友好合作条约。苏联策划的"亚安体系"不但是

---

① 塔斯社 1979 年 8 月 21 日播发苏联新闻社巴拉托夫斯基文章《北京的"第五纵队"》。

针对中国的，而且有它更广泛的战略意图。

第九，攻击和诬蔑中国反对霸权主义、维护世界和平的严正立场，力图阻挠和破坏中国同世界反对苏联霸权主义力量的联合。70年代以来苏联在全世界加紧扩张，到处采取攻势，搞代理人战争，威胁世界和平和安全，也威胁到中国的安全。中国从反对霸权主义、维护世界和平的立场出发，不能不揭露苏联的霸权主义，支持各国人民的反霸斗争，加强反霸力量的联合。苏联把中国看成是它推行霸权主义的严重障碍。苏联领导为了掩盖它们的霸权主义面目，分化反霸力量，极力歪曲中国的立场，诬蔑中国是"侵略势力"，中国要"挑动世界大战"等等。

以上列举的9条就是苏联推行霸权主义，导致中苏关系恶化的主要事实。从这些事实中可以得出什么结论呢？我们觉得可以得出以下几点主要结论。

第一，控制中国是苏联霸权主义的一个重要目标，我们从自己的切身感受中深切地体会到，今天的苏联领导人是一批继承和发展了沙俄帝国主义传统的霸权主义者。他们只知道以大压小，以强凌弱，20多年来苏联对华政策的根本方针就是要中国在意识形态、政治、经济、文教、军事、外交等方面都听命于他们，受他们的控制，就是要把中国变成苏联的附庸国，不许中国走独立自主的道路。他们对中国这样，对苏联的"大家庭"成员国、对某些第三世界国家也是这样。谁不接受他们的控制，要走自己的道路，他们就斥之为"民族主义"、"反苏"、"反社会主义"、对之施加压力，进行颠覆或者像对捷克斯洛伐克那样进行直接军事占领。他们的目的就是要巩固和扩大他们的势力范围，进而称霸世界。

第二，苏联领导集团出于他们的大俄罗斯沙文主义和霸权主义的本性，不允许在自己身旁出现一个强大的中国。当中国挫败了他们的干涉、控制和颠覆的阴谋，向前迈进时，他们就千方百计地威胁、孤立和削弱中国，竭力破坏中国的安定团结和四个现代化建设，力图使中国长期处于落后、软弱、混乱的局面，不让中国强大起来，苏联对它的邻近国家，不论在东方还是西方，都采取类似的政策，它不但不允许在东方出现一个强大的中国、一个强大的日本，也不允许在西方出现一个强大的欧洲。

第三，挑拨中国同各国的关系，孤立中国，是苏联破坏和分化世界反霸力量团结的重要一环。当前，由于苏联加紧扩张，面临苏联威胁的世界各种力量从各自不同的角度正在为反对苏联霸权主义进行斗争。苏联非常害怕出现一个联合抵抗苏联霸权主义的局面。因此，它竭力挑拨中国同东盟国家的关系，中国同第三世界国家的关系，中国同日本、西欧和美国的关系。同样，它也竭力挑拨第三世界国家之间的关系，美、欧、日之间的关系以及西欧各国之间的关系，企图加以分化瓦解，分而制之，各个击破。

第四，在中苏边境屯驻重兵，加剧军事威胁，在印度支那搞代理人战争，是近几年苏联对中国推行霸权主义的一个突出方面。苏联在世界其他地区也是这样干的。它对西欧不断加强军事压力，对日本进行军事威胁。它把它的战斗部队派到古巴。它在非洲和中东一再策动代理人战争。依靠军事力量进行政治讹诈和搞代理人战争，已成为苏联当前推行霸权主义扩张战略的重要手段。

第五，总的看来，随着苏联霸权主义的发展，中苏关系问题已经不只是中苏两国范围的事情，而是同世界战略全局紧密地联系在一起的问题。从20多年来的情况看，中苏关系可以说基本上经历了两阶段。如果说在赫鲁晓夫时期苏联对中国施加压力进行干涉，企图控制，主要还是为了巩固它在它的"大家庭"中的"家长"统治，以增强它在国际上争霸的地位，那么，在勃列日涅夫上台以后，情况就逐渐发生了变化。到60年代末70年代初，苏联凭恃它的急剧膨胀起来的军事实力，利用发生越南战争和世界其他地区的动荡的机会，把手伸向世界各个地区，在全球推行进攻性战略，加紧争夺世界霸权。近几年来，它推行全球性的霸权主义扩张政策的势头更是咄咄逼人。它已成为国际紧张局势的主要根源，新的世界战争的最危险的策源地。今天它不仅威胁着中国，威胁着第三世界各国，也威胁着日本、西欧、特别是它的主要对手美国。因此，苏联的对华政策同它争霸世界的全球战略更紧密地联系在一起了。今天一个坚持反霸立场的中国在东方的存在，是苏联推行其全球战略的重大障碍。它要实现其称霸世界的战略目标，就必然要加紧反华。在这种情况下，全世界一切反对苏联侵略扩张，维护世界和平的国家和人民，只有联合起来，通过坚决的斗争和扎实的工作，坚持反对苏联霸权主义，破坏它的战略部署，才能削弱战争因素，维护世界和平。对中国来说，也只有这样才能争取到为实现四个现代化建设的宏伟目标所需要的和平国际环境。所以，在今天的局势下，研究中苏关系问题，必须同苏联的全球战略联系起来，才能更清楚地理解中苏关系的实质，理解中国反对霸权主义斗争的实质，才能对中苏关系的前景作出切合实际的估量。

根据以上分析，我们可以看到，苏联领导集团对中国推行霸权主义，既是由于他们侵略扩张的传统，也是出于他们推行进攻性全球战略的需要，因此他们的霸权主义立场是不会改变的。只要他们的霸权主义立场不变，中国反对霸权主义的立场当然也不会改变。我们从自己同苏联打交道的经验中知道，在苏联霸权主义面前表现软弱退让，是解决不了任何问题的。同时，中国历来主张中苏之间的原则分歧不应该妨碍争取两国在遵守和平共处五项原则基础上保持和发展正常的国家关系。现在中国政府正是本着这个立场，在同苏联方面进行谈判。但从谈判开始以来的情况看，我们看不出苏联方面有解决问题的诚意。看来，这次中苏谈判将是一场长期的、尖锐的、复杂的斗争。争取实现中苏两国关系的正常化也将是一个漫长、艰难、复杂的过程。

（此文是在中美学者关于国际问题和苏联问题讨论会上的发言，载《苏联问题讨论》文集，中国社会科学出版社 1980 年版）

论苏联霸权主义的根源

20 几年来，国际形势中的一个重大变化，就是苏联发展成为一个在世界范围内推行霸权主义政策的超级大国。它凭借自己的强国地位和军事实力，干涉、控制、欺负、威胁别的国家，甚至公然出兵侵略别国。它还在世界范围内加紧全球战略部署，同另一个超级大国——美国争夺世界霸权，这两个超级大国的争夺愈演愈烈，成为世界不安宁和动乱的主要根源。党的第十二次代表大会报告指出："反对霸权主义、维护世界和平，是今天世界人民最重要的任务。"因此，研究苏联霸权主义政策的根源，探讨主要有哪些因素推动和影响这个国家的领导奉行霸权主义政策，在当前无疑有着重要的理论的'和现实的意义。

如果从十月革命后苏联对外政策发展的历史来考察，我们就可以看到，苏联对外政策有一个演变的过程，而最后形成为今天苏联的全球霸权主义政策，是有其历史的、思想理论的，以及社会、经济的根源。本文试图就这三个方面作一些粗浅的分析，供大家讨论。

一、历史根源

苏联霸权主义政策有它深远的历史根源。这就是沙皇俄国的扩张主义和大俄罗斯沙文主义的历史传统影响。

在历史上，历代沙皇在 300 多年时间中，不断向外扩张，进行侵略战争，蚕食周围邻国的国土，使俄国成为地跨欧亚两洲的以大俄罗斯民族占统治地位的多民族的大帝国。非俄罗斯民族处于被压迫地位，沙皇俄国变成"各民族的监狱"。这种状况，使得大俄罗斯沙文主义、扩张主义不但在俄国社会上有深刻影响，而且也不可免地影响到无产阶级政党内部，影响到苏共的某些领导人。沙俄历史传统的影响是客观存在的，而关键问题是共产党人能否在理论上和实践上严格遵循马克思主义的国际主义原则，同这些旧的历史传统影响彻底决裂。

伟大的列宁是同沙俄反动的历史传统彻底决裂的典范。十月革命胜利后，列宁立即实行民族平等、民族自决的马克思主义政策，宣布废除沙俄同外国签订的一切不平等条约。他要求"特别坚决地反对俄罗斯共产党人的大俄罗斯帝国主义思想和沙文主义思想（有时是不自觉的）的残余"[1]，并宣布要"同大国沙文主义进行决死战。"[2] 他清醒地看到大俄罗斯沙文主义、大国沙文主义在党内的深刻影响，并不断同党内的这种错误倾向和表现进行斗争。但是，列宁去世过早，他的民族平等和反对大俄罗斯沙文主义的思想和政策没有得到很好贯彻。

到了斯大林时期，苏联为了对付资本主义包围和战争的威胁，从 30 年代起，强调对苏联人民进行爱国主义教育。这无疑是有必

---

① 《列宁全集》第 30 卷，第 239 页。
② 《列宁全集》第 33 卷，第 334 页。

要的。可是，由于斯大林为首的一些苏联领导人没有能够自觉地同大俄罗斯沙文主义和扩张主义的思想影响彻底决裂，他们在某些问题上逐渐地把爱国主义同沙文主义、国际主义同大国主义混淆起来了，因而在理论上和实践上犯了大国沙文主义的错误。早在30年代中期，斯大林就不同意发表恩格斯的著名论文《俄国沙皇政府的对外政策》，批评恩格斯过高估计了沙皇政权的反动作用。1937年，苏联政府在一个关于苏联历史教科书的决议中，为沙皇吞并格鲁吉亚和乌克兰进行辩解[①]。在这种思想指导下，苏联历史学界违反历史唯物主义和研究历史的阶级分析方法，对沙皇俄国的对外扩张和一些在侵略战争中立了战功的沙俄将领作了片面的评价。在卫国战争中，苏联设立了用沙俄将领的名字命名的苏沃洛夫、乌沙科夫等勋章，并号召红军士兵发扬这些"伟大前辈"的"战斗传统"。战争后期，斯大林在日本投降后《告人民书》中曾说，1904年日本同俄国之间的帝国主义战争是日本侵略了俄国，沙皇政府战败是俄国的一个"污点"，他并且说为了洗刷这个污点，"我们这些老一辈人等待了40年"。在打败德国法西斯后的一次讲话中，斯大林宣称，俄罗斯民族是"苏联各民族的领导力量"、"最杰出的民族"。此后，俄罗斯民族最优秀的论调在苏联就大为泛滥。这样，在第二次世界大战期间和以后，在同一些国家的关系上，苏联犯了一些大国沙文主义错误，在苏联对外政策中，反映出沙俄领土扩张主义和大俄罗斯沙文主义历史传统的某些影响，就不足为奇了。

斯大林领导苏联人民建设了第一个社会主义国家，支持了各国人民的革命斗争，在第二次世界大战中发挥了主力军的作用，打败了法西斯，对世界无产阶级革命和人类进步事业做出巨大贡

---

① 参见［苏］《真理报》1937年8月15日。

献，这是主要方面。他所犯的大国沙文主义的错误，虽然从性质上说主要还是认识上的问题，但其后果却是严重的。

到了赫鲁晓夫，特别是勃列日涅夫时期，随着苏联军事和经济力量的增长，在苏联领导人的头脑中，大俄罗斯沙文主义、帝国主义思想残余恶性膨胀，发展成为全球霸权主义。

为了适应其霸权主义政策的需要，他们更起劲地鼓吹大俄罗斯沙文主义。如果说在斯大林时期苏联还有一些著作对沙俄领土扩张主义、大俄罗斯沙文主义有所批判的话，那么在这一时期，苏联领导人和报刊对沙俄侵略扩张"业绩"，则是百般歌颂和美化，把历史的是非完全颠倒过来。他们鼓吹沙俄对外扩张是为了"防止"别国的扩张，是为了"拯救"、"保护"和"解释"这些民族，起了"进步作用"，被吞并的国家、民族都是"自愿归并"、"重新合并"；他们宣扬俄罗斯民族是"领导者"，是"母亲"[1]。近来苏联还有人著书，宣扬沙皇所进行的战争都是反对"来自几个方面的侵略"、是"正义的，不可避免的"，"在 5 个世纪中，俄国不得不破釜沉舟，举起剑来向它的邻国证明它的生存和发展的权利"，"在一定程度上说，这些战争都是人民的战争。"[2] 苏联领导人还提出，在苏联已建立了以俄罗斯民族为"核心"的"历史性人们共同体"，而且宣扬说，这个共同体"向全人类提供了未来全世界人民博爱体的雏型"。（马谢罗夫、阿利耶夫在 1977 年 11 月 6 日讲话）这实际上是说，他们不但要在苏联建立以俄罗斯民族为核心的"共同体"，而且还要把它扩大到全世界。

他们还坚持沙俄领土扩张主义的立场，千方百计要别国承认苏联占领的一切地方。他们坚持日本北方领土问题"早已解决"，

---

① 参见波诺马廖夫在《历史问题》杂志 1963 年第 1 期上发表的文章，赫鲁晓夫 1964 年 8 月 16 日讲话，马谢罗夫在苏共二十三大上发言。

② 参见〔苏〕《我们同代人》杂志 1981 年第 1 期。

拒绝归还日本的北方四岛。他们在中苏边界问题上，完全不顾事实地否认中苏边界存在争议地区，不但拒绝承认沙俄割占中国领土的条约是不平等条约，而且公然篡改历史，并撰文说《尼布楚条约》是不平等的，是清朝皇帝侵略了俄国，而《瑷珲条约》、《北京条约》只是"俄国部分地收回了清帝国于17世纪和18世纪从俄国夺去的领土。"[①]

在赫鲁晓夫、特别是勃列日涅夫时期，苏联的对外扩张已经不限于欧亚邻近地区，而已扩大到了远离苏联领土的亚洲、非洲、拉丁美洲各地，苏联同美国的争夺已遍及世界海洋和宇宙空间。今天苏联在全世界侵略扩张的大量事实证明，当前的苏联全球扩张战略不仅是沙皇俄国的扩张主义和世界霸权野心的复活，而且是在新的形势下的继续和扩大。

二、思想理论根源

苏联霸权主义政策还有它的思想理论上的根源。苏联领导有一整套为其侵略扩展服务的理论，这是由斯大林时期苏联对外政策和国际共产主义运动中存在的某些错误指导思想发展而来的。

十月革命首先在俄国胜利，苏联是第一个社会主义国家，苏联共产党是第一个执政的无产阶级政党；十月革命后不久成立的第三共产国际，总部又设在莫斯科；在国际共产主义运动中，各国共产党曾经得到过共产国际和苏共的帮助。这些情况自然地使得苏共及俄国革命和建设的经验受到各国革命者的尊重和依赖。当时苏联处在帝国主义的包围之下，在世界革命运动中，维护第一个社会主义国家——苏联，也是符合当时革命运动的利益的。

---

① 齐赫文斯基：《论中俄边界形成史》，[苏]《国际生活》杂志1972年第6期。

以斯大林为首的苏共领导，一方面本着国际主义精神，支持了各国的革命事业，同时也对无产阶级的革命理论做出了重要贡献。但是另一方面，他们却因胜利滋长了骄傲自满情绪和民族优越感。同时在理论上和指导思想上也没有解决好第一个社会主义国家同其他国家的革命运动、以及二次大战后出现的一批社会主义国家之间的关系问题。如他们贯于以老子党自居，以"中心"自居，把苏联经验绝对化，强加于人，等等。

列宁曾指出，俄国革命的某些基本特点具有国际意义，但如果加以夸大，说它不仅限于某些基本特点，就要犯极大的错误。列宁还说，将来如果有一个先进的国家无产阶级革命取得胜利，就很可能发生一个大变化，那时，俄国在苏维埃和社会主义意义上来说，很快又会成为落后国家，不再是模范的国家了。列宁在十月革命胜利前后一再强调，"一切民族都会有自己的特点"[1]。他还指出，"必须预计到其他国家的一切发展阶段，决不要从莫斯科发号施令。"[2] 但是，以斯大林为首的苏共领导，没有贯彻列宁的这些思想。早在1926年，斯大林在解释列宁主义的时候，就把列宁的理论和策略的某些方面加以绝对化，说成是根据帝国主义的条件，为一般帝国主义国家所订制的，强调他所概括出来的列宁主义的理论原理和策略原理，"对于各国无产阶级政党都是适用和必要的"。斯大林还说，要做一个国际主义者，就得"绝对地、毫不动摇地、无条件地捍卫苏联"[3]。他进而指出，苏联是"世界各国革命者"、"自己的惟一的祖国"[4]。在20年代和30年代，苏共曾通过共产国际指挥各国党，要他们服从于苏联的对外政策。共

[1] 《列宁全集》第23卷，第64～65页。
[2] 《列宁全集》第29卷，第148～149页。
[3] 《斯大林全集》第10卷，第47页。
[4] 《斯大林全集》第13卷，第24页。

产国际解散后，苏联继续干涉各国党的内部事务。第二次世界大战结束以后，苏联把自己的社会主义模式移植到东欧国家，而且力图从各方面对东欧国家加以控制；南斯拉夫主张走自己的社会主义道路，苏联对其进行打击和组织围攻。

到了赫鲁晓夫、勃列日涅夫时期，随着苏美力量对比的变化，苏联逐步发展成为能同美国实力相抗衡的核军事大国，大国利益和实力地位越来越成为苏联对外政策的基础。如果在斯大林时期，苏联领导人还把苏联一国社会主义的彻底胜利同世界革命的胜利联系起来，因而必须考虑支持各国革命的话，那么从赫鲁晓夫在苏共二十一大的报告中宣布"苏联已不存在资本主义包围，社会主义已取得完全彻底的胜利"之后，在苏联领导看来，所谓"世界革命进程"就只能从属于苏联一国的利益，只能被纳入苏联扩张战略的轨道上了。

正是在这种思想指导下，他们一再宣扬世界各地都与苏联这个世界大国的利益有关的论调。葛罗米柯1968年6月27日在苏联最高苏维埃会议上的报告中声称："苏联是位于欧亚两大洲的大国，但是苏联的国际利益的范围决不限于它的地理位置。"葛罗米柯1969年7月10日在苏联最高苏维埃会议上的报告中进一步宣扬苏联"作为一个世界大国"，"即使地理上遥远，但是却涉及我们的安全和涉及我们朋友安全的那些事件，也不能消极对待。"勃列日涅夫在苏共二十五大的报告中则宣称：苏联制订对外政策时，"地球上没有哪一个角落的情况不以某种方式加以考虑"。正是在这种思想指导下，他们为自己的种种霸权主义行径制造了一整套所谓"理论"依据；在国际共运中，他宣扬苏联是世界革命的"基地"、"核心"。他们以"无产阶级国际主义"为名，要求各国党服从于苏联提出的、实际上是从苏联一国利益出发的"世界总战略"。他们声称，苏联是"现实的社会主义"，苏联的经验是

"独一无二的"，"具有重要的普遍意义"，谁要走符合自己本国特点的道路，就是"背离整个马克思主义"①。

他们提出所谓"社会主义国际主义"，否定其他社会主义国家的民族独立和主权。在苏联出兵侵捷之后，苏联报刊公然宣扬"各民族对其所处国家体系来说，不可能有绝对的独立性"，"民族主权本身并不独立存在"，苏对捷出兵是"真正兄弟般地保卫这个主权"，是履行所谓"国际主义义务"。

对第三世界国家，他们提出苏联是第三世界国家的"天然盟友"论。把对第三世界国家的侵略扩张说成是"履行国际主义义务"。在入侵阿富汗之后，勃列日涅夫说，苏联出兵是因为"阿富汗受到了外来的侵略"，"严重威胁苏联的安全"，是应阿富汗领导人的请求出兵的。苏联报刊竟宣称"不干涉原则固然是好的，但国际法并不存在于真空中"。苏联报刊还歪曲引用了列宁关于社会主义在一国胜利后，"必要时可以用武力反对剥削阶级及其国家"的一句话为其对阿富汗出兵辩解，但避而不谈列宁讲的是"自卫战争"的这个极为重要的原则。还宣称对阿富汗出兵是什么"履行国际主义义务"。在这类作者的笔下，列宁主义、国际主义竟被歪曲成为军事扩张主义。

如果联系到苏联报刊这一时期宣扬的"苏联武装力量对内职能已消失，对外职能扩大了"，"具有广泛的国际主义性质"，"维护边界以及保卫社会主义祖国已超出了一国的范围"等等论调，我们可以看到，特别到了勃列日涅夫时期，苏联对外政策已完全把苏联的霸权利益放在高于一切的地位，并且可以赤裸裸地使用武力实现这种利益。马列主义、国际主义已被歪曲、篡改为"侵略有理"的同义语。在苏联认为有必要使用武力入侵别的国家时，

---

① 〔苏〕苏斯洛夫：《列宁思想和事业的历史正确性》，载《共产党人》杂志1980年第4期。

什么其国家和民族的独立和主权、国际法、不干涉原则等等，统统可以不顾。由此可见，斯大林时期在对外政策和国际共运中的一些错误指导思想，到了勃列日涅夫时期，已最后演变为完全背弃马列主义和国际主义，为苏联依靠武力进行侵略扩张作辩解的霸权主义理论。

三、社会和经济根源

苏联霸权主义政策还有它的社会和经济根源。

促使苏联领导向外扩张的因素，从社会和经济方面来说，主要有下列几个方面：

第一，苏联霸权主义政策来源于苏联上层领导的专权地位和他们的特殊利益。

苏联领导通过高度集中的官僚化的国家机器掌握政治和经济大权，而人民则缺乏政治的和经济的民主。长期以来，这种情况在苏联已趋于固定化。在这种体制下，形成了上层集团的权势地位以及他们的特殊利益。由于苏联上层领导的地位和特殊利益是依靠这个体制来保证和实现的，因此，巩固和推行这种体制，实际上就成为他们一切政策的出发点。为此，他们竭力把苏联现行的政治经济体制，把苏联一国的经验鼓吹为各国建设的"共同规律"。他们这样做目的就是要使这种体制绝对化、神圣化，从而使苏联上层领导的地位和利益合法化、永久化。另一方面，他们竭力反对一切试图突破现行苏联模式的改革思想和改革运动。苏联领导害怕本国的体制发生重大变革，同时也害怕已经采取苏联模式的"大家庭"国家内部发生重大的变革。东欧国家任何成功的革新运动和随之而来的独立自主的趋向，不但会危及苏联在那里的霸权地位，而且革新的潮流还会波及苏联本身，给苏联领导的统治带来严重威胁。一旦出现这种情况，他们就要用各种手段进行干涉，力图控制，直至出兵镇压。第二次世界大战已经过去37年，苏联还要在东欧保持几十万驻军，这除了是为同美国争夺西欧以外，更重要的是为了维护和巩固在一些东欧国家按照苏联模式建立起来的政治经济体制。苏联领导通过政治、经济、军事和意识形态的所谓"一体化"，力图对"大家庭"各国实行严密的控制，并且一次又一次地使用武力或以武力相威胁的方式，扼杀那里发生的试图突破苏联模式的改革运动。1968年苏联竟悍然出兵入侵捷克，将捷共改革试验残酷地镇压下去。这充分说明了苏联领导人对这场改革的敌视和恐惧。

苏联领导不仅要在"大家庭"内部维护和巩固苏联社会模式，而且还要把这种模式推广到全世界。长期以来，苏联有时明显有时隐晦地攻击和破坏南斯拉夫的自治道路。近些年来又加紧"批判""欧洲共产主义"，这些都是为了维护苏联模式的"正统性"，维护苏联在国际共运中的霸权地位。苏联对第三世界国家凡是能够伸进手脚的地方，极力培植亲苏势力，开出所谓"以社会主义为发展方向"的药方，鼓吹建立"先锋党"等等，力图逐渐把苏联的社会模式也移植到这些国家中来，以便于它进行控制。

第二，苏联的霸权主义政策，又同苏联经济的畸形发展所产生的各种矛盾有联系。

苏联经济在战后有很大发展。虽然几经改革，但是高度集中的官僚化的管理体制和片面发展重工业、军事工业的畸形经济结构未得到根本的改变。因此，这种畸形经济的发展，不可避免地带来了很多矛盾。

这些矛盾主要表现在：军事工业和有关的重工业部门获得很快发展，但农业、轻工业落后，消费品生产长期不足；工农业拥有巨大固定资产，但生产效率低，质量差，浪费巨大，先进技术推广缓慢。在这种经济基础上创造了强大的军事力量，使苏联在军事上达到了同美国的均势地位，但同发达的资本主义国家比较，苏联的技术水平、劳动生产率、以及人民生活水平，则落后很多。在这些矛盾推动下，苏联竭力扩大同它的对外扩张战略相结合的对外经济联系，以便寻求解决矛盾的出路。通过这种经济联系，苏联一方面试图缓和自己的困难和矛盾，同时又想达到对一些国家进行控制、渗透和扩张的目的。苏联在这方面的霸权主义表现形式，随着苏联与之发展经济联系的国家类型的不同而有所不同。

对经互会国家，苏联主要依靠加紧推行经济一体化的手段来加强控制。它借口"国际分工"、"专业化"和"协作"，利用东欧国家的生产能力和科技力量，为苏联生产它所需要的机器设备和民用工业品和消费品，以保证苏联能把更多的资金投入军事工业，特别是尖端军事技术。东欧国家根据专业化分工所生产的产品主要供应苏联，1966 年至 1980 年间，苏联从东欧进口的成套设备，占苏联机器设备投资总额的 12％，在科学技术方面，苏联 1/3 的科技问题是在东欧科技人员的参加下解决的。这对弥补苏联由于把大批最优秀的科技人员投入军事部门而在国家科技发展领域造成的缺口，起了重要作用。今天，东欧国家的经济已成为苏联畸形经济得以维持和发展的重要支柱。东欧任何国家独立自主倾向的发展，不仅会在政治和战略上，而且也会在经济上给以苏联以沉重打击，因而为苏联所不容。

苏联对第三世界国家的扩张和渗透，主要通过"军援"和"经援"。苏联提供"军援"、"经援"，首先着眼于政治和战略的利益，但同时也是为了解决畸形经济所造成的困难，寻求产品市场和廉价原料供应地。例如，机器制造业是苏联一个庞大的工业部门，1980 年占全部工业产值的近 30％，苏联同第三世界国家贸易的重要特点就是大量销售机器设备。1980 年苏联同第三世界国家的贸易总额达到 120 亿卢布，出口额中机器设备占一半以上。70
年代以来，特别是最近五、六年，苏联在第三世界国家的援建项
目主要着眼于换取原料、燃料和消费品。控制重要原料和燃料产
地，特别是控制石油和其他战略资源产地，已成为苏联向第三世
界国家扩张的重要战略目标。

苏联对西方开展所谓"缓和"外交，一方面是为了瓦解西方
联盟；另一方面也是为了从西方捞取经济实惠，解决国内由于资
金短缺和技术落后造成的经济困难。例如，到 70 年代末，苏联从
西方国家的借款达 270 亿美元，同西方国家签订的补偿贸易协定
也有 100 多个。通过这些途径，苏联获得了国内迫切需要的资金
和先进技术，从而可以把更多的力量腾出来用于扩军备战。

第三，在畸形经济的基础上不断膨胀的军事力量，对苏联领
导人的心理、思想方法和政策考虑产生了深刻的影响，促使他们
的扩张欲望进一步增强。

与畸形经济增长相联系，苏联现在能向世界夸耀的主要成就，
是在军事装备上赶上和在某些方面超过美国。多年来，苏联领导
一直把大量的人力、物力和财力投入扩军备战，同美国争夺军事
优势。1980 年，苏联国民收入只相当于美国的 2/3，但是实际军
费却高于美国。苏联拥有的战略导弹、战略导弹潜艇，在数量上
超过了美国，质量上也逐渐同美国接近。苏联武装力量在人数上、
常规军备在数量上都大大超过美国。即使在这种情况下，苏联也
丝毫没有放慢扩军备战的步伐。不久前，苏联领导人还声称，苏
联要"不惜任何代价"，"宁可在经济上做出牺牲"，也要同美国继
续进行军备竞赛。苏联领导人为什么把发展军事力量看得如此重
要，以至宁可在经济上做出牺牲也在所不惜呢？最根本的是为了
保持苏联作为超级大国的地位，而保持这种超级大国地位是为维
护他们的政治经济利益和领导权力所必需的。

苏联迅速膨胀的军事力量，尤其是它拥有的大量战略核武器，反过来也对苏联领导的心理、思想方法和政策考虑产生深刻的影响。在这种强大的军事物质技术基础之上，更滋长了他们的沙文主义、黩武主义和大国强权的思想。在他们看来，有了强大的军事力量，有了庞大的核武器系统，就有了一切，就有权称霸世界。因此他们把苏联迅速膨胀起来的军事力量，把苏联在力量对比方面实现的同美国的"军事战略平衡"，看成是具有"原则性的和真正历史意义的成果"。军事力量的迅速发展，黩武主义和大国强权思想的滋长，强烈地刺激着苏联领导的对外扩张野心，促使他们在世界各地抢占军事基地，加紧军事部署，并利用常规力量的优势，一次又一次地推进他们的全球扩张战略。

大规模的军火生产和堆积如山的武器，占去了大量的社会财富，使苏联经济负担越来越重。为了摆脱这种困境，苏联领导除了向"兄弟国家"销售武器以外，还积极向第三世界寻找军火市场。1954 年到 1981 年，苏联向第三世界国家出售的军事装备总额就达 626 亿美元，仅 1977～1981 年，出售军火额就达 350 亿美元，成为苏联换取硬通货和原料、食品的重要手段。随着军火的出口，苏联又派出大批军事人员渗入受援国，力图加以控制。苏联在第三世界的立足点，可以说，主要是利用这一地区同西方国家的矛盾以及这一地区的内部矛盾，通过提供军事援助的方式获得的。

综上所述，可见苏联对外推行的霸权主义政策，并不是哪一个领导人一时的错误，而是在国内多方面的因素影响之下形成起来的。概括起来说，上层领导在政治上和经济上的专权地位，畸形的经济结构和庞大的军事力量以及军火武库，大俄罗斯沙文主义、沙俄扩张主义的历史传统的影响，在对外政策方面背离马列主义和国际主义原则，搞实用主义，在思想理论上把苏联一国利

益说成是国际主义的最高利益，把苏联的扩张冒充为社会主义的
发展，所有这些因素结合在一起，就产生了当前这个苏联型的全
球霸权主义。十分明显，苏联的这种霸权主义政策不仅是对世界
和平的威胁，也是同苏联广大人民的利益背道而驰的。

目前勃列日涅夫执政时期已告结束，苏联新的领导人已经上
台，苏联正面临着国内外一系列问题，经济问题更为严峻。在这
种情况下，苏联新领导会不会不改变前领导推行的霸权主义政策
呢？这个问题引起全世界的关注。根据上面的分析，苏联霸权主
义政策是由国内各种因素决定的，而且这些因素根深蒂固，盘根
错节。因此，难以期望，随着领导人的更换，对外政策跟着也会
发生根本的变化。但是，常常也有这样的情况，面对重重的矛盾
和困难，为了寻找出路，不想变也得变。问题是向哪个方向变，
变到什么程度。当然，对世界爱好和平的人民来说，只要是向好
的方向变，哪怕是局部的微小的变化，也应该受到欢迎。但是，
也不能排除坚持不变，仅仅把"缓和"、"改善关系"当做一种策
略手腕，变换形式地继续推行霸权主义。事情究竟会怎样发展，
这完全要由苏联新领导的实际行动来作出回答。

（载《苏联东欧问题》杂志 1983 年第 2 期）

和平共处五项原则和中苏关系问题

我想借此机会着重讲一下和平共处五项原则和中苏关系问题。大家知道，我国政府早在 1956 年 11 月，也就是在和平共处五项原则诞生两年之后，就曾在关于苏联政府 1956 年 10 月 30 日宣言的声明中，针对当时苏联在处理同东欧一些国家的关系中所存在的错误，明确指出，中华人民共和国一向认为，互相尊重主权和领土完整，互不侵犯，互不干涉内政，平等互利，和平共处五项原则，应该成为世界各国建立和发展相互关系的准则。声明还强调在各国相互关系中必须防止忽略各国平等的原则和犯大国沙文主义错误。在当时的历史条件下，我国就已阐明了和平共处五项原则作为世界各国关系基本准则的普遍适用性。

中苏两国人民有着传统的友谊，中苏两国曾经在革命和建设中进行过长期的合作。不幸的是，在以后的岁月中，由于苏联推行霸权主义政策，作为两国关系基础的和平共处五项原则遭到了践踏和破坏，致使中苏关系日益恶化，以致长期处于严重对立状态。中苏两个邻国之间的这种不正常关系，对两国人民、对亚洲局势的稳定和世界和平都是不利的。我国人民和政府真诚地希望中苏两国关系能够在和平共处五项原则的基础上实现正常化。为了顺利进行社会主义现代化建设，我们需要一个和平的国际环境，希望有一个和平的边境。在经济方面，中苏两国各有自己的优势和长处，发展和扩大两国的经济、技术和文化交流，对两国也都有好处。最近两年，两国进行了几轮磋商，贸易和人员往来有了增加，我们为此感到高兴。但是，我们也不能不看到，苏联至今仍在中苏边境和蒙古派驻重兵，继续支持越南侵略柬埔寨和对中国挑衅，继续侵占中国的邻邦阿富汗。这些情况严重威胁着中国的安全，也是根本违背和平共处五项原则的。这是中苏两国关系的改善近年来所以没有取得实质性进展的主要障碍。

还必须指出，迄今苏联仍有一些人在制造种种站不住脚的论点为苏联在对外关系中推行违背和平共处五项原则的错误政策辩护。其一，把国际主义和和平共处五项原则对立起来，借口所谓无产阶级国际主义，指责别的国家根据本国的具体情况走自己的道路，是搞所谓民族主义，实质上就是否定各国的平等和独立自主。恩格斯在上个世纪末就曾指出，"国际联合只能存在于国家之间，因而这些国家的存在，它们在内部事务上的自主和独立也就包括在国际主义这一概念本身之中。"不尊重别国的独立自主和国家间平等的原则而侈谈国际主义，那不可能是什么国际主义，而只能是霸权主义。

其二，所谓改善两国关系不应该损害第三国利益的说法。众所周知，苏联支持越南侵略柬埔寨和对中国进行挑衅，武装入侵阿富汗，早就损害了柬埔寨和东盟国家等一系列第三国的利益。在苏联同越南等国的关系中，中国是第三国，中国的利益早已受到了损害。借口不应该损害第三国的利益，拒绝消除威胁中国安全的客观事实，实际上就是不想采取改善两国关系的切实步骤。

中国实行独立自主的对外政策，决不会依附于任何大国和大国集团，也决不会屈服于任何超级大国的压力和威胁。我们希望实现中苏两国关系的正常化，这是出于对两国人民的友谊和利益的考虑，出于稳定亚洲局势和维护世界和平的考虑。苏联如果不是在口头上而是在实际上愿意改善中苏关系，就应当在排除障碍方面迈出步子，用自己的实际行动来表明自己是否真正遵循当代国际关系的基本准则——和平共处五项原则。

（此文是在和平共处五项原则诞生 30 周年座谈
会上的发言，载《纪念和平共处五项原则诞
生 30 周年》，中国人民外交学会编，世界知
识出版社 1984 年版）

书　　评

追踪研究的重要成果

——《苏联解体前后》序言

本书是著名的苏联问题和国际问题专家俞邃撰写的论述苏联解体前后的变化和国际形势新发展的一部文集。涵盖的时间大致从 80 年代中期到现在。

从 80 年代中期到 90 年代最初几年，是个不平常的年代。短短 10 年左右的时间，世界发生了一系列重大变化。其中最重要的是世界上第一个社会主义国家——苏联发生剧变和解体。这个变化在国际上的直接影响，是战后维持了 40 多年的雅尔塔体制宣告解体，两极格局最后终结。对社会主义运动的直接影响，是传统的苏联模式宣告破产，把苏联奉为惟一模式的社会主义运动也从此终结，世界社会主义运动实际上进入了一个新的阶段。对苏联国内来说，苏联解体给各新独立国家造成了巨大困难，为了解决这些困难和矛盾，新独立各国正在努力通过各种途径，探索符合自己民族国家利益的新模式、新道路。

苏联的剧变和它在国际上和苏联国内引起的重大变化，把一系列新的问题提到关心世界和平前景和社会主义命运的人们的面前。这些问题是：冷战结束后，世界格局将如何变化？世界主要矛盾会有什么变化？苏联发生变化的原因何在？世界社会主义的前景究竟将如何？独立国家联合体各国，特别是在联合体继承前苏联地位的俄罗斯，今后趋向究竟怎样？独联体今后的命运又将如何？

俞邃同志在本书中的论述，正是对以上问题的回答。

这些问题，虽然在我国理论界、国际问题研究界、苏联东欧问题研究界，已有不少文章加以论述，但俞邃的这个文集却有自己的特色。

首先，这个文集所论述的问题具有连续性和系统性。作为长期从事苏联问题和国际问题研究的专家，作者必须不断追踪各个时期一系列重要国际问题的发展变化，因而在这个文集中，很自然地留下了他辛勤劳作，长期对苏联、对国际问题追踪研究的轨迹，显示出在各个问题研究上的连续性、系统性。在这个文集中，我们可以看到对戈尔巴乔夫从上台执政直到苏联解体这 6 年多期间各方面问题的分析和评论；可以看到对苏联解体后的国际形势、世界格局新特点的连续性的研究和评论；可以看到对俄罗斯形势以及独联体问题和前景的连续研究和评论；最后，还可以看到对苏联剧变原因的多角度的思考，以及对世界社会主义运动前景的分析和评论。正是这种长期的持续的追踪和研究，使作者具备了研究苏联和国际问题所必需的深厚功底，同时使研究的问题都能做到言必有据。

其次，在一些重要国际问题的评论上，显示出作者对国际问题观察的敏锐性、创新性，同时又比较全面和实际。比如，对戈尔巴乔夫新思维理论的评论，当这个思想初见于报刊时，作者在指出其一定的积极方面的同时，就强调指出了这个思想的矛盾性和局限性，它的宣传性和可疑性，应说眼光是比较敏锐的。在冷战结束后世界主要矛盾的变化问题上，作者在分析了冷战后发达国家之间矛盾突出和发达国家与发展中国家矛盾加深的形势之后指出：在苏联解体后有人认为西方国家同社会主义中国的矛盾必然上升到首位，这种看法是不符合实际的。这种摆脱资本主义同社会主义不论什么时候都是主要矛盾的教条，而从客观实际存在的矛盾出发来观察国际形势的观点，既创新，又实际，是很可贵的。在世界格局变化问题上，针对那种认为冷战结束后，世界的不确定因素过多，难于对当前世界格局提出某些明确看法的观点，作者提出，两极格局终结两年多来，虽处在向多极化过渡的转折时期，但"一超多强"的政治多极的局面已变得更为明朗，那种世界格局的"不可知论"是不可取的。在独联体的发展趋势问题上，作者在其形成伊始面临生存危机之际，便在对前苏联各共和国之间内在深刻联系的分析基础上，指出独联体的矛盾与协作并存，经过艰难的过程有可能保持下去。在俄罗斯局势如何看待的问题上，针对过度估计俄罗斯当前困难的观点，作者提出，对俄罗斯的潜力、后劲，必须有足够的认识，对俄罗斯的复兴，宁可估计得早一些、快一些，这将有百利而无一害。这样观察问题，显示出一种高屋建瓴的政治气概，是颇有见地的。

再次，在总结苏联东欧剧变的教训中，提出一些对我国社会主义建设有借鉴意义的论点。作者总结戈尔巴乔夫改革失败的教训时，指出改革失败的几个主要原因，其中特别强调了戈尔巴乔夫放弃和取消了共产党的领导的错误，认为这是造成全国大乱的核心问题。作者列举了苏联剧变和解体的历史原因，其中强调了苏共发生蜕变，严重脱离群众，丧失人民拥戴的这个根本问题；还指出，经济没搞好，人民生活提高缓慢，没有巩固的经济基础，社会主义就站不住。此外，作者还强调了苏共领导忽视了国内存在阶级斗争的现实，对西方渗透缺乏警惕，70年代同西方扩大交流，西方观念得以自由输入，实际上苏联社会主义已在悄悄发生演变。这样来总结苏联失败的教训，就把有借鉴意义的东西更突出出来。作者还认为，戈尔巴乔夫的错误改革路线得以实施，是同历史遗留积弊及其消极影响有密切关系的，揭示出戈氏的错误路线得以推行的历史原因，这样的见解是深刻的。

最后，作者以对苏东国家剧变后的形势进行实事求是的分析为依据，表达了社会主义经过曲折道路，最后必然走向胜利的坚定信念。作者强调，苏东剧变主要是传统社会主义管理模式出了问题，是领导社会主义建设的执政党出了问题，而不是社会主义的失败。作者认为，社会主义在原苏东国家仍然表现出顽强的再生能力，人民群众对社会主义的怀念日增，中左力量呈上升趋势。以社会主义为方向的政党和组织，在新形势下，越来越自觉地总结正反两方面经验教训，探索适合本国国情的发展道路。作者指出，在剧变发生的最初几年，许多党的口号变了，社会主义字眼少了，但这是否就是背离社会主义？还要作具体分析。重要的是看发展和结果。对于苏东国家社会主义新模式的探索的成效，固然不应抱盲目乐观态度，但悲观主义也是没有根据的。作者认为，不能以是否回到苏联模式来判断是姓"社"还是姓"资"，社会主义模式多种多样，但从长远看，最富有生命力的应是"本国特色的社会主义"。作者对新形势下前苏东国家一些以社会主义为方向的政党的探索进行分析，总结出多种模式的有本国特色的社会主义是最有生命力的这一结论，这就展示了社会主义虽经历曲折道路而必将胜利的前景。

以上只是粗略列举这本文集的主要特色和所论述的几点主要内容。仅从这些内容，已可看出这本文集所论述问题的广泛性、现实性以及这些问题的重要的理论和实践意义。

在这本文集之前，作者已经出版过一本题为《莫斯科的冬与春——一个时代的终结》的专著，是专写戈尔巴乔夫改革的，得到了读者的好评。我相信，这个文集以它密切联系现实的丰富内容和流畅犀利的文笔，一定会使读者开卷有益。

（载《当代世界社会主义问题》杂志 1994 年第 4 期）

《苏联剧变研究》评介

由江流、徐葵、单天伦主编的《苏联剧变研究》，是以探讨苏联剧变的原因和教训为中心内容的专著，是中国社会科学院重点研究课题的一项研究成果。全书除前言外，共分八章：七章为专题研究，由中国社科院的有关研究所组成课题组，分别从政治、经济、共产党、意识形态、对外政策、民族、宗教等七个方面探讨苏联剧变的直接原因和剧变在经济、政治、思想等领域的历史根源及教训；一篇为综合研究，由综合课题组在专题研究的基础上，综述苏联剧变的基本原因和教训。最后附有苏联历史大事年表。把专题研究与综合研究相结合，既有专题研究，又有综合研究，是本书的一个明显特点。

无论专题研究或综合研究，由于作者长期从事过苏联研究，他们以马克思主义观点为指导，结合长期研究中掌握的丰富资料，对所研究的问题都能提出比较有说服力的见解，做出有根据的回答。因而在所研究问题的一些论述上，也显示出一定的特色。

在苏联剧变的历史原因问题上，本书没有把责任仅仅归咎于某个时期的苏联领导个人，而着重从斯大林执政时期形成的社会主义模式，即斯大林模式的弊端和僵化中来探索苏联剧变的历史原因，这个思路是合乎实际的。作者认为，苏联剧变从历史上看，其原因在于以高度中央集权为特征的斯大林社会主义模式所包含的弊端和由于弊端严重化而引起的社会危机。作者分析了斯大林模式在思想理论、政治和经济方面的特征及其弊端，指出这个模式曾在历史上起过积极的作用，但在战后历史发展中，这个在特殊历史条件下形成的模式被绝对化、固定化，以致这个模式日益僵化，积弊愈益加深；赫鲁晓夫、勃列日涅夫这些继任者继续坚持了这个模式，没有进行实质性的改革，以致积弊更为严重，经济衰退，群众信心动摇，社会危机深化。戈尔巴乔夫得以乘机推行反社会主义的错误路线，把苏联引向绝路。本着这样的历史唯物主义态度来探索苏联剧变的历史原因，就可使人认识到，苏联所以发生剧变，其根源在于僵化的斯大林社会主义模式，而并非由于社会主义制度；苏联的失败，仅仅是一种僵化的社会主义模式的失败，而绝非社会主义制度的失败；也使人对传统的社会主义模式进行改革的迫切性有了更为深切的认识。

本书对苏联经济模式及苏联经济危机的根源及其特点的分析有一定深度。作者认为，以高度集中的计划经济和重工业、军事工业优先发展为特征的苏联经济模式，是一种准军事型的经济发展模式，它的致命弱点是高消耗、低效益。作者指出，这种经济模式是特殊历史条件下的产物，并不能合理体现社会主义的经济本质。战后时期这种模式被固定化、绝对化，没有根据新的条件加以改革和调整，正是这个经济模式矛盾的发展，导致苏联经济先是发展速度减慢，随后陷入停滞，最后在戈尔巴乔夫错误路线下，经济危机全面爆发。由于经济模式的上述特点，苏联经济危机也带有自己的特殊性。作者认为，苏联经济危机是苏联经济模式的各种矛盾积累和深化的结果，它经历了一个由潜伏、渐发到全面爆发的长期演化过程，具有潜伏性特征。这些分析都是有见地的。

本书辟有专章论述苏联剧变的政治根源，这是本书的又一个特点。为了总结苏联剧变的历史教训，这是一个非常重要的方面。苏联剧变虽然主要发生在戈尔巴乔夫执政的最后几年，但这种变化却同苏联 70 年间形成的政治体制中积累下来的严重弊端有重大关系。这种政治体制形成于斯大林执政时期，后来基本上持续下来。作者指出，这个政治体制的主要弊端是：个人过分集权，在党和国家政治生活中缺乏民主，出现严重破坏法制现象；党包揽一切，苏维埃制度有名无实；名为联盟制国家，民族平等的原则遭到破坏；长期实行事实上的领导干部委任制，高级领导干部的终身制，党政领导层官僚化、特殊化，严重脱离群众；忽视党的建设，形成不良的党风。正是这种个人过分集权的党和国家领导制度，在政治生活中长期缺乏民主，以致严重破坏法制，使戈尔巴乔夫的民主化、公开化，民主的人道的社会主义一套得以比较容易地被人们接受；同时，这种个人过分集权的党政领导体制又使戈尔巴乔夫可以顺利地不受阻碍地推行他的错误路线。邓小平在《党和国家领导制度的改革》一文中曾就苏联和我国党和国家领导制度中个人集权过多问题指出："这种制度问题，关系到党和国家是否改变颜色，必须引起全党的高度重视。"① 小平同志这段话是非常深刻的科学论断，它应成为我们分析苏联剧变的政治根源的指针。

本书对苏联意识形态演变的分析有独到之处。作者指出，在苏联，意识形态的演变是从 1953 年中批判个人崇拜现象特别是苏共二十大大反斯大林之后开始的。而演变的根源却在于斯大林时期的教条主义统治。由于斯大林时期教条主义泛滥，思想僵化，

---

① 《邓小平文选》第 2 卷，第 333 页。

理论严重脱离实际，马克思主义意识形态实际上并未为广大干部和群众所掌握，没有在思想上牢牢扎根。因而，苏联意识形态演变的可能性早就以潜在形式存在着，后来随着 1953 年以后事态的发展，这种长期潜伏着的演变的可能性就逐渐突现出来，并变成为现实。这种见解，指出教条主义统治与后来意识形态向右演变的内在联系，对我们深入探讨苏联意识形态工作的经验教训是有重要意义的。

综观全书，经过作者集体的共同努力，应该说是基本达到原来预期从总体上和从各个侧面来探讨苏联剧变的原因和教训的要求。虽然，如本书前言所说，这仅仅是初步的阶段性的成果，但它为进一步研究苏联剧变问题的历史教训铺下了深入认识的阶梯。苏联剧变问题是一个众所关心的大问题，它涉及面很广，因此，《苏联剧变研究》这本专著不仅对于关心苏联剧变的我国广大读者会有兴趣，而且对于我国学术界，对于我国曾从各个方面（政治、经济、国际、哲学、社会主义理论、党建等）关心苏联发展的各研究界，也将是一部有参考价值的读物。

（载《东欧中亚研究》杂志 1995 年第 4 期）

研究苏联社会主义思想文化模式发展史的重要成果

——《苏联文化体制沿革史》评介

　　《苏联文化体制沿革史》（1917～1982 年）系《东方历史学术文库》丛书之一，是苏联历史学家马龙闪同志撰写的专著，已由中国社会科学出版社出版。全书除前言和结语外，共分七章，记述了前苏联文化体制由初创阶段和新经济政策较为宽松时期到高度集权的文化领导体制的形成与确立以及战后文化体制趋向僵化、出现变革、又转为僵化的曲折发展历程。

　　本书以研究文化体制沿革为主线，在历史叙述中展示了前苏联社会主义思想文化模式作为总体的发展历程。思想文化模式是前苏联社会主义模式的一个重要方面。过去研究前苏联社会主义模式，大多侧重经济和政治方面，而文化思想方面的研究则相对薄弱。本书在这方面进行了全面和深入的探索，做了开拓性的工作，是非常可贵的，这成为本书的一个重要特色。

　　本书特别着重研究了斯大林时期文化体制的形成与发展，用了三章（第三、第四、第五章）占全书 40％的篇幅，研究了斯大林时期文化体制的形成、确立到战后趋于僵化的发展过程，展现了一幅思想理论斗争发展为政治斗争的广阔历史图景。本书还概括了斯大林时期与个人崇拜相联系，教条主义占统治地位的苏联意识形态模式的六点特征。对斯大林时期意识形态的这种比较全面的探究，对于深入认识前苏联社会主义思想文化模式以及整个苏联社会主义模式的发展都具有重要意义。突出斯大林时期思想文化模式的研究是本书的又一特色。

本书对前苏联意识形态斗争和文化教育领域的沿革资料搜罗比较丰富，特别值得提出的是，有一批有价值的苏联档案资料，经过作者的辛勤搜集，得以第一次呈现在中国读者面前，这也构成本书的一个特色。

在结尾中，本书以专门一节总结了苏联党政领导在文化和意识形态工作中的七点经验教训，其中不少见解有独到之处；与此相呼应，在前言中，作者认为，"研究苏联文化体制及其历史变迁的过程，可以从一个特定侧面探讨苏联的剧变，某种意义上说可以从更深的层面上追寻其剧变的原因"，这个见解也是比较深刻的。

本书也有不足之处。如在第七章勃列日涅夫时期文化体制一章之后，可能因继任者任期过短，或因变动过多，安德罗波夫、契尔年科及戈尔巴乔夫时期的文化体制的发展都未涉及。虽然如此，本书仍然是一本研究苏联文化体制发展史，实质上也是研究前苏联社会主义思想文化模式发展史的力作，是这个领域研究的一项重要成果。

（载《东欧中亚研究》杂志 1997 年第 1 期）

作者著作目录

1.《苏联剧变的深层原因》（《文集》前言的一部分），1999 年 5 月 5 日完稿。

2.《中苏两党关系恶化直至分裂的原因和历史教训》，1999 年 3 月完稿。

3.《战后新时代与苏联社会主义》，1999 年 3 月完稿。

4.《对 60 年代中苏大论战的评价和几个争议问题的回顾》，1998 年 5 月完稿。

5.《研究苏联社会主义思想文化模式发展史的重要成果》（评介），《东欧中亚研究》1997 年第 1 期。

6.《苏联落后于时代的教训和邓小平理论的时代精神》，《东欧中亚研究》1996 年第 1 期。

7.《战后新时代和苏联由盛转衰的时代根源》，《世界历史》1996 年第 4 期。

8.《"苏联剧变研究"评介》，《东欧中亚研究》1995 年第 4 期。

9.《20 世纪世界社会主义的回顾》，载于《20 ~ 21 世纪社会主义的回顾与展望》文集，1995 年 8 月版。

10.《追踪研究的重要成果》（序言），《当代世界社会主义问题》1994 年第 1 期。

11.《苏联剧变的历史教训》，《当代世界社会主义问题》1994 年第 1 期。

12.《指导思想错误是苏联失败的根本原因》，1993 年 3 月 25 日于北大。

13.《权力过分集中的党政结合体制使苏共严重脱离百姓和走向蜕化》，1993 年 4 月 8 日于北大。

14.《关于苏联历史上民族关系方面的矛盾和潜伏的危机》，"独联体问题之一"，1993 年 11 月。

15.《重新认识斯大林的历史作用》，载于《关于斯大林问题再认识》文集，中国社会科学文献出版社，1993 年 2 月版。

16.《苏联经济军事化的形成发展及其主要历史教训》，《东欧中亚研究》1992 年第 5 期。

17.《新思维和戈尔巴乔夫改革道路的破产》，《苏联社会科学研究》1992 年第 1 期。

18.《关于社会主义与现代科技革命》，载《从列宁到戈尔巴乔夫：苏联社会主义理论的演变》，东方出版社 1992 年 12 月版。

19.《40 年来处理中苏关系的历史教训》，1992 年于座谈会上的发言。

20.《苏联剧变的直接原因和历史原因》，1991 年 11 月在广州农业部会议上的报告。

21.《认真研究苏联社会主义超越阶段的历史教训》，《苏联社会科学研究》1988 年第 4 期。

22.《苏联政治体制改革若干历史经验》，1988 年 1 月给北京市委党校讲习班作的报告。

23.《中苏关系的现状和前景》，

1987 年 1 月在南开大学的报告。

24.《赫鲁晓夫执政时期苏联社会主义的几个问题》，《苏东问题》1986 年第 1、2 期。

25.《苏共二十七大与苏联的经济体制改革》，1986 年 6 月 27 日在北京中央机关干部报告会上的报告，载中央宣传部《形势报告材料》。

26.《苏联对发达社会主义理论的修正和苏联经济发展前景》，载《苏联社会科学研究》1985 年外刊号（9 月）。

27.《和平共处原则与中苏关系》，在和平共处五项原则诞生 30 周年座谈会上的发言。

28.《经互会的性质和作用问题》，1984 年 12 月在北大经济系研究生班上的报告。

29.《勃列日洛夫时期农业落后的原因及其发展前景》，《苏东问题》1983 年第 6 期。

30.《浅析苏联霸权主义根源》，《苏东问题》1983 年第 2 期。

31.《建国以来的苏联东欧研究》，《苏东问题》1984 年第 6 期。

32.《对开展苏联政治体制问题研究的几点意见》，1983 年 10 月 7 日在黄山苏联政治体制的讨论会上的开幕讲话。

33.《关于研究斯大林时期政治

经济体制问题的几点意见》，1983年9月在兰州学术讨论会上的发言。

34.《苏联霸权主义根源问题》，1980年11月20日在北大的报告。

35.《关于中苏关系问题》，1979年11月，在中美学者关于国际关系和苏联问题讨论会上的发言。

36.《勃列日涅夫上台以来的中苏关系》，1979年6月2日在中央对外联络部干部会上的报告。

37.《苏共二十大反对个人崇拜及政治体制改革问题》，1985年8月讲课稿。

38.《对苏共二十一大、二十二大和苏共纲领的评价》，1985年8月讲课稿。

39.《赫鲁晓夫时期工业管理体制的改革》，1985年8月讲课稿。

40.《赫鲁晓夫时期农业计划和管理体制的改革》，1985年8月讲课稿。

主编专著

1.《苏联政治经济体制70年》，中国社会科学社出版，1990年9月第1版。(57万字)

2.《从列宁到戈尔巴乔夫：苏联社会主义理论的演变》，东方出版社，1992年12月出版。(25万字)

作者年表

刘克明先生是中国社会科学院苏联东欧研究所（东欧中亚研究所）前所长、研究员、中国社会科学院研究生院教授，苏联问题专业博士研究生导师。

1919年7月28日生于辽宁省昌图县，汉族。

1932～1938年先后就读于辽宁昌图县立中学、天津南开中学、甘肃天水国立甘肃中学。

1936年参加中华民族解放先锋队。

1938～1939年在陕北公学分校高级班学习。

1938年加入中国共产党。

1940～1944年在晋察冀边区华北联合大学任马列主义、哲学理论课教员。在晋察冀边区华北联合大学任教期间，他比较系统地研究了马克思列宁主义的基本理论。在辽宁作党和工会工作期间，深入研究农村、工业生产和工会工作问题。1947年发表了《辽宁富农调查》一文，被收入《南满农村调查》文集。他在《人民日报》、《东北日报》、《沈阳日报》上发表文章，对国营企业的生产经营和劳动竞赛问题进行探讨。1953年辽宁人民出版社出版了他著的《工会是共产主义的学校》一书。

1945年任沈阳市中苏友好协会组织部副部长、秘书长。

1946年任中共辽宁省西安县委宣传部副部长，西安（辽源）煤矿副矿长。

1946～1948年任中共辽宁省委政治秘书。

1949～1952年任沈阳市总工会

生产部长、副主席。

1952~1953 年任中共沈阳市委办公室主任。

1953~1958 年任中华全国总工会派驻世界工会联合会经济社会部研究员。在世界工会联合会工作期间，刘克明先生任经济社会部研究员，主要研究资本主义国家（特别是不发达国家）的经济社会问题，为世界工联出席联合国经济社会理事会、亚洲和远东经济委员会等会议准备文件。他撰写了《英国工党和英国工人运动》、《日本经济问题》、《不发达国家的经济的几个问题》等若干篇论文。

1958~1966 年任中共中央对外联络部苏联东欧处（局）副处（局）长。

1969~1977 年任中共中央对外联络部苏东组组长，主管同苏联东欧各党的联络事宜和调研工作。在中共中央对外联络部工作期间，他多次参加中共与苏共和东欧各共产党之间的会谈和谈判。参加了有关中苏关系的文件起草与文章的写作。这期间，他对苏联问题进行深入研究，撰写或主持写作了若干篇报告、论文和资料，如《关于中苏关系问题》、《困难重重的苏联经济及西方经济危机对它的影响》、《关于苏联霸权主义的几个问题》等等。他还主持编写了许多重要资料，如《苏联农业公社》上下册、《国际共运大事记》等等。

1976~1980 年兼任中央对外联络部苏联研究所所长。

从 1979 年起，兼任北京大学教授。

1981~1985 年任中国社会科学院苏联东欧研究所所长、分党组书记。

从 1982 年起担任中国苏联东欧学会副会长。

从 1983 年起开始招收硕士研究生。

从 1985 年起，兼任外交学院教授。

从 1985 年起任中国苏联东欧史研究会顾问，从 1986 年起任当代国外社会主义研究会顾问，兼任世界经济学会理事、中国国际交流协会理事。

从 1988 年起开始招收博士研究生。